现代公路
智能养护技术

张艳红　侯　芸　编著

人民交通出版社股份有限公司
北　京

内 容 提 要

公路智能养护已成为行业发展趋势,本书以"互联网+养护"为主线,结合交通行业政策背景及发展趋势,提出智能养护管理理念,构建智能养护架构。围绕建立的智能养护架构体系,从智能检测与评价、大数据分析在公路养护中的应用、公路综合养护管理平台开发及应用等方面进行关键技术介绍及应用示例。

本书可供科研、设计、工程管理等相关人员参考,也可供高等院校相关专业的研究生和高年级本科生使用。

图书在版编目(CIP)数据

现代公路智能养护技术 / 张艳红, 侯芸编著. — 北京 : 人民交通出版社股份有限公司, 2021.11

ISBN 978-7-114-17658-6

Ⅰ.①现… Ⅱ.①张… ②侯… Ⅲ.①智能技术—应用—公路养护 Ⅳ.①U418-39

中国版本图书馆 CIP 数据核字(2021)第 210359 号

Xiandai Gonglu Zhineng Yanghu Jishu

书　　名: 现代公路智能养护技术
著 作 者: 张艳红　侯　芸
责任编辑: 郭晓旭
责任校对: 刘　芹
责任印制: 张　凯
出版发行: 人民交通出版社股份有限公司
地　　址: (100011)北京市朝阳区安定门外外馆斜街 3 号
网　　址: http://www.ccpcl.com.cn
销售电话: (010)85285857
总 经 销: 人民交通出版社股份有限公司发行部
经　　销: 各地新华书店
印　　刷: 北京建宏印刷有限公司
开　　本: 787×1092　1/16
印　　张: 15.75
字　　数: 376 千
版　　次: 2021 年 11 月　第 1 版
印　　次: 2025 年 7 月　第 2 次印刷
书　　号: ISBN 978-7-114-17658-6
定　　价: 68.00 元

前 言

PREFACE

经过近20年的大规模建设,我国的公路网络日趋完善。随着大量公路陆续进入养护期,公路养护的高峰时代已经到来。科学、合理的养护是保证路网通达、快捷,延长公路资产使用寿命的重要保障。如何准确评定进入养护期的公路技术状况,合理分配有限的资金,最大限度地实现资金和其他资源的优化配置,是当前及今后相当长的时期内我国公路养护面临的难题。自20世纪80年代我国第一代路面养护管理系统诞生起,迄今已历经40年。大数据、云计算、物联网、机器学习、北斗等技术的快速发展引发了新一轮科技革命与产业革命,单纯的数据记录与业务管理已无法满足公路养护管理单位的要求,提高公路养护数据的广度与深度,即拓展数据采集方式、深化数据全链条应用、提升数据分析价值,已成为公路智能养护发展的一大共识,也是我国未来一段时间养护行业的主要发展方向。

作者于2010年起着手从事公路养护管理系统的研究。在对公路数据标准体系、公路养护决策理论研究的基础上,结合大量公路养护规划案例,提出了融合现代决策理念的大数据养护决策体系理念。从养护全生命周期数据挖掘利用的角度,首次提出包括检测、评定、决策、实施、后评价等各阶段联动与循环的广义"养护管理"概念。融合路产全周期管理、前后端全拓展、数据联动支撑、虚实滚动修正、闭合周期循环等理念,建立了基于多维时空数据挖掘利用的大数据养护决策体系,为技术的推广应用奠定了坚实的理论基础。同步开发了融合预防性养护成套技术、多维规划需求(项目级/网级、单年度/多年度、单目标约束/多目标约束)的中咨路面养护决策管理平台(PMMS),并陆续在甘肃、内蒙古、黑龙江、宁夏等地进行网级、项目级平台的推广应用。研究期间,作者积累了关于养护管理系统的设计理念及应用心得,从前期调研、需求设计到详细设计、平台运行及反馈优化,均在全国不同省市、不同层级用户得到了实践及验证。本着对技术的解释和更详细的说明，完成了此书的写作，以便同行交流使用。

本书集成了交通运输部重点清单项目《公路日常养护管理平台、终端及车载智能巡查设备》（编号：LJXGJ-04-007-2018002）、中咨集团科技项目《基于泛在感知的公路智能检测技术及车载平台研发》（编号：zzkj-2019-01）、系统开发项目《内蒙古高等级公路建设开发有限责任公司公路综合养护管理平台》及《甘肃省公路管理局互联网＋道路养护平台工程项目》成果，从智能养护管理的设计理念及体系、贯穿养护管理各环节要点等方面全面阐述了现代公路智能养护的理念及应用。本书共分为5章。第1章为绪论，主要对行业政策背景、公路养护管理发展历程、现代养护管理及技术发展趋势进行论述；第2章为智能养护管理理念及体系，对公路养护管理的主要要素进行说明，提出传统养护管理痛点，提出公路养护管理新理念，搭建智能养护架构及关键技术体系；第3章为智能检测与评价，分析行业路况检测发展现状，对基于病害快速识别的日常巡检及便携式车载检测技术进行研究，提出基于地区病害的路况评价体系；第4章为大数据分析在公路养护中的应用，主要研究两大应用场景——基于机器学习的路面性能模型训练和差异化公路养护管理分析；第5章为公路综合养护管理平台开发及应用，提出平台框架要求，以内蒙古、甘肃两个网级养护平台为例进行应用实例说明。

本书在写作和研究过程中得到了众多专家学者、同行的大力支持，许多内容属于科研共同取得的成果。在此，特别感谢平台及设备实施过程中各位同行提出的宝贵意见，感谢董元帅博士在理念与架构设计中提供的无私帮助，感谢内蒙古高等级公路建设开发有限责任公司、甘肃省公路管理局对我们的大力支持。

由于作者的水平及实践经验有限，书中难免有疏漏和错误之处，恳请广大读者批评指正。

作　者

2021年7月

目 录

CONTENTS

第1章 CHAPTER 1

绪论

1.1 政策背景

进入21世纪，信息化、网络化、数字化已成为新世纪的重要特征，一个全新的信息化时代悄然到来。交通运输行业作为关系民生的支柱性行业，其信息化水平直接关系路网管理效率及服务水平。随着我国公路通车里程再上新台阶，公路养护已与建设、管理一并成为公路的三部曲，建、管、养一体化已成为广大交通领域工作者的共识。在党的十九大会议上，习近平总书记明确提出了建设交通强国的目标，并将交通强国作为其他强国建设目标的支撑和保障；我国正在经历着由规模速度型的交通大国向质量效率型的交通强国转变的历史时期。

2013年以来，中共中央国务院、交通运输部相继出台一系列政策文件，规范和指导交通运输发展方向。尤其进入"十三五"期间，交通运输部陆续颁布了《交通运输信息化"十三五"发展规划》《数字交通发展纲要》《交通强国建设纲要》《大数据发展行动纲要》等系列规划与纲要文件，进一步明确我国"十三五""十四五"期间交通运输数字化、信息化的建设与发展规划。交通信息化相关政策如表1-1所示。

交通信息化相关政策　　表1-1

发布单位	文件名称	发布时间
中共中央国务院	交通强国建设纲要	2019-09-19
国务院	国务院关于积极推进"互联网+"行动的指导意见	2015-07-6
	促进大数据发展行动纲要(国发〔2015〕50号)	2015-08-13
交通运输部	交通运输部办公厅关于推进交通运输信息化智能化发展的指导意见	2013-09-24
	交通运输信息化"十三五"发展规划	2016-05-26
	交通运输部关于印发《数字交通发展规划纲要》的通知	2019-07-25
	关于印发《推进综合交通运输大数据发展行动纲要(2020—2025年)》的通知	2019-12-9
	关于推动交通运输领域新型基础设施建设的指导意见	2020-08-3

近两年部分政策要点列举如下：

1)中共中央国务院印发《交通强国建设纲要》(2019-09-19)

(1)基本要求

推动交通发展由追求速度规模向更加注重质量效益转变，由各种交通方式相对独立发展向更加注重一体化融合发展转变，由依靠传统要素驱动向更加注重创新驱动转变，构建安全、便捷、高效、绿色、经济的现代化综合交通体系，打造一流设施、一流技术、一流管理、一流服务，建成人民满意、保障有力、世界前列的交通强国，为全面建成社会主义现代化强国、实现中华民族伟大复兴中国梦提供坚强支撑。

(2)发展思路

①构建便捷顺畅的城市(群)交通网。建设城市群一体化交通网,推进干线铁路、城际铁路、市域(郊)铁路、城市轨道交通融合发展,完善城市群快速公路网络,加强公路与城市道路衔接。尊重城市发展规律,立足促进城市的整体性、系统性、生长性,统筹安排城市功能和用地布局,科学制定和实施城市综合交通体系规划。推进城市公共交通设施建设,强化城市轨道交通与其他交通方式衔接,完善快速路、主次干路、支路级配和结构合理的城市道路网,打通道路微循环,提高道路通达性,完善城市步行和非机动车交通系统,提升步行、自行车等出行品质,完善无障碍设施。科学规划建设城市停车设施,加强充电、加氢、加气和公交站点等设施建设。全面提升城市交通基础设施智能化水平。

②形成广覆盖的农村交通基础设施网。全面推进"四好农村路"建设,加快实施通村组硬化路建设,建立规范化可持续管护机制。促进交通建设与农村地区资源开发、产业发展有机融合,加强特色农产品优势区与旅游资源富集区交通建设。大力推进革命老区、民族地区、边疆地区、贫困地区、垦区林区交通发展,实现以交通便利带动脱贫减贫,深度贫困地区交通建设项目尽量向进村入户倾斜。

③推进装备技术升级。推广新能源、清洁能源、智能化、数字化、轻量化、环保型交通装备及成套技术装备。广泛应用智能高铁、智能道路、智能航运、自动化码头、数字管网、智能仓储和分拣系统等新型装备设施,开发新一代智能交通管理系统。推广应用交通装备的智能检测监测和运维技术。加速淘汰落后技术和高耗低效交通装备。

④强化前沿关键科技研发。瞄准新一代信息技术、人工智能、智能制造、新材料、新能源等世界科技前沿,加强对可能引发交通产业变革的前瞻性、颠覆性技术研究。

⑤大力发展智慧交通。推动大数据、互联网、人工智能、区块链、超级计算等新技术与交通行业深度融合。推进数据资源赋能交通发展,加速交通基础设施网、运输服务网、能源网与信息网络融合发展,构建泛在先进的交通信息基础设施。

2)交通运输部关于印发《数字交通发展规划纲要》的通知(2019-07-25)

数字交通是数字经济发展的重要领域,是以数据为关键要素和核心驱动,促进物理和虚拟空间的交通运输活动不断融合、交互作用的现代交通运输体系。为贯彻落实党中央、国务院关于促进数字经济发展的决策部署,有力支撑交通强国建设,交通运输部制定《数字交通发展规划纲要》(以下简称《纲要》)。

《纲要》指出:促进先进信息技术与交通运输深度融合,以"数据链"为主线,构建数字化的采集体系、网络化的传输体系和智能化的应用体系,加快交通运输信息化向数字化、网络化、智能化发展,为交通强国建设提供支撑。

《纲要》明确了发展目标,到2025年,交通运输基础设施和运载装备全要素、全周期的数字化升级迈出新步伐,数字化采集体系和网络化传输体系基本形成。交通运输成为北斗导航的民用主行业,第五代移动通信(5G)等公网和新一代卫星通信系统初步实现行业应用。到2035年,交通基础设施完成全要素、全周期数字化,天地一体的交通控制网基本形成,按需获取的即时出行服务广泛应用。

《纲要》提出数字交通规划发展方式包含:构建数字化的采集体系、构建网络化的传输体系、构建智能化的应用体系、培育产业生态体系、健全网络和数据安全体系、完善标准体系、完善支撑保障体系。

3）交通运输部关于印发《推进综合交通运输大数据发展行动纲要（2020—2025 年）》的通知（2019-12-9）

（1）基本要求

以数据资源赋能交通发展为切入点，按照统筹协调、应用驱动、安全可控、多方参与的原则，聚焦基础支撑、共享开放、创新应用、安全保障、管理改革等重点环节，实施综合交通运输大数据发展“五大行动”，推动大数据与综合交通运输深度融合，有效构建综合交通大数据中心体系，为加快建设交通强国提供有力支撑。

到 2025 年，综合交通运输大数据标准体系更加完善，基础设施、运载工具等成规模、成体系的大数据集基本建成。政务大数据有效支撑综合交通运输体系建设，交通运输行业数字化水平显著提升。综合交通运输信息资源深入共享开放。大数据在综合交通运输各业务领域应用更加广泛。大数据安全得到有力保障。符合新时代信息化发展规律的大数据体制机制取得突破。综合交通大数据中心体系基本构建，为加快建设交通强国，助力数字经济勃兴提供坚强支撑。

（2）发展思路

①完善标准规范。重点研究制定综合交通运输信息资源分类分级、脱敏、溯源、标识等标准规范，完善信息资源目录编制、采集、传输、交换共享等标准规范。不断完善各类交通运输业务数据技术规范。引导相关社会组织和产业技术联盟制定满足市场和创新需要的团体标准。

②强化数据采集。完善修订有关交通基础设施工程建设规范，将采集设备、传输网络等信息基础设施纳入铁路、公路、港口、航道、机场、综合交通枢纽等有关交通基础设施工程建设内容，实现同步规划、同步设计、同步建设、同步运维。完善运载工具运行监测制度规范，实现对车辆、船舶、航空器等运载工具数据自动化采集。

③加强技术研发应用。推动各类交通运输基础设施、运载工具数字孪生技术研发，加快交通运输各领域建筑信息模型（BIM）技术创新，形成具有自主知识产权的应用产品。研究制定交通运输行业互联网协议第六版（IPv6）地址规划，推进第五代移动通信技术（5G）、卫星通信信息网络等在交通运输各领域的研发应用。

④推动行业数字化转型。以试点示范方式推动建立行业大数据平台。促进行业企业应用大数据、云计算等技术提高企业建设能力、运输效率和经营水平，鼓励各行业企业依法积极利用大数据开展融合应用，不断丰富行业大数据内容，推动行业企业数字化转型。

⑤引导大数据开放创新。组织开展综合交通运输公共信息资源开放创新活动，支持各类主体开展大数据创新创业。推动政企数据融合创新，引导行业公共企事业单位依法开放自有公共信息资源，形成良好数据开放生态。

⑥提升安全生产监测预警能力。推动基于大数据的综合交通运输安全生产全流程监管，实现重点营运车辆、超限车辆、重点船舶及水域、重点建设工程、客运码头、危险货物港口装卸存储设施以及铁路运输、民航运行等重点领域安全生产风险的监测预警和重大风险的防范化解，利用大数据深化“平安交通”建设。

4）《交通运输部关于推动交通运输领域新型基础设施建设的指导意见》（以下简称《指导意见》）（2020-08-3）

2020 年以来，党中央、国务院密集部署新型基础设施建设。《2020 年政府工作报告》将

“两新一重”作为年度重点任务。交通运输是新型基础设施与传统基础设施融合发展的重要领域。交通运输领域新型基础设施建设以先进技术赋能，使传统基础设施融入新要素、具备新功能、呈现新形态，促进交通基础设施网、运输服务网、能源网与信息网络融合发展。为贯彻落实党中央、国务院决策部署，加快建设交通强国，推动交通运输领域新型基础设施建设，交通运输部部制定了《指导意见》。

《指导意见》提出：贯彻落实党中央、国务院决策部署，坚持以新发展理念引领高质量发展，围绕加快建设交通强国总体目标，以技术创新为驱动，以数字化、网络化、智能化为主线，以促进交通运输提效能、扩功能、增动能为导向，推动交通基础设施数字转型、智能升级，建设便捷顺畅、经济高效、绿色集约、智能先进、安全可靠的交通运输领域新型基础设施。

《指导意见》提出“服务人民，提升效能；统筹并进，集约共享；政府引导，市场主导；跨界融合，协调联动；积极稳妥，远近结合”五项原则。

《指导意见》明确：到2035年，交通运输领域新型基础设施建设取得显著成效。先进信息技术深度赋能交通基础设施，精准感知、精确分析、精细管理和精心服务能力全面提升，成为加快建设交通强国的有力支撑。基础设施建设运营能耗水平有效控制。泛在感知设施、先进传输网络、北斗时空信息服务在交通运输行业深度覆盖，行业数据中心和网络安全体系基本建立，智能列车、自动驾驶汽车、智能船舶等逐步应用。科技创新支撑能力显著提升，前瞻性技术应用水平居世界前列。

《指导意见》明确主要任务：一是打造融合高效的智慧交通基础设施。以交通运输行业为主实施。以智慧公路、智能铁路、智慧航道、智慧港口、智慧民航、智慧邮政、智慧枢纽，以及新材料新能源应用为载体，体现先进信息技术对行业的全方位赋能。二是助力信息基础设施建设。主要是配合相关部门推进先进技术的行业应用，包括第五代移动通信技术（5G）、北斗系统和遥感卫星、网络安全保护、数据中心、人工智能等。三是完善行业创新基础设施。主要是科技研发支撑能力建设，如实验室、基础设施长期性能监测网等。

以上政策体现了我国对于交通领域发展的重视，也为公路养护发展提供了方向，以5G、人工智能、大数据、云计算等技术为支撑智慧养护已成为未来养护的必然趋势。

1.2 公路养护管理发展历程

公路养护是指为保持公路经常处于完好状态，防止其使用质量下降，并向公路使用者提供良好的服务所进行的作业。公路养护管理特指公路建成投入使用后所进行的养护作业管理。国际道路会议常设协会建议，公路养护统一划分为日常养护、定期养护、特别养护和改善工程四类。公路养护管理的目的是充分发挥公路的使用功能，并不断提高公路服务水平。

纵观公路养护行业发展，可分为以下四个阶段。

第一阶段（1950—1990年）：依靠道班工人肩挑人抬、镐刨铲挖，主要机械为简易养护机具和四轮运输车辆。

第二阶段(1990—2000 年):随着路面早期损坏的增加,以综合养护车为代表的“冷补”设备应运而生,主要处治坑槽、拥包等小面积的路面病害。

第三阶段(2000—2005 年):随着高速公路的快速发展,对高等级沥青路面的养护质量的要求越来越高,局部的挖补已经无济于事,破损路面的局部铣刨和重铺成为快速恢复路面承载力和平整度的主要方式,即传统“铣刨 + 摊铺”的大修方式,宽幅的路面铁刨机、机动灵活的小型轮式沥青摊铺机和沥青搅拌楼成为机械化养护公司配备的主要机型。

第四阶段(2005 年至今):我国的公路养护理念发生了重大转变,“集约化、专业化和节能环保”的绿色养护理念开始逐渐成为市场主流,在养护工艺和施工设备领域的技术创新非常活跃,各种养护新材料、新技术、新工艺、新设备不断涌现。

随着全国路网的基本建成,大量公路资产进入养护运维期,形成庞大的公路养护市场,我国已全面进入大规模道路养护时代。2010—2020 年我国公路养护里程变化情况如图 1-1 所示。

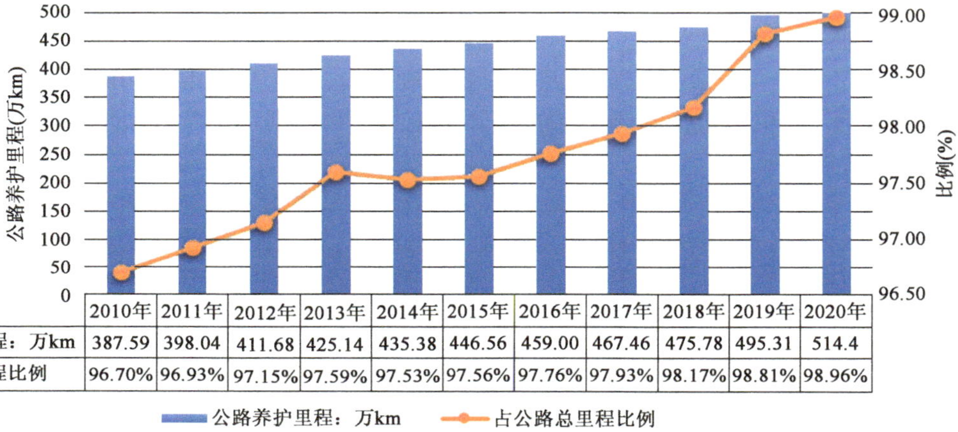

	2010年	2011年	2012年	2013年	2014年	2015年	2016年	2017年	2018年	2019年	2020年
公路养护里程：万km	387.59	398.04	411.68	425.14	435.38	446.56	459.00	467.46	475.78	495.31	514.4
占公路总里程比例	96.70%	96.93%	97.15%	97.59%	97.53%	97.56%	97.76%	97.93%	98.17%	98.81%	98.96%

图 1-1　2010—2020 年我国公路养护里程及其占公路总里程比例走势图

目前,我国公路网络已基本形成,大规模建设后必然带来繁重的养护任务,公路养护已由传统的“抢修时代”过渡到“全面养护时代”。由图 1-1 可知,自 2010 年以来,全国公路里程呈逐年上涨的趋势,公路养护总里程占公路总里程的比例由 96.7% 提升至 98.96%,可见全国绝大部分公路已进入养护运维阶段。根据交通运输部最新公布的《2020 年交通运输行业发展统计公报》,截至 2020 年底,全国公路总里程约 519.81 万 km,其中,公路养护里程达到 514.40 万 km,占公路总里程的比例高达 98.96%,接近 100%,达到历史新高。

随着大规模公路养护时代的到来,公路养护市场的发展壮大和规范有序运转,已成为未来行业持续健康发展的基础之一。我国公路养护市场化改革已经推进二十多年,在政策环境更加成熟、更加迫切的大背景下,需要通过加快公路养护市场化进程,创造良好的市场环境,保障养护市场良好运行,结合交通运输行业事业单位改革,高起点谋划未来养护市场准入管理,分类管理公路养护人员资格,提升养护队伍专业能力等措施,确保养护市场稳定发展。

1.3 现代养护管理及技术发展趋势

目前,国内外都非常重视公路养护技术和产业的发展。从公路养护全过程来看,公路养护技术和产业主要可分为公路检测、养护决策、养护材料、养护施工设备及养护管理五个方面。根据国内外技术和产业的发展现状,公路养护的发展趋势可以归纳为:一是基础设施数字化,主要实现基础设施各类资产要素数字化;二是检测手段智能化,主要体现检测设备的功能综合化、一体化、便携化;三是养护决策科学化,主要体现是在适当的路段、适当的时间,采取适当的措施;四是养护技术绿色化,主要体现在养护材料、养护工艺及养护技术的节能环保;五是养护管理智能化,主要体现在基于各阶段养护大数据进行数据挖掘,服务于公路养护管理的提升。

1)基础设施数字化

道路基础设施数字化是智能公路建设、无人驾驶、智能交通等多领域发展的重要条件。道路基础设施数字化(HID)是通过汇集包括物联网技术(IoT)、地理信息系统(GIS)、建筑信息模型(BIM)、信息物理系统(CPS)、数字孪生(Digital Twin)、大数据驱动(BDD)等在内的多种技术手段,对道路基础设施进行全生命周期、全要素的信息感知。在此基础上,通过数据存储、传输、可视化等多种方式对道路数字化新建或改造过程进行集成处理。在全球数字化经济迅猛发展的背景下,道路基础设施数字化技术研发和工程应用正处于快速发展时期,机遇与挑战并存。道路基础设施行业须紧紧抓住数字化技术,充分发挥数字技术对传统行业的引领、带动与改造作用,促进行业转型升级,当前交通基础设施存量不断攀升,养护的重要性日益凸显,融合新一代信息技术的智能养护成为养护行业未来主要的发展方向。

当前,道路基础设施数字化发展有两种主要的实现途径:一是推进开展既有公路交通基础设施数字化、智能化升级改造;二是新建智慧化公路。然而,数字化道路基础设施的发展建设当下仍停留在功能性、保障性、服务性的初级阶段,关键技术与相关应用有待于进一步研发与拓展。其中,在数据感知方面,更强调数据的采集;在大数据处理方面,数据种类多、体量大、来源复杂,数据结构、格式也不统一,数据库管理应用有限,解决数据融合的技术手段相对落后,缺乏统一数据框架;在技术应用方面,包括数字道路信息感知技术、数据管理与分析技术、全生命周期工程应用等关键技术尚处于起步阶段,业务应用场景单一,此外相关技术标准与协同设计仍有待进一步研究,目前缺少系统性地集成应用。基于以上现实状况,现阶段开展道路基础设施数字化研究具有重要的现实意义。

道路基础设施作为连接城市的复杂系统,承载着城市发展演化形成的交通网络。随着迅速发展的数字化技术手段,使得道路的自我感知、自我愈合、自我适应以及自我供能成为可能。随着技术的演进发展,基础设施经历了从低等级公路到高速公路,再到数字化、智能化公路的演化历程,未来更将向着超性能与绿色公路的目标而奋进。道路基础设施发展过程如图 1-2 所示。基础设施的进一步完善也推动着车辆向高性能、新能源、无人驾驶等更高领域发展,绿色可持续、数字化、智能化已经成为人、车、路协同发展的共同目标。

图 1-2 道路基础设施发展过程

道路基础设施数字化系统技术架构自下而上划分为采集感知层、集成处理层和业务应用层三部分(图 1-3)。此外包括两大支撑体系:标准与规范体系和安全与管控体系。

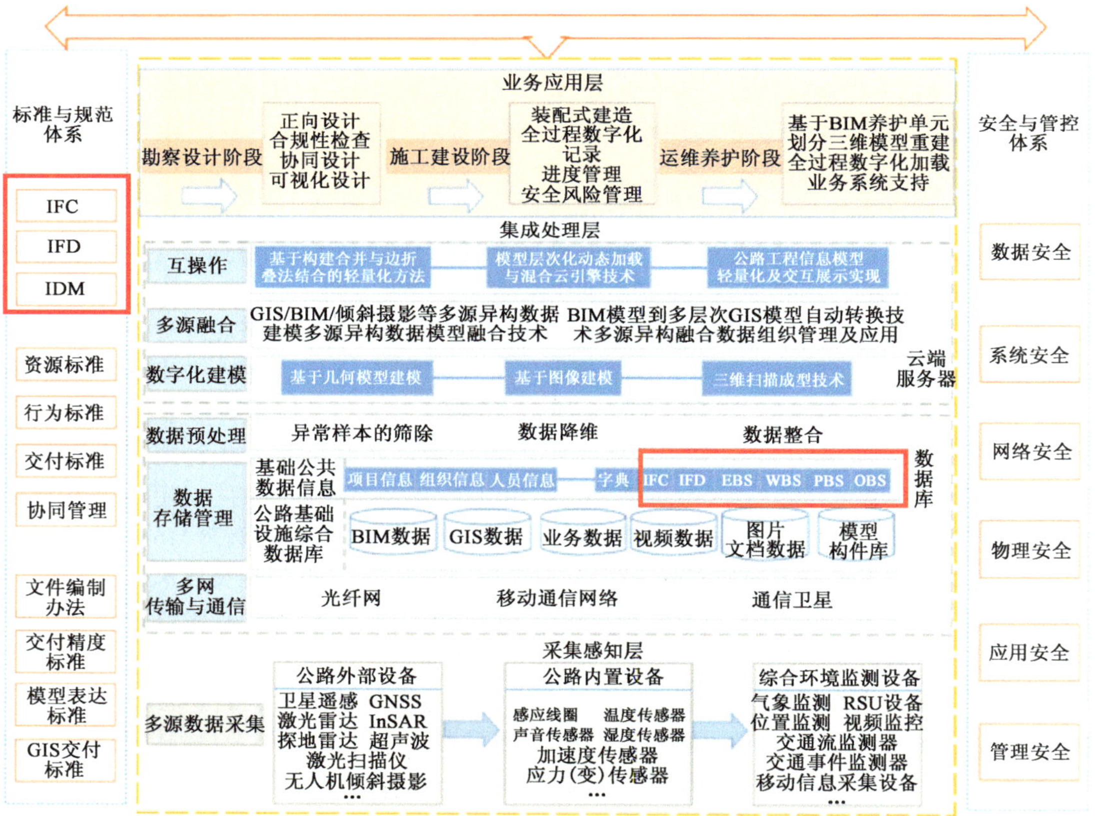

图 1-3 道路基础设施数字化系统技术架构

采集感知层为道路基础设施数字化管理系统提供数据支撑，重点解决道路基础设施领域的数据采集和事件记录问题，其作用与人体中的皮肤和五官类似。采集感知设备体系如图1-4所示。采集感知层主要通过数字化的感知设备，采集结构化、半结构化、非结构化数据，通过定位追踪、传输接入、信号转换、监控处理，实现实时动态地感知识别管理项目现场情况，为管理系统提供准确高效的决策支撑。现阶段路面信息数字化采集在传感器耐久性、数据采集类型、协同方式、数据内在关联关系挖掘等方面还有一定差距。采集感知层涉及的关键技术包括传感数据智能识别感知技术、视频图像采集分析技术、实时定位技术、短距离无线通信传输技术等，当前的研究热点集中在传感器感知应用、多传感器数据融合、智能交通系统建构三个方面。

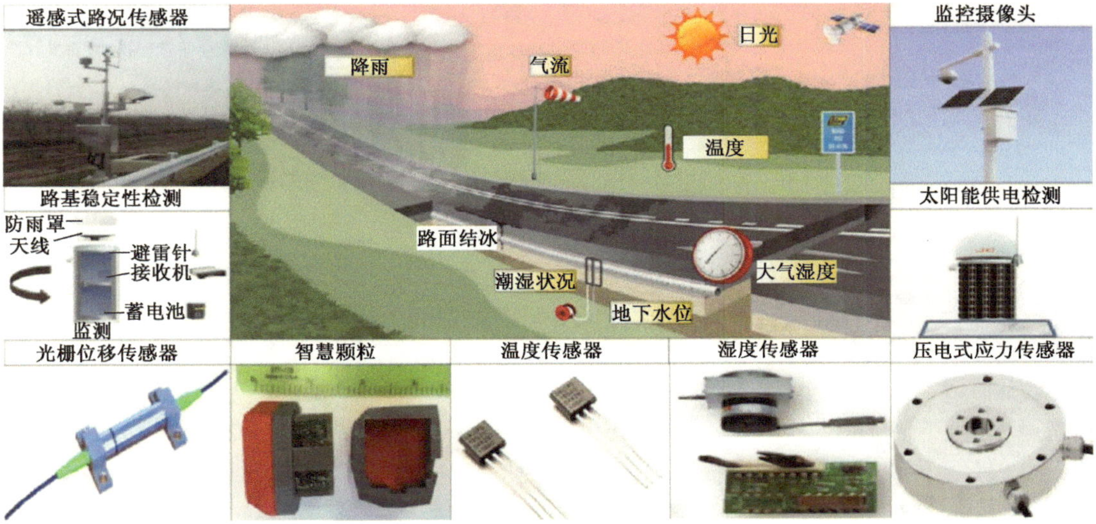

图1-4 采集感知设备体系

集成处理层是道路基础设施数字化的核心，功能模块包括数据预处理、数据存储管理、数据多网传输通信等。其中数据预处理模块综合运用大数据汇集、清洗技术，按照异常样本数据筛选、数据降维、数据整合的工作流程完成对数据的处理；数据存储管理模块是集成处理层的业务数据中心，业务数据具体包括基础公共数据信息、道路基础设施综合数据库，依托道路全生命周期过程中采集、存储和处理的各类数据资源以及公用基础编码体系。数据存储管理综合运用大数据转换、存储技术，将需要实时调用的数据存储于集成数据库中，实现对道路工程业务数据、模型数据、空间数据和公用基础数据的综合管理。道路基础设施状态信息智能感知与数据集成处理如图1-5所示。集成处理层综合运用大数据汇集、清洗、转换、存储、网络传输通信等技术，实现对道路基础设施数字化阶段多源模型的集成和共享。

业务应用层是道路基础设施数字化的核心，基于道路信息模型建构的道路应用架构，实现对基于BIM的道路建设管理平台中各业务功能模块及集成信息的统一展示。道路基础设施业务应用层技术体系如图1-6所示，具体包括道路工程的勘察设计、施工建设管理、运维养护管理模块，此外同步建构驾驶人信息模型、车辆信息模型、环境信息模型，实现人、车、环境的高度统一，为出行服务研判提供交通供需的动态均衡和精准匹配。

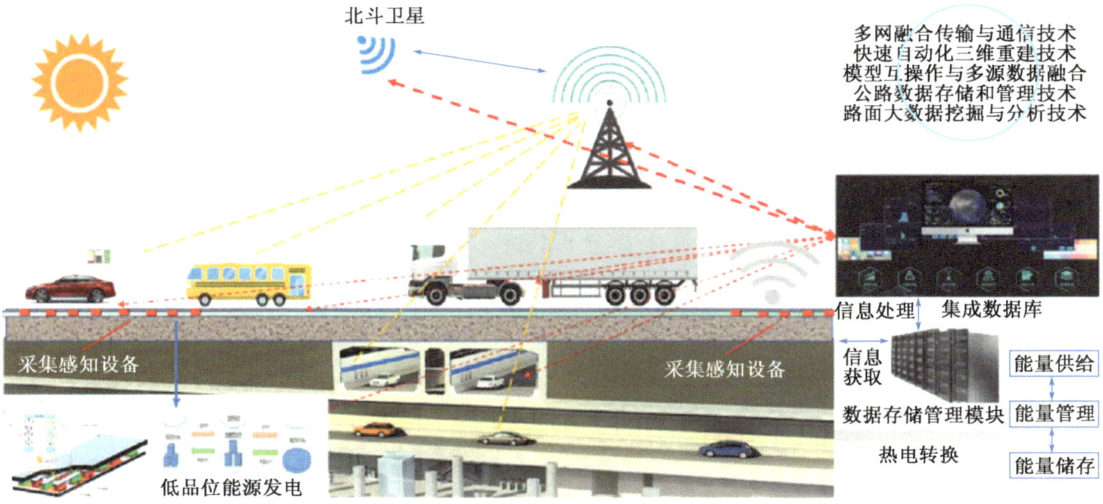

图 1-5　道路基础设施状态信息智能感知与数据集成处理

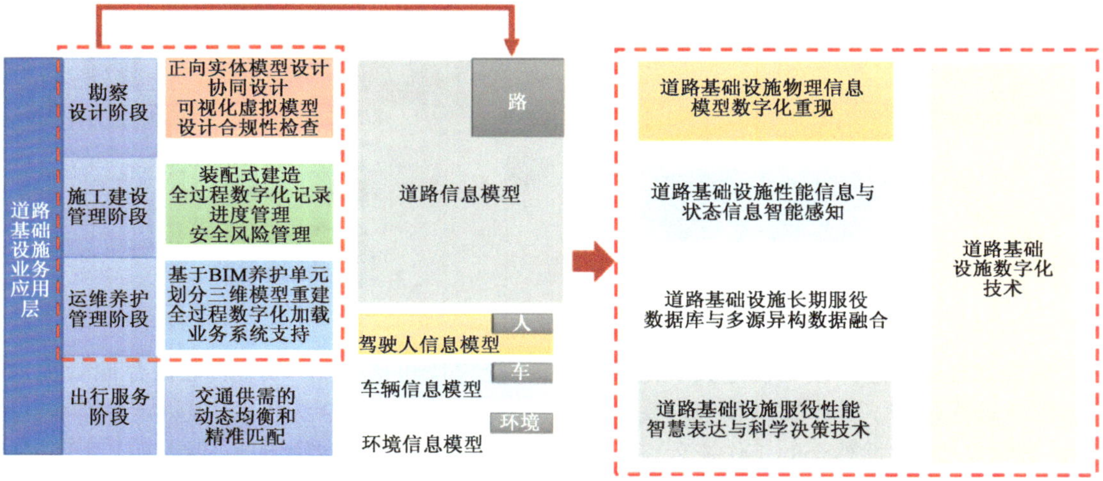

图 1-6　道路基础设施业务应用层技术体系

当下中国经济下行压力持续增大,传统基建领域日益饱和。随着国家提出加快5G网络、数据中心等新型基础设施建设的方针,中国数字经济释放了前所未有的活力,作为经济风向标的交通运输行业“新基建”无疑也已站在发展风口,“新基建”所建立的人工智能、物联网等新一代数字化基础设施,无疑将会提速交通的数字化进程。作为“新基建”重要实践应用领域的道路基础设施,“新基建”已经开始融合发展并在无人驾驶汽车、北斗卫星应用、智慧高速公路建设、“城市大脑”等领域取得了一定突破。总体来说,道路基础设施数字化发展仍处在探索阶段,所依赖的技术还不成熟,实施手段、建设运营模式、服务提供方式仍需要进一步完善。

2)检测手段智能化

随着我国公路建设的飞速发展,公路养护里程也越来越大,基于人工视觉及多项指标独立检测的传统公路养护检测方式与手段越来越不能满足路面检测的要求,表现为成本高、效率低、精度差、影响交通、作业危险等。而计算机和网络的不断发展,使得公路检测智能化成为可能。

自20世纪90年代,国外出现了一批研究自动检测病害识别的系统,其中包括加拿大的WiseCrax系统、澳大利亚RoadCrack系统、英国HARRIS系统等。其基本实现了病害的高清识别和实时传输技术的应用,这为公路病害的快速诊断、公路路面养护的科学决策提供了依据。20世纪90年代,美国的研究人员开发了基于线扫描数字相机的路面病害检测系统PCES(Pavement Condition Evaluation Service)。该系统基于模拟量和数字量的转换理论,将路面采集到的模拟量数据信息转换成数字量处理。该系统与之前的系统相比,实现了图像收集和图像处理同步,但是其功能比较单一,无法分辨路面病害种类。同时期由于电荷耦合器件CCD(Charge Coupled Device)技术的快速发展,加拿大一家公司开发出了ARAN(Automatic Road Analyzer)系统。该系统使用多个角度的高分辨率相机来拍摄路面情况,CCD技术可以直接将光学信号转换为数字信号,且图像采集速度高,所以ARAN系统可以在车辆以80km/h的速度下完成。ARAN系统能够自动将检测到的路面病害进行分类,并鉴定病害的严重程度,提高了检测效率。ARAN系统在检测效率和准确率上有了很大的提升,但存在硬件成本太高、路面数据与识别病害不同步等问题。

我国对公路自动检测技术的研究最早可追溯于20世纪80年代后期,由于当时公路建设的快速发展,我国公路养护任务量迅速增长;与此同时,重载交通和交通量的快速增长和快速出现的路面大中修养护需求,使公路养护管理部门承受了巨大的压力。我国的路面检测技术以人与设备结合检测为主,效率低;路面病害以人工识别为主,技术落后,数据处理方式落后,影响科学决策。目前,国内西安、南京等很多专业检测部门和院校纷纷开展了以路面自动检测设备(硬件)和路面管理系统(软件)为主要内容的研究与开发工作,在快速检测设备开发方面取得了较多成果,并在多个项目上投入使用。但现有研究在检测数据实时传输以及快速诊断平台方面都尚未涉及或涉及较少,有必要开展进一步研究,以更好地发挥雷达、高精度摄像、三维激光等快速检测设备的优势,为公路养护决策服务。

21世纪以来,三维(3D)激光扫描技术兴起并快速发展。研究人员将该技术应用到路面病害检测系统,例如美国的DHDV(Digital Highway Data Vehicle)系统,该系统将线激光对路面进行扫描,用高速面阵相机记录激光在路面上的投影,并通过传感器来收集路面二维和三维数据信息,系统将采集到的信息用图像处理模块对路面病害进行识别检测、分类。DHDV系统实现了路面病害自动化检测,但是其对硬件要求及设备维护成本很高,还未得到大范围推广。

南京理工大学的N-1型道路状况智能检测系统是国内最早出现的智能路面检测系统,该系统由车载样本采集系统和线下检测处理系统组成;交通运输部公路科学研究院的多功能路况快速检测系统CICS:该车载系统最高速度为100km/h,单次检测路面宽度可达到3.6m,自带补光装置;武大卓越科技有限公司的ZOYON道路检测系统包括5个子系统,检测车速度最高达到120km/h,检测宽度最大为3.7m。

随着公路养护里程的不断加大,对管养技术人员和检测设备的要求也越来越高,管养单位除了要完成日常的养护检测工作,还需对公路的高边坡、长大桥梁、高路基等特殊构造物进行日常巡查和健康监测。无人机技术的应用可快速缓解技术人员和设备不足的情况。目前公路的高边坡、桥梁墩台等构造物动辄几十米，高则上百米，若靠人工进行日常检查，既费时又费力，特别是很多高边坡、高路基因地势险峻，导致人和设备无法实施相关数据采集，对一些山体滑坡、垮塌等灾害的前期迹象无法提前获知和预警，易发生边坡坍塌、路基下沉、山体滑坡灾害。而无人机在公路巡检方向的应用，可大幅提高日常检查和维护的效率，快速便捷地观测和检查构造物，及时掌握道路结构病害并及时养护。

现如今，摄像机、激光探测技术及图像处理技术已经得到快速发展，但是采集到的图像仍然会受到拍摄角度、光照、遮挡等许多外界因素的影响，仍需要人工辅助进行检测和分类，对图像信息进行识别准确分类依然是公路检测系统研究的重点和难点。基于车载的不同位置摄像系统如图 1-7 所示。

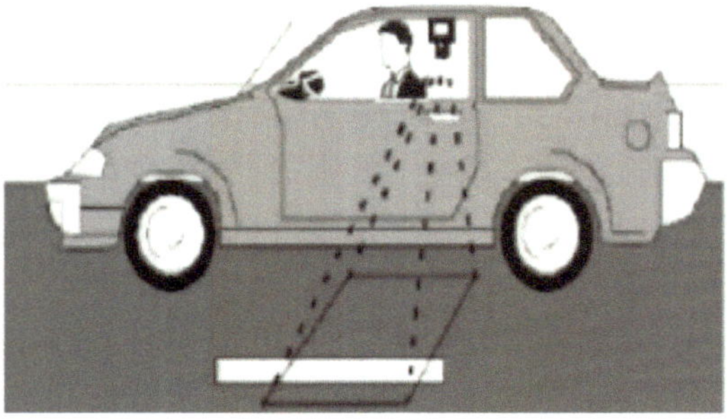

a)俯视摄像系统

b)前视摄像系统

c)后视摄像系统

图 1-7　不同位置摄像系统

从公路检测系统发展现状来看，目前相关设备及系统能够较好完成路面图像信息采集并实现商业应用，但一些自动化程度较高、检测能力较强的系统往往对硬件要求很高，技术操作性强，专业的检测车需要专业人员进行操作，局限性大，且维护费用昂贵，较难得到大范围推广。

3）养护决策科学化

国外对路面养护决策的研究起步较早，积累了较多成熟的决策方法并同步应用于路面养护管理系统中。目前，欧美发达国家对公路养护科学决策技术的应用已相当普及，在相关国际机构的帮助与指导下，一些不太发达的国家和地区也陆续建立了适合本国、本地区的养护决策方法。

20 世纪 70 年代，有限的养护投资与不断提升的公众出行需求产生了较大矛盾，进一步激发了对有限的公路资源进行优化配置的需求。在这种背景下，美国成为世界上最早研究路面养护决策技术的国家之一。到了 80 年代，美国先后开展了多个与公路使用性能监测相关的重大课题研究。80 年代末期，美国开展了一项长达 20 年的研究课题，命名为“美国战略公路研究计划(SHRP)”，重点研究道路的长期使用性能。90 年代，美国又进一步从经济学及费用优化的角度开展了经济需求方面的研究，进一步为路面养护科学决策奠定了坚实的基础。

近年来，国内的高校、科研院所、省交通运输厅及地方管养单位也开展了较多关于路面养护决策技术的研究，并力图与养护管理系统相融合，国内养护决策方法逐步由传统的主观经验判断向运用各类决策模型过渡的阶段。代表性的课题包括：北京市交通委员会路政局“路网养护科学决策技术研究与示范应用”(2015 年)、江苏省交通运输厅“十二五”重大科技专项“公路养护技术体系和决策支持体系研究”(2015 年)、江苏交通控股有限公司等单位承担“江苏省高速公路养护技术体系和决策支持体系研究”(2015 年)等。

随着养护需求的井喷式爆发，养护决策过于粗放、养护资金普遍不足、资金分配不合理的问题越来越突出。据世界银行估算，我国目前公路养护资金只能满足实际需求的 38%，资金缺口巨大；各地养护工程定额管理混乱、差异较大，间接反映了部分省(区、市)公路养护资金不容乐观的现状。由于受养护资金的限制，很多地方的公路管养单位在运营初期无法通过科学的养护决策定期实施预防性养护，导致公路性能衰减严重，后期只能通过更高成本的大中修来保持公路的使用性能。前期公路养护资金的短缺，使整个寿命周期内公路养护成本骤然上升，加之不断加重的养护管理压力及公众不断提升的路面性能需求，养护资金供需矛盾更加突出，这也间接对养护决策水平提出了更高的要求。

作为决定资金分配额度、去向的关键环节，公路养护决策是解决养护资金不足与公路使用性能提升矛盾的核心，也是交通运输部目前大力倡导的探索方向。2016 年颁布的《“十三五”公路养护管理发展纲要》(以下简称《发展纲要》)，在发展目标中明确提出了科学决策机制和决策技术的概念，《发展纲要》指出，在养护工作中应“推行养护科学决策”，国省道养护科学决策体系基本建立，科学决策技术运用普及率达 80%。同时，《发展纲要》明确提出从配套机制、技术要求、预算申请等方面建立服务于国省道的养护科学决策体系，并逐步向农村公路推广，真正使养护决策从机制到资金上实现落地；探索建立以公路病害为导向的回溯机制，分析性能衰减规律和病害成因。大力推进涵盖决策成套体系的养护管理平台建设，通过信息化手段辅助管养单位制订科学养护计划，合理分配养护资金。同时，《发展纲要》要求进一步加快大数据、机器学习等技术的融合应用，在传统养护决策体系基础上进行数据的深入挖掘、联动反馈、模型训练等，真正实现公路科学决策。《发展纲要》指明了公路养护决策的发展方向与重点，全面建立公路养护科学决策体系、推进养护决策系统的应用及普及、加强养护大数据的共享、挖掘及应用已成为行业发展的必然趋势。

4)养护技术绿色化

交通运输部一直非常重视绿色公路建设，相继发布了《关于加快推进公路路面材料循环利用工作的指导意见》《关于实施绿色公路建设的指导意见》等文件，明确了绿色公路发展思路和建设目标，提出了五大建设任务，其中统筹资源利用、实现集约节约是五大任务之一，明确重点解决我国公路建设普遍存在的资源统筹利用不足、循环利用率较低、能源耗用较高等问题，在整个公路建设过程中融入节约资源、降低能耗的绿色理念。《交通强国建设纲要》也明确提出绿色发展节约集约、低碳环保，促进资源节约集约利用，推广施工材料、废旧材料再生和综合利用，提高资源再利用和循环利用水平，推进交通资源循环利用产业发展。

绿色公路养护管理中，应用先进技术可提升公路养护效率，对绿色公路的建设与施工具有重要的指导意义。实践应用中，技术人员可推广沥青路面稀浆封层修补技术、喷射法补塘灌缝技术，以提高路面对噪声的吸附作用，有效降低噪声污染，实现在公路施工中绿色环保理念的应用。先进的工艺和技术是提升公路环保能力的有效方法，对公路施工中质量控制原则与经济效益的实现都具有重要的促进作用。绿色养护技术的应用中，应重点应用并推广沥青路面再生与温拌技术，并对现有的水泥路面组织就地利用，对于废旧轮胎橡胶进行循环利用，以此促进公路系统中相关资源应用的高效化，践行环保节能的理念。

材料是我国重要的战略性基础产业，交通新基建为我国材料技术发展带来了新的历史机遇，材料创新很可能成为推动交通发展的重要突破口，将为行业发展带来强大的引领作用。

5）养护设备集成化

经济发达国家很早就开展了公路的施工建设，养护管理工作同时也跟上了建设的步伐，并配备了先进的养护机械，以期达到路面养护快速、高效的要求。如美国 VSS 公司的稀浆封层/微表处施工设备、改性乳化沥青设备、改性沥青设备、橡胶沥青设备，美国辛姆莱（Cimline）公司灌缝机、开槽机及其旗下美国杜莱（Dura）喷补机，美国百开（BearCat）公司的智能碎石撒布机、智能沥青/橡胶沥青洒布车，美国超级清扫机制造公司的超级清扫机等路面养护机械。

进入 20 世纪 90 年代后，随着我国高速公路的发展，为养护机械研发带来了机遇。我国现有 300 多家生产筑路机械的企业，其中有的生产公路建设用的施工机械，有的生产各种小型公路养护机械和少量大型的公路养护机械。总体上看，目前国产养护机械品种少、规格不全、技术水平低、可靠性差、效率低、寿命短。近几年来虽然开发了一些新设备，但可靠性、实用性较差，技术水平低，难以满足养护需要。

公路养护装备的研发要考虑公路养护工作的“机械化、自动化、环保化和多功能化”发展趋势。所谓环保化就是要多生产节能、高效、低噪声、低污染的养护设备。目前公路发达国家非常重视路面机械自动化、智能化与多功能化，不仅大型机械实现自动控制，小型机械也实现自动化，增加随机质量自动检测控制系统，并具备多种养护功能，既能保证工程的质量，又能提高施工效率。

在此思路下，国内在研发养护施工新材料、新工艺，在引进吸收国外先进养护施工设备理念的基础上，初步开展了快速养护设备研究。比如，中国公路工程咨询集团有限公司（简称“中咨集团”）与徐工机械合作开发的 RP600 型多功能撒布摊铺机，具有一次摊铺同步完成防水黏结层撒布与热拌沥青混合料摊铺的功能，摊铺速度快，交通延误少，与国外进口同类设备相比性能相差不大，但价格要低得多。中咨集团还设计并开发了许多其他类型的快速养护设备，图 1-8 所示为同步纤维专用摊铺车。

总的来说，我国快速养护设备起步晚、发展慢，与国外先进设备相比还有较大差距，为适应公路养护技术的快速发展，还需要加大力度开展性能先进、机动灵活、功能多样的公路快速养护设备研究。

图 1-8 同步纤维专用摊铺车

6)养护管理智能化

交通运输管理信息化、智能化是近年世界范围内交通现代化发展的主要趋势。在大力建设交通基础设施、增加扩充能力和缓解制约的同时,必须加快交通运输行业的科技创新和体制创新,提升决策、管理与运营水平。

从我国的高等级公路运营年份、技术状况来看,我国高等级公路已全面进入养护高峰期,养护工作面临严峻考验。其中,20 世纪 90 年代建成的高速公路已全面进入大修期,随后建成的高速公路也将陆续进入养护维修期。随着社会经济的高速发展,交通量随之迅猛增长;同时社会公众对公路服务水平的要求日益提升。面对如此庞大的养护需求,如何进一步提升公路养护管理水平,从检测、评定、决策、实施等阶段建立完整的数据及管理链条,将是今后相当长一段时期内养护工作的目标。

现有公路资产管理子系统之间大多独立运行,缺乏数据之间的深度挖掘与利用。不同分项工程之间的数据没有交互,形成“信息孤岛”。实际上,公路各分项的养护管理之间是相互联动、有机构成的。某一分项的病害产生,并不只是单纯由该分项的原因导致的,而需要综合公路系统进行全局分析。随着数据采集手段的不断进步,形成了海量多元异构大数据。建立基于机器自学习、数据深度挖掘的算法和模型,形成模型库、决策库、措施库、单位库等,对提升公路管养水平极为必要。

在数据积累和集成的基础上,需要进一步开展数据的挖掘和深度利用,从省(区、市)级层面开展科学决策示范。《“十三五”公路养护管理发展纲要》中明确指出推动公路养护工作的转型,科学决策技术运用普及率达 80%。科学决策技术的运用就要求在原来的数据管理和可视化的基础应用阶段上进行升级,将数据转化为模型或者知识,设计相应的性能预测等计算模型,结合公路实际状况、养护要求、既往研究成果等,建立适合路网的养护决策体系。养护投资决策需要根据路面、桥梁和隧道等不同养护对象建立相应的计算模型,并在具体应用过程中不断调整和更新,形成模型应用的迭代优化和升级,不断提升科学决策的水平。

利用大数据技术构建数据仓库,建立科学、规范的养护数据分析、评价模型,完善养护病害库、措施库,进一步强化道路、资产、设备、人员的使用率,实现可公开信息资源的对外共享交换,更好地为科学决策、资源配置和养护服务提供支撑,为高速公路资源利用提供有效的辅助分析数据。通过从各业务平台获取数据,并对数据进行清洗、整理、汇总,挖掘出有用数据,协助管养单位有的放矢开展精准养护作业，大幅提升养护业务综合管理效能，以降低养护成本，提供数据决策依据。

综上所述，信息化技术在交通领域将得到广泛集成应用，以全面改进交通系统的通行能力和服务水平，使交通管理和决策逐步实现数字化，智能化水平不断提升。当前交通基础设施存量不断攀升，养护的重要性日益凸显，融合新一代信息技术的智能养护成为公路养护行业未来主要的发展方向。

第2章 CHAPTER 2

智能养护管理理念及体系

智能养护概念及体系到底是什么？在行业中并没有统一的标准及规定。在交通强国的建设背景下，面对99%以上的公路大养护管理规模，如何运用先进的5G、物联网、大数据、云计算等手段实现公路科学管养，是当前行业面临的一大难题。为此，本章基于对公路养护管理工作的概述，分析传统养护管理痛点，提出公路养护管理新理念，搭建智能养护框架体系并分析与之相关的关键技术。

2.1 公路养护管理概述

2.1.1 养护工作分类现状

公路养护工作分类以养护全过程工作内容为基础。

《公路路基养护技术规范》（JTG 5150—2020）、《公路水泥混凝土路面养护技术规范》（JTG 073.1—2001）、《公路沥青路面养护技术规范》（JTG 5142—2019）、《公路桥涵养护规范》（JTG H11—2004）、《公路隧道养护技术规范》（JTG H12—2015）、《城镇道路养护技术规范》（CJJ 36—2016）和《城市桥梁养护技术规范》（CJJ 99—2017）等对公路养护工作内容均有涉及。有关养护工作内容相关规范条文汇总如表2-1所示。

有关养护工作内容相关规范条文汇总表　　表2-1

相关规范条文	养护工作内容
《公路路基养护技术规范》（JTG 5150—2020）	
3.1　科学养护 3.1.1　应定期对路基进行技术状况检测与评定，进行路基养护需求分析，制定路基养护规划与计划。 条文说明：公路养护科学决策包含技术状况检测与评定、养护目标设定、养护需求分析、养护方案比选、养护计划与规划编制等环节 3.1.2　应对路基养护工程进行方案设计与比选，合理选择技术方案。 3.1.3　应建立健全路基养护工程管理制度，加强工程规范化管理，落实工程交工和竣工制度。 3.1.4　应加强路基养护工程质量管理，落实质量管理措施，严格施工过程控制，确保工程质量。 3.1.5　应进行路基养护工程后评估，综合评判技术方案、工程质量和实施效果。 3.1.6　应结合公路路基管理系统建设，加强路基技术档案管理。 3.2　养护工程作业 3.2.1　路基养护工程作业对象应包括地基、路堤、路堑、支挡构筑物、防护工程、排水系统及构造物。	技术状况检测与评定、制定路基养护规划与计划、方案设计与比选、养护工程作业、养护工程后评估、技术档案管理

续上表

相关规范条文	养护工作内容
《公路水泥混凝土路面养护技术规范》(JTG 073.1—2001)	
水泥混凝土路面状况调查和评定 水泥混凝土路面日常养护 水泥混凝土路面改善 水泥混凝土路面修复 水泥混凝土预制块路面养护与维修	路面状况调查与评定、日常养护、路面改善、路面修复、路面养护与维修
《公路沥青路面养护技术规范》(JTG 5142—2019)	
1.0.4　沥青路面大中修养护设计应包括旧路调查与评价、病害诊断与养护需求分析、养护方案设计和施工图设计等内容。 说明: 旧路调查与评价阶段的主要工作内容包括基础资料收集、路面技术状况检测、专项数据检测和数据分析评价四部分,通过调查、检测收集养护设计所需的各类路面数据,并对各数据进行分析评价。 病害诊断分析阶段主要包括确定主要损坏类型、病害原因诊断、养护性质确定和养护对策选择等工作内容,利用各类检测数据分析评价结果,确定各路段的病害产生原因和发展层位,并结合其路况特点,进行针对性的养护决策分析工作。 养护方案设计阶段主要包括确定设计年限、计算累计当量轴次、方案结构组合设计、结构力学验算和方案综合比选等工作内容,通过对养护方案的结构强度、功能性能和经济效益的综合考虑,优选技术合理、经济效益最佳的养护方案。 施工图设计阶段主要针对推荐方案,进行详细的路面参数设计、路面结构验算、施工工艺要求、路面排水设计和交通组织设计等工作,并编制设计文件以满足养护工程的施工要求。	养护设计包括旧路调查与评价、病害诊断与养护需求分析、养护方案设计和施工图设计等
《公路桥涵养护规范》(JTG H11—2004)	
1.0.3　公路桥涵养护工作的主要内容和基本要求: 1　建立、健全公路桥涵的检查、评定制度。对公路桥涵构造物进行周期性检查,系统地掌握其技术状况,及时发现缺损和相关环境的变化。按桥梁检查结果,对桥梁技术状况进行分类评定,制定相应的养护对策。 2　建立公路桥梁管理系统和公路桥梁数据库,实施桥涵病害监控,实行科学决策,逐步建立特大型桥梁荷载报警系统,地震、洪水和流冰等预防决策系统。 3　公路桥涵养护应做到:桥涵外观整洁,桥面铺装坚实平整、横坡适度,桥头连接顺适,排水畅通,结构完好无损,标志、标线等附属设施齐全完好。 4　桥涵构造物的养护,首先应使原结构保持设计荷载等级的承载要求及设计交通量的通行要求。根据交通发展的需要,也可通过改造和改建来提高承载能力和通行能力。 5　养护作业和工程实施应注意保障车辆、行人的安全通行及环境保护。 6　桥涵构造物养护应有对付洪水、流冰、泥石流和地震等灾害的防护措施,同时备有应急交通方案。 7　新建或改建桥梁交工接养,应有完备的交接手续并提供成套技术资料。特大、大桥应配置养护设施、机具,设置养护工作通道、扶梯、吊杆、平台,设计单位应提供养护技术要点及要求。未配置或配置不能完全满足养护工作需要的,可根据实际需要予以增添。 8　桥涵构造物的检查及技术状况评定、养护对策、维修、加固、改建的竣工验收等有关技术文件,均应按统一格式完整地归入桥梁养护技术档案及数据库。	养护技术档案、桥梁管理系统和数据库,检查、评定和监测,桥涵日常维护,桥涵维修、加固或改建,桥涵构造物使用管理,灾害防治与抢修的应急预案

续上表

相关规范条文	养护工作内容
《公路隧道养护技术规范》(JTG H12—2015) 2.1.1 公路隧道养护 为保持隧道土建结构、机电设施及其他工程设施的正常使用而进行的日常巡查、清洁维护、检查评定、保养维修等工作。 4.1.1 土建结构的养护工程应包括日常巡查、清洁、结构检查与技术状况评定、保养维修和病害处治等内容。 5.1.1 机电设施的养护应包括日常巡查、清洁维护、机电检修与评定、专项工程等内容。 1 日常巡查是指在巡视车上或通过步行目测以及其他信息化手段对机电设施外观和运行状态进行的一般巡视检查,并对检查结果及时记录。 2 清洁维护是指对隧道机电设施外观的日常清洁,以经常保持机电设施外观的干净整洁。 3 机电检修与评定是指通过检查工作发现机电设施完好情况,系统掌握和评定机电设施技术状况,确定相应的养护对策或措施。机电检修工作主要内容包括经常检修、定期检修和应急检修。 1)经常要修是指通过步行目测或使用简单工具,对设施仪表读数、运转状态或损坏情况进行的检查并对检查结果定性判断,对破损零部件应及时进行维修更换。 2)定期检修是指通过检测仪器对机电设施运转状态和性能进行的全面检查、标定和维修。 3)应急检修是指公路隧道内或相关机电设施发生异常事件上、重大事故或自然灾害后对机电设施进行的检查和维修。 4 专项工程是指对机电设施进行的集中性、系统性维修,使其满足原有技术标准。专项工程可根据设施运行状态启动。 6.1.1 其他工程设施养护应包括日常巡查、清洁维护、检查评定、保养维修等内容。 1 日常巡查应包括日常巡查中发现、记录、报告或处理明显异常。 2 清洁维护应包括电缆沟与设施洞室的清理、洞口联络通道内垃圾清洁、洞口限高门架与洞口环保景观设施脏污清除、附属房屋设施的清洁维护。 3 检查评定应包括发现其他工程设施的异常,掌握并判定其技术状况,确定相应的养护对策或措施。 4 保养维修应包括其他工程设施的结构破损修复、环保景观设施的恢复及附属房屋的保养。 6.1.2 其他工程设施日常巡查、检查评定宜与隧道土建结构同步进行。 6.1.3 有特殊要求的其他工程设施应按相关规定进行养护,风机房、变电所、监控房及附属房屋水暖电的专业养护可按相关规定执行。 1)经常检修是指通过步行目测或使用简单工具,对设施仪表读数、运转状态或损坏情况进行的检查并对检查结果定性判断,对破损零部件应及时进行维修更换。 2)定期检修是指通过检测仪器对机电设施运转状态和性能进行的全面检查、标定和维修。 3)应急检修是指公路隧道内或相关机电设施发生异常事件、重大事故或自然灾害后对机电设施进行的检查和维修。 4)专项工程是指对机电设施进行的集中性、系统性维修,使其满足原有技术标准。专项工程可根据设备运行状态启动。	土建结构:日常巡查、清洁维护、结构检查、技术状况评定、保养维修、病害处置。 机电设施:日常巡查、清洁维护、检修评定、专项工程。 其他工程:日常巡查、清洁维护、检查评定、保养维修

续上表

相关规范条文	养护工作内容
《城镇道路养护技术规范》(CJJ 36—2016)	
3.0.1 城镇道路的养护应包括道路设施的检测评定、养护工程和技术档案管理。	检测评定、养护工程和档案管理
《城市桥梁养护技术标准》(CJJ 99—2017)	
3.0.1 城市桥梁的养护应包括城市桥梁及其附属设施的检测评估、养护工程、安全防护及建立档案资料。	检测评估、养护工程、安全防护及建立档案资料

由表2-1可知，在我国各类养护规范中，目前尚缺乏统一的养护工作分类，具体来讲，存在如下主要问题：

(1)《公路养护技术规范》(JTG H10—2009)对养护工作内容尚缺乏明确的归纳和系统的统一分类。

(2)各专业养护规范和市政养护规范对全过程养护工作内容均有所涉及，但内容不尽完整，表述不尽统一。

(3)现行各规范均存在养护工程质量检评内容缺失或不足等问题。

2.1.2 养护工作阶段及特点

公路养护的目标是使公路处于是良好的技术状况。按照公路养护工作流程，公路养护工作内容可以分为“养护检查、路况评定、养护决策、养护设计、养护作业、养护质量检评”六类。

(1)养护检查：为动态掌握公路基础设计状况而进行的各类检查工作，包括巡视、各项检测和调查等。

(2)路况评定：对养护检查的结果进行评定，主要包括一般性判定、技术状况评定、适应性评定和病害诊断等。

(3)养护决策：基于历年养护数据及性能模型，制定未来年限的养护计划，为养护资金上报提供依据。

(4)养护设计：对拟实施的养护工程出具设计方案及预算，指导养护作业。

(5)养护作业：包含日常保养作业和各类养护工程的实施等。

(6)养护质量检评(养护后评价)：养护实施期间或工程结束后，对养护质量进行的检验、评定和验收。

与养护工作相关的还有技术档案管理、自动化和信息化等，体现于各项养护工作中。各项内容按养护工作过程排列，即构成了公路养护工作的基本流程。

公路进入运营期后即需要进行定期养护。将公路养护工作形象比喻为医生为病人看病，可以看出，养护检查类似于病人根据医生开具的各类检查单进行的各种检查，路况评定相当于对各项检查结果的定性与定量判定，养护决策则类似于需要结合医生经验及行业水平，为不同病人开出不同的药方。养护设计则类似于是将药方转化为一张张具体的处方，养护作业则类似于病人遵医嘱定期服药、锻炼、治疗，养护质量检评则类似于对病人的周期性病情回访与跟踪,观察治疗效果,为后续治疗方案优化提供支撑。

2.1.3 管理颗粒度划分

公路养护不同阶段的管理要求不同,对数据的采集及管理的精度也不同。基于上述养护工作阶段分类,依据现行行业规范要求,对应各阶段具体养护工作(数据采集、实施执行)的管理颗粒度如表2-2所示。

对应养护工作各阶段管理颗粒度　　表2-2

养护工作阶段	管理颗粒度	依　据
养护检查	根据检测指标确定(5m,10m,20m,50m,100m)	《公路路基路面现场测试规程》(JTG 3450—2019)
路况评定	评定单元,1000m	《公路技术状况评定标准》(JTG 5210—2018)6.1.2条规定:公路技术状况评定应以1000m路段长度为基本评定单元。在路面类型、交通量、路面宽度和养管单位等变化处,评定单元的长度可不受此规定限制
养护决策	养护路段,一般>1000m	以路面工程为例,基于养护触发标准,结合施工可行性,划分养护路段
养护设计	养护路段,一般>1000m	以具备可实施性为原则
养护作业	无统一标准	根据养护工程类型(日常养护、预防养护、修复养护、专项养护、应急养护)不同而定
养护质量检评(养护后评价)	无统一标准	与养护作业对应

从公路养护全过程管理角度来看,不同养护工作阶段的管理颗粒度并不统一。养护检查是公路养护过程的主要数据来源之一,其数据采集精度相对较高、管理颗粒度较细,为后续数据分析提供数据源;路况评定一般以1km的评定单元为管理颗粒度,从养护决策到养护质量检评,管理颗粒度无明确标准,通常以具备可实施性、同时兼顾管理要求,一般情况下大于1km。

公路养护全周期管理颗粒度直接关系到数据的延续性及样本分析的多寡,从而决定基于海量数据挖掘的公路养护管理提升场景分析的准确性。智能养护不仅依赖于公路养护全周期数据的积累,更需要对各阶段数据进行传递、分析,因此,本书将在后续提出基于路产及单元的养护全周期管理体系,为智能养护体系构建提供底层数据支撑。

2.1.4 养护数据分类

在公路养护工作全过程中,养护数据的收集及归类是进行后续一切分析工作的基础。

1)信息收集

公路通车运营后,外界环境、车辆荷载、公路检测、性能评估、养护工程实施、视频监控的各类数据即在持续不断地产生,大体可分为基础设施数据、动态养护数据、养护决策及设计数据、养护工程数据、气候环境数据(图2-1)等,共同构成了类型多样、海量多元异构数据库。

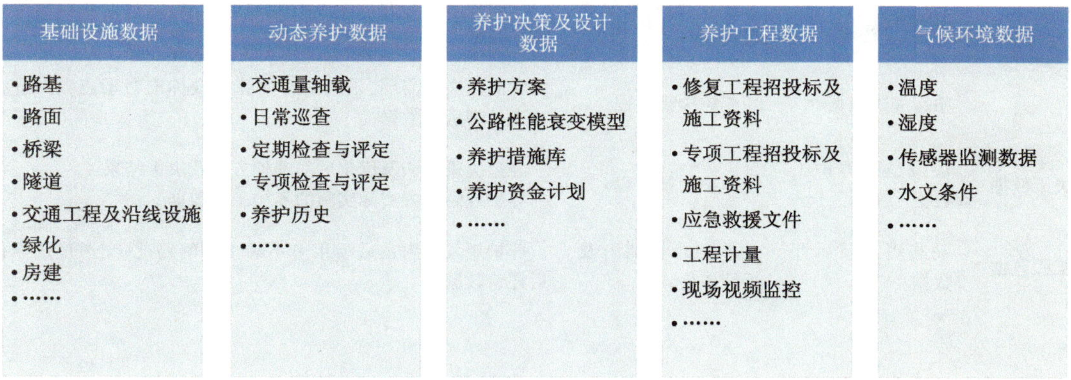

图2-1 公路运营维护阶段数据

2)数据清理

基于公路运营维护阶段数据,需要筛选出能服务于路面养护决策的数据,也就是数据清洗工作。

路面养护决策是一项基于历史数据、建立模型算法并预测未来养护计划的过程。从数据的时间维度来看,路面养护决策包括历史、现在、未来;从数据的空间维度来看,网级路面养护决策涉及该路网所含的各路线、观测站、养护处治工程等。本书所述的路面养护大数据是指服务于路面养护决策的各类未经处理、中间处理、处理过后的数据归集,具体涵盖养护检测、路况评定、养护决策、养护工程实施、养护后评价的全过程数据,可理解为路面养护决策的“数据仓库”。当前,服务于决策的动态路况数据仍主要依靠现行规范要求的采集频率及方法,数据量相对有限。从未来行业发展的趋势来看,低频率、高成本的大型检测设备已无法满足养护决策对海量数据源的需求,小型化、轻便化的快速检测设备将为未来路面养护决策提供高采集频率、源源不断的动态数据。

按数据服务于养护决策所在的阶段,将养护大数据分为基础数据、过程数据、决策数据、工程数据。按数据是否随时间发生变化或进行周期性的更新,基础数据又分为静态数据、动态数据,如图2-2所示。

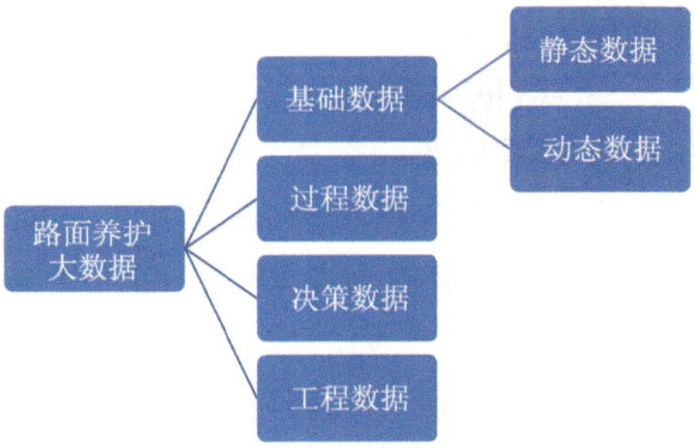

图2-2 养护大数据分类

路面养护大数据分类及说明如表2-3所示。

路面养护大数据分类及说明 表2-3

数据类型	数据子类	数据所处阶段	数据说明
基础数据	静态数据	路线通车至今,制定养护决策前	路线及路面的基础属性信息,一般不随时间发生变化
	动态数据		每年随时间更新的数据,反映或表征路面某一性能或特征的变化情况

续上表

数据类型	数据子类	数据所处阶段	数据说明
过程数据	模型算法	路线通车至今积累建立	用于辅助路面养护决策的各类模型算法、模型参数及模型校正数据
	动态加工数据	养护决策过程	为满足决策需要，采用一定的算法或标准对动态数据进行加工处理后的数据
决策数据	决策结果养护工程数据	养护决策过程	经过决策算法及优化后的养护方案及决策结果 养护规划期内实际实施的养护工程数据
工程数据	动态更新及后评价数据	养护规划期内及后续年份	养护规划期内及后续年份不断更新的路况、交通量及养护后评价数据

2.1.5 传统养护管理痛点

截至2020年底，全国公路列养里程历史性接近515万km，进入周期性养护高峰期、当前公路养护最突出的矛盾是，资金供给能力不足与养护高峰期实际需要不适应。根据交通运输部2018年公布的数据，全国收费公路通行费总收入为5130亿元，全国收费公路支出总额为9157亿元，收支缺口进一步拉大。公路基础设施养护行业面对任务加重和资金紧张的双重难题。公路养护涉及检测、评定、决策、设计、施工、后评价等环节，各阶段流程环环相扣，构成了公路养护工作的闭环。随着社会经济的高速发展，交通量随之迅猛增长；同时社会公众对公路服务水平的要求日益提升。面对如何庞大的养护需求，如何进一步提升公路养护管理水平，从检测、评定、决策、实施等阶段建立完整的数据及管理链条，将是今后相当长一段时期内养护工作的目标。虽然近年来我国在公路养护管理、养护平台建设等方面取得了长足的进步，但面对发展新形势和公众出行的新需求，公路基础设施养护管理还存在一些短板和问题，具体如下。

(1)数据采集及分析校验不足。面对各类检测设备及路况采集设备的不断更新，现有对各类数据采集源的采样频率、分析效率远远满足不了要求。同时，各类采集手段的数据之间缺乏相互校正及分析处理，不同数据之间的准确性无法保证。

(2)各环节数据脱节。公路养护各阶段积累的数据相互脱节，未能建立不同阶段数据的贯穿机制，同时采集的数据缺乏科学有效的分析方法，并没有真正有效地应用于公路养护辅助决策、公路智能运维，提升公路养护管理及养护智能化水平。

(3)缺乏数据挖掘及利用机制。传统的公路养护平台一般仅限于养护流程性的管理或基于专家经验的养护决策，缺乏基于各地区差异性特征的数据挖掘机制及养护专家库建立，进而导致制定的公路养护决策方案出现偏颇、养护经费未得到充分利用。

(4)忽视养护后评价。现行规范未明确提及对公路养护后评价的要求，传统养护对养护后评价的数据积累及性能跟踪反馈重视不足，基本没有建立养护评价长效机制，前期实施的措施、方案、模型合理性未能被长期跟踪及动态校正，未建立公路养护全周期理念，从而导致公路养护出现“技术状况不良，经费投入有限”的恶性循环。

可见，传统公路养护存在数据采集来源有限、数据挖掘利用不足、养护体系不完整等问题，已经成为制约公路养护管理的一大瓶颈。如何利用现代大数据技术，建立涵盖检测、评定、决策、设计、施工、后评价的养护全周期体系，以更科学、高效的管理手段突破传统公路养护中主观性强、决策不科学、资源配置不合理的问题，真正实现公路养护数据及业务的动态循环及联动校正，已成为当前公路养护管理亟须解决的一大问题。

2.2 公路养护管理新理念

基于公路养护管理要素（养护工作分类、管理颗粒度、养护数据分类）的梳理，为克服传统养护管理工作中的痛点，本节提出以下公路养护管理新理念。

2.2.1 路产全周期管理

通常公路养护工作阶段包括检查、评定、决策、设计、作业、后评价等6个阶段。由于各阶段管理特点不同，其管理颗粒度无法保持统一。传统养护管理通常以“路况评定”环节中的公里作为单元精度，未建立基于“单元”的养护全周期数据管理，各环节的养护数据相互孤立、无传递性，导致数据利用率低，管理较为粗放。

据此，为了将公路养护全周期的数据进行有效串联，本书提出“基于路产及单元的养护全周期管理体系”，如图2-3所示，即以路产为核心主线，根据管理需要将路产划分为百米级分析单元，引入全时空概念，以数据为根本，在空间上以路产为主线、时间上以养护全周期进行贯通，让数据开口“说话”，记录各单元从初始、路况发展、养护干预及养护后评价的各阶段数据，形成单元的养护健康档案，为大数据分析提供精准的数据支撑，最终形成基础数据、检测评定、养护决策、日常养护、养护工程的全周期、溯源式的“智慧化”管理体系。同时，也形成一个不断更新挖掘、互联互通的数据资源池，解决传统养护管理中各阶段数据无法关联、“闭关自守”的状态。

图2-3 基于路产及单元的养护全周期管理体系

由图2-4可知，单元作为组成路产的最小元素，进入养护运营期后，围绕公路养护全工作流程，每个单元从初始、发展、处治到后评价，都积累了属于特定养护阶段的养护数据，包括各类静态数据及动态数据。在单元完成养护后评价后，将周而复始进入新一轮的养护全周期工作中。在各养护周期轮回中，单元作为一个空间属性，可以根据需要划分为不同的管理精度，同一单元在周期中产生的养护数据将因从属于同一单元而进行数据串联，为后续分析提供样本支持。

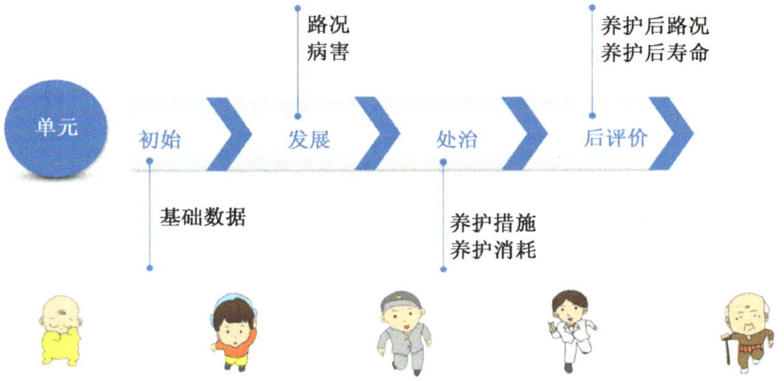

图2-4　基于单元的全周期数据串联

2.2.2　前后端全拓展

数据作为公路养护管理工作及分析的基础，其丰富性、完整性、准确性直接关系到公路养护管理提质增效能否成功转型。传统公路养护管理数据采集来源较为有限、缺少养护后评价数据，相当于公路养护全周期前、后端数据不完整，也就无法实现基于路产及单元的闭合式数据滚动管理。据此，为了真正实现公路养护全周期链条的数据完整性及管理的闭合性，提出"前后端全拓展"的公路养护管理理念，如图2-5所示，即从前端数据采集的角度，充分利用各类便携式、物联网检测设备，大幅降低检测门槛、提高检测频率、提升检测准确率、扩大分析样本；另一方面，拓展系统后端应用，从后端充分重视养护后评价工作，对养护实施后工程进行性能跟踪，印证前期养护措施实施的合理性、适用性，融合大数据分析挖掘技术，强化养护全周期链条的数据融合。这样站在公路养护全周期的角度，从前后端进行数据拓展及循环。

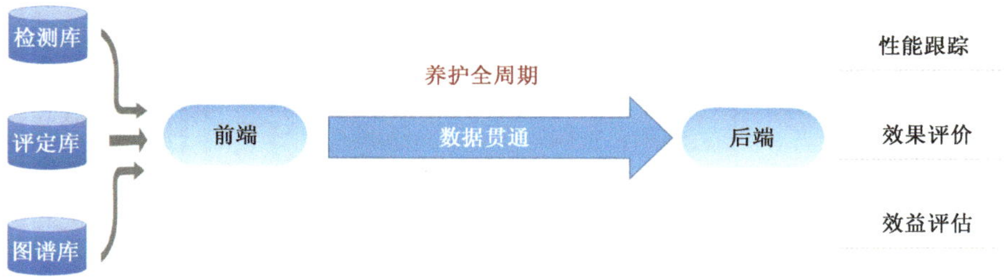

图2-5　基于全周期管理的前后端拓展

2.2.3 数据联动支撑

公路养护决策是为公路管养单位进行未来的养护计划及养护预算提供依据及参考的重要手段。公路养护大数据是构成公路养护决策的依据和支撑。其中,动态数据是公路养护决策大数据中极为核心及关键的数据之一。公路管养单位管养的公路范围通常是一定的,针对一定管养范围的公路,需要进行滚动的养护决策以持续指导未来养护,具体有以下两方面表现:

(1)对于单个决策对象(一条路或一定区域路网)的养护规划,需要根据该决策对象的动态数据更新,不断修正服务于该对象的路面性能衰变模型,同时进行养护规划的年度动态修正。

(2)对于全路网,需要根据不断实时变化及更新的海量动态数据,进行路网内性能模型组的分组校正、全路网路况指标的宏观把控及目标优化。

路面养护大数据涵盖养护检测、路况评定、养护决策、养护工程实施、养护后评价的各类数据,数据范围联动养护各业务过程,且各养护业务流程之间的数据环环相扣。基于养护决策的持续性及动态性,本书将针对传统公路养护决策中存在的数据利用率低、延续性差及关联性弱等三大问题,引入"数据联动支撑"(图2-6)的路面养护决策理念,该理念具体表现在以下方面:

(1)养护检测数据为路况评定、决策模型建立与校正提供数据来源。

(2)路况评定数据为养护决策提供底层支撑,作为路段划分的直接依据。

(3)养护工程实施及养护后评价为养护决策提供决策模型校正,为措施库优化提供支撑。

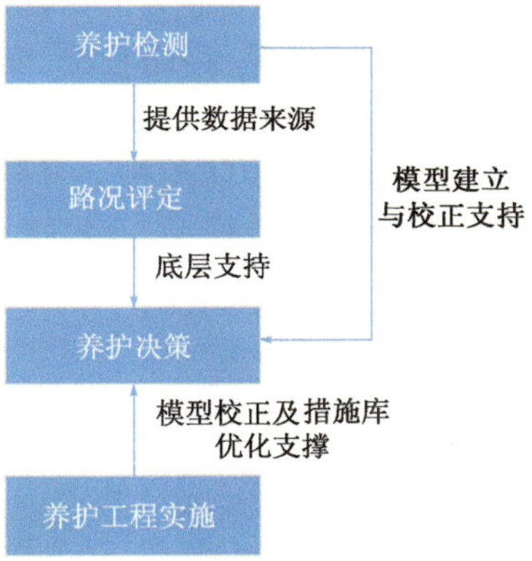

图2-6 数据联动支撑示意图

2.2.4 虚实滚动修正

从路面养护大数据的时间维度上看,包括规划期前、基准期、规划期及后续年度等三个阶段的数据。其中,前两阶段的数据是当前路面养护决策中必不可少的数据。

如图2-7所示,规划期前的数据主要包括静态数据、动态数据,基准期(规划当下)的数据包括服务于养护决策的各类模型算法、决策数据(方案、费用),规划期及后续年度数据主要包括养护工程及后评价数据。

为了制定科学的公路养护决策,往往需要养护工程实践的检验。然而,传统的路面养护决策忽视对规划年度及后续年度的养护工程实施跟踪及后评价,也就是忽视规划期及后续年度的数据。

据此,本书提出"虚实滚动修正"的公路养护管理理念,其中的"虚"指的是服务于养护决策、规划期产生的各类过程数据、决策数据,"实"指的是真正实施的养护工程数据及基于真实养护工程而采集的后续路况数据、交通量数据等。

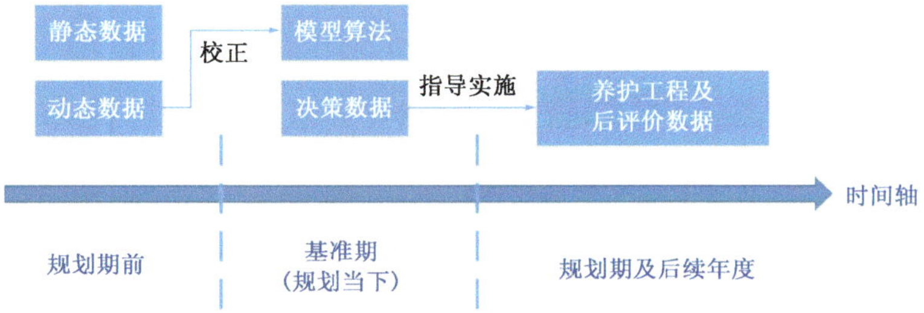

图 2-7 路面养护大数据时间维度分布

“虚实滚动修正”理念的核心在于基于真实的养护工程数据来联动修正用于指导决策的模型算法,具体包括各类养护后性能模型校正、各类养护措施库与单价库校正。

如图 2-8 所示,通过公路养护决策形成公路养护规划方案。管养单位基于养护规划方案,安排在各年度需要实施的养护工程,包括预防养护、中修养护及大修养护。在养护工程实施后,继续跟踪采集各类工程数据,并建立养护后性能观测库,用于记录各类养护工程在实施养护后的病害情况、路面状况、交通量水平、使用寿命及实际单价。经过多年长期的数据积累,养护后性能观测库可反向修正养护决策基础库,即各类养护对应不同养护措施的养护后模型校正、三类措施(预防养护、中修养护、大修养护)库的完善、养护单价库的修正等,即养护决策的各类基础参数及模型,应根据真实的养护工程数据进行滚动的修正及完善。

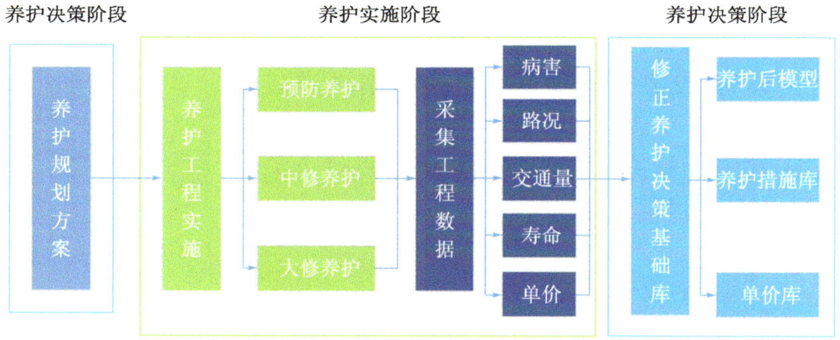

图 2-8 虚实滚动修正示意图

2.2.5 闭合周期循环

从业务流程上看,公路养护包括养护检测、路况评定、养护决策、养护设计、养护施工及养护后评价。其中,养护检测、路况评定及养护决策等 3 个阶段环环相扣。本书提出“闭合周期循环”(图 2-9)的路面养护决策理念,即以“养护检测、路况评定、养护决策、养护施工”为流程,形成闭合循环的周期更新数据及业务机制。养护工程实施后,继续跟踪实施养护检测、评定及决策,不断积累工程应用数据及性能监测数据,形成数据挖掘利用的闭合周期循环机制。

2.2.6 动态滚动修正

单元的养护行为是一个周而复始的工作，养护数据也随着运营期的延长在不断积累。在建立基于路产的养护全周期体系的基础上，本书提出"动态滚动修正"（图 2-10）的理念，研究不断更新的路面养护大数据的规划影响效应，据此形成基于数据不断滚动扩充、模型不断校正完善优化、养护决策方案趋于针对性的多年度路面养护决策优化体系，提升养护规划的指导性、科学性。

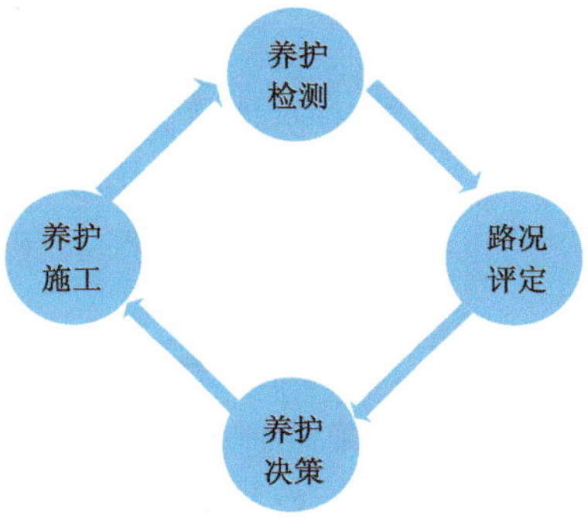

图 2-9 闭合周期循环示意图

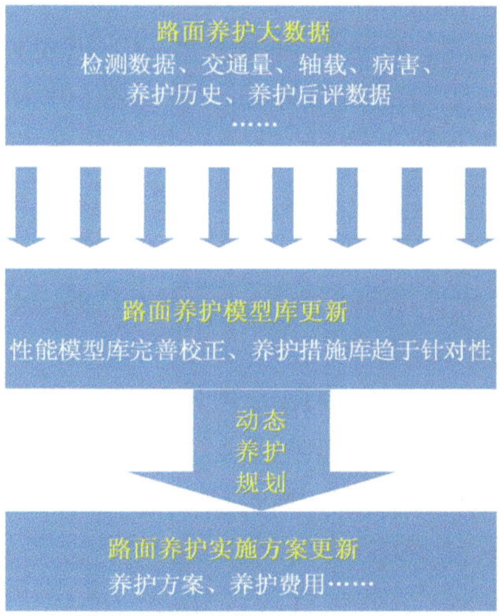

图 2-10 动态滚动修正示意图

2.3 智能养护架构及关键技术

2.3.1 智能养护发展阶段

参考《展望普通公路智能养护的未来》的定义，智能养护是在基础设施数字化基础上，充分借助"大数据、物联网、云计算、5G、人工智能"等新一代信息技术，集成人员、技术、装备、数据、管理等要素，将基础设施升级为可感知、可分析、部分可控，远期能自动控制、自我管理、自我维修、自适应的智慧化系统，实现对基础设施养护全过程、全要素的科学化、智能化、精准化、主动式、预防性管理，是基础设施养护发展史上一次颠覆性革命和重大发展。

智能养护概念包括三个特征：智能感知、智能分析、自我学习。这几个特征以设施数字化、采集多源化、数据共享化、挖掘贯穿化为主线。

在加快建设交通强国的背景下，随着当前大规模的公路养护需求，智能养护已成为当前不可逆转的一大趋势。结合当前管理水平及技术发展需求，预计智能养护的发展需要历经以下四个阶段。

(1)基于养护全周期的初级智能养护阶段(过渡期)：在基础设施数字化的基础上，一方面强化数据采集端的采样频率、智能识别分析，另一方面提升养护后评价数据的积累应用，基于公路养护全周期(检测、评定、决策、设计、后评价)的数据贯通，结合大数据分析算法，构建差异化的养护专家库，同时进行公路养护管理场景的数据挖掘，服务于公路养护科学决策及养护管理提升。

(2)基于多方物联的中级智能养护阶段(稳定期)：伴随数据采集及各类智能监测、养护技术的发展与成熟，一方面，先进物联网及采集数据为大数据分析提供了更为海量、可靠的数据来源；另一方面，在过渡期专家库建立的基础上，数据分析算法不断迭代升级，包括桥梁、隧道等主体工程在内的决策体系不断完善，可为公路养护管理单位提供更有针对性、匹配性的大数据分析场景及输出结果，且结果逐渐趋于准确、稳定。

(3)基于智能感知及万物互联的智能养护阶段(发展期)：基于物联网、5G 实现基础设施、环境、人车感知以及设施互联、交通工具互联、数据关联，借助无人巡检、无人养护等技术突破，实现公路养护“检测/监测—感知—判断—保持/提升”的自我适应(自我管理、自我修复、自我学习、自我进化)良性循环。

(4)基于建养全周期的智慧养护阶段(展望期)：如图 2-11 所示，随着数字化建养技术的发展、成熟，建设期数据与养护期数据形成统一的数据标准及对接机制，大数据分析数据源由原来的养护期数据进一步扩展至建养全周期数据，数据互为贯通、校核，各阶段平台(如建设项目管理平台、养护平台、营运监测平台等)实现数据互联互通，真正基于建设源头实现公路养护的溯源式、智慧化管理。建养一体化平台架构如图 2-12 所示。

如图 2-13 所示，公路养护涵盖检测、规划、设计、施工等阶段。传统养护决策与管理中，公路施工与检测、决策环节几乎脱节。实际上，前期建设期施工阶段的各项监控数据对未来养护方案及决策极为关键。这就好比医生给一个人看病，要先建立病人的基础档案，才能对症治疗。精确到每个桩号的道路原材料、混合料及各环节施工参数数据就是道路的最基础档案。未来，不断发展成熟的智慧养护体系将建立道路施工、检测及决策各环节的数据互联互通，做到溯本求源、动态联动。

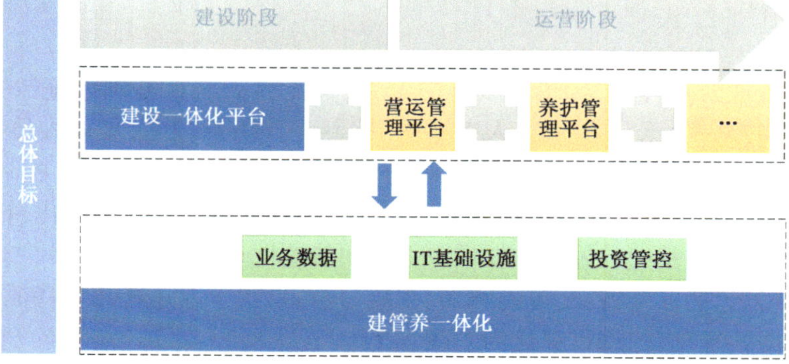

图 2-11　建养全周期养护示意图

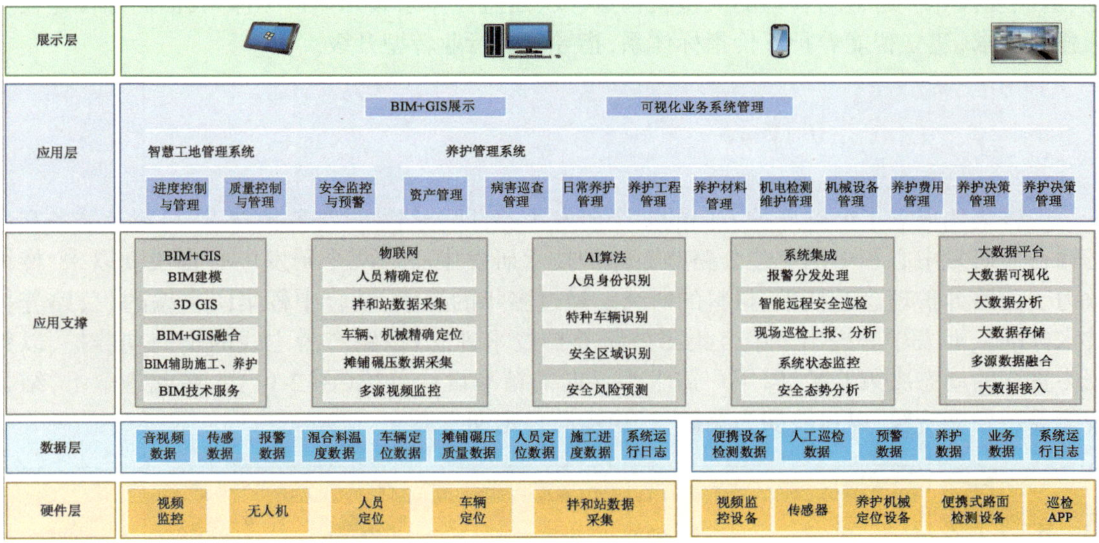

图 2-12　建养一体化平台架构图

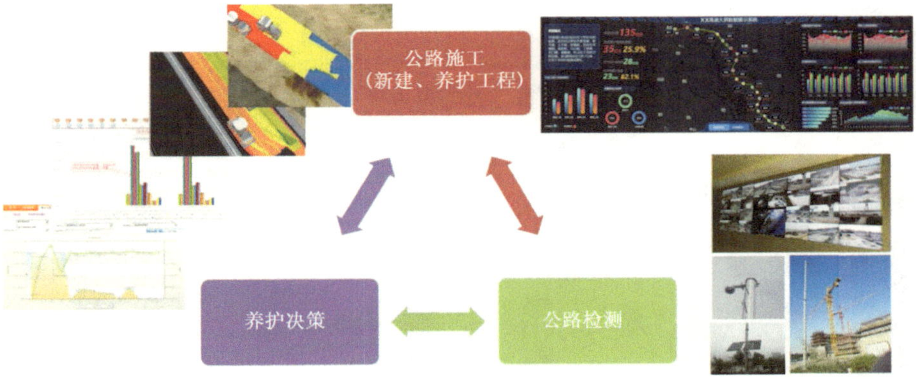

图 2-13　公路养护与施工数据联动

当前智能养护在技术体系、评价体系、标准体系、维修控制、信息融合等方面存在不足。其中技术体系建立是一个长期、动态、复杂的过程，目前尚未完全形成开放、可扩展、兼容、相对稳定的技术体系；评价理论和方法尚不成熟，需要不断完善、丰富、发展；智能养护标准目前基本空白，评估标准、管理标准不支持智能检测、监测；能智能检测，无法智能维修；能智能监测，无法智能控制；信息技术与传统养护技术的融合深度和广度还须拓展；应用场景和指标不够清晰明确。同时，重点基础设施资产数据、性能数据的安全保障体系亟待健全；基础设施的长期性能、劣化机理、损伤评估、寿命预测等寿命保障机制尚未系统建立。

因此，应加快推动5G、人工智能、大数据、物联网、云技术等新一代信息技术与养护行业深度融合，发展智能养护技术体系；编制基于智能检测、监测、评估的技术标准，构建智能养护标准体系；加速构建交通基础设施大数据中心，推进大数据资源赋能养护行业科学发展；构建基于现代传感技术、信息技术、结构评估技术的大型结构健康监测与安全控制体系。建立智能化、适应现代养护运营与管理的大型机构点、线、面监控体系和无损检测体系；面向加快建设交通强国要求，建立智能养护评价指标体系，指导养护行业转型升级。

2.3.2 智能养护体系

中咨集团成立了公路养护方向的两个研发中心，即公路建设与养护技术、材料及装备交通运输行业研发中心和中国交建公路路面养护技术研发中心。两个研发中心自成立以来，持续致力于公路养护理念及技术、材料的研究。经过多年的探索，结合中咨集团主编的《公路养护技术标准》，研发中心提出了中咨集团公路养护技术理念：以路产为主线的全周期养护、以数据为贯穿的动态决策养护、以用户需求为导向的精准设计养护（图 2-14）。在此理念下，结合智能养护发展阶段，以过渡期为突破口，稳步向稳定期发展。

图 2-14 中咨集团智能养护体系

具体而言，智能养护体系围绕公路养护工作的全过程，着重从智能检测与监测、智能养护管理平台、绿色先进养护技术三方面进行体系构建，即基于对公路技术状况与安全性的智能检测与评价，制订科学的养护规划，通过智能养护管理平台提出精准的全周期养护决策设计，结合一系列先进的绿色养护技术，将养护决策及设计推荐的技术分期、分策实施。

2.3.3 统一数据标准

“智能养护”的内核是管理模式的“智慧化”，要实现“智慧化”，首先要解决的是传统公路养护管理存在信息“孤岛”、重复采集和数据脱节等问题。养护数据资源较为有限，且有限的数据资源之间相互独立，无论在时间、空间上都是一种静态的表现，无法共享互联衍生出对养护管理提升真正有价值的数据，同时也会造成养护资源浪费。

因此，在智能养护体系中，应基于统一的数据标准、管理标准，集成动态监测数据、检测数据、养护数据，将传统的养护转变为以数据为驱动的养护，制定养护规划和养护方案，进行监测和性能评价，助力养护决策。

在集成管理阶段，重点把大数据存起来、管起来、用起来，解决数据孤岛问题。在基础分析阶段，主要定位于离线或在线对数据进行基本描述统计和探索式可视化分析。在智能应用阶段，在基础分析结果合理、符合预期目标、大数据管理系统稳定成熟的条件下，可进一步结合智能分析需求，采用如深度学习等使用海量数据处理的机器学习模型，进行高级预测性挖掘分析。

2.3.4 智能检测与评价

公路养护涉及检测、评定、决策、设计、施工、后评价等环节，检测与评定作为一切养护工作起步的基础，其对准确、快速、安全的要求也越来越高。从检测的类型来看，一般包括定期检测、日常巡检、经常检查等。公路的智能检测、监测与评价作为智慧养护的基础，为后续的养护决策及养护技术应用提供数据支持。当前公路检测技术普遍存在检测频率低、自动识别程度不足、使用便携性差、多种数据来源缺乏校核机制等问题，进而导致作为公路养护最主要的数据采集来源之一——公路检测采集手段受限、数据样本量不足、准确性有待提升。为克服以上问题，中咨集团智能养护体系从以下方面建立智能检测与评价技术。

(1)便携式检测：改变传统公路检测完全依靠专业综合大型检测车、检测频率低下且须专业人员操作的弊端，建立一种操作简便、成本低廉的便携式检测设备，设备装载于任意车辆均可进行随时随地检测，降低检测门槛，大幅提高检测频率，积累海量检测样本。

(2)全自动分析：为实现智能养护，首先必须解决数据采集及处理效率问题。受采集样本质量、算法精度等各方面因素影响，传统设备采集的检测数据处理通常采用“人工＋机器”辅助识别的方式，不仅识别效率低，且识别结果受人为主观因素影响较大，判断标准不统一。为此，智能检测与评价体系将基于深度学习的病害/标志物识别与处理算法，实现全自动数据处理及高精度、高效率识别，满足不同场景的数据反馈时限要求。如图2-15所示，路面及附属设施便携式检测设备通过车载嵌入式采集软件实现了基于车载的便携式数据采集，采集后的数据通过服务器处理平台进行数据处理。

(3)平台化对接：采集的海量数据在经过处理后，根据不同场景的应用需求，批量与养护管理平台进行无缝对接，使其成为后续大数据分析的业务数据来源之一。

(4)场景式应用：如图2-16所示，根据不同的公路养护管理需要，将智能检测与日常巡查、性能模型训练优化、单元行业分析、养护后评价等场景有机结合。一方面，基于每日便携式检测，自动与日常养护业务流程关联，实现自动发现、自动上报、验收校核；分车道的海量检测评定数据可为路面养护决策中的微病害模型库、技术状况模型库建立及持续优化提供海量数据来源。同时，便携式设备采集也可为养护后评价的数据采集及积累提供极为丰富的数据支持。

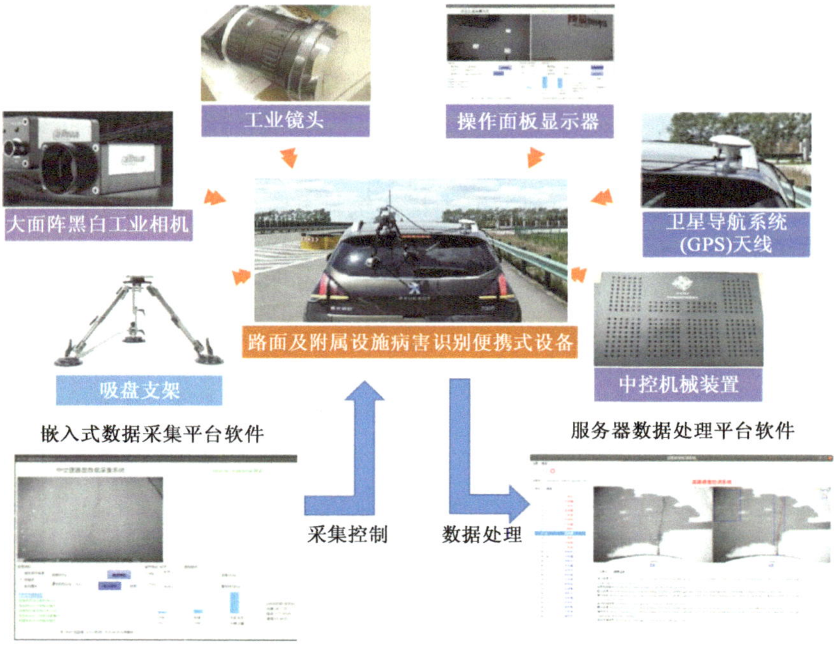

图 2-15　便携采集与自动分析

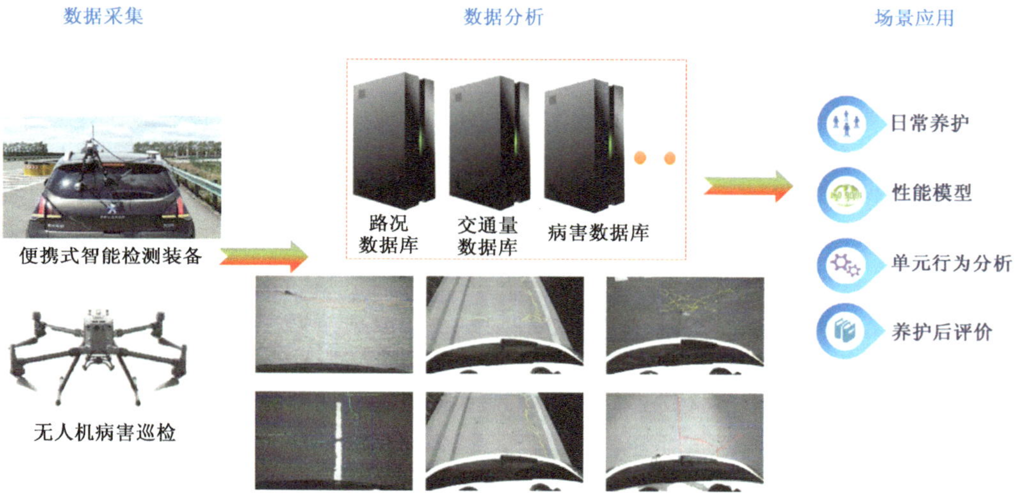

图 2-16　基于便携与海量采集的场景式应用

2.3.5　基于机器学习的养护差异化管理

传统公路养护管理突出的问题即为养护的均一化，各地难以建立适合于不同地区发展需求的养护专家库，进而导致有限的养护资金利用率不足，养护投资效益不明显。

未来的公路养护决策，将从主要依靠人脑、经验逐步向大数据分析转变，在确保数据多维性、系统性、真实性、可靠性、准确性的基础上,通过对公路病害、养护历史、路基路面检测、设施设备自动监测、路域环境等数据的决策分析,为各级公路管理者提供重要的决策支撑,科学制定日常养护计划和养护工程计划,最终建立基于大数据的公路养护体系。

在智能养护体系下,依靠于不断积累的各类养护数据,可以改变目前将路面状况均一化处理的粗放型养护决策方式。如图 2-17 所示,各地的养护决策与养护管理均将和当地特有的气候特征、交通量水平、病害类型等因素实时联动,同时通过建立长期性能观测库,积累各种措施的养护后监测数据(如病害情况、检测数据、维修情况等)及使用寿命,不断校正、完善适合于不同地区实际需求的养护措施库及决策方法,真正做到针对性精细化养护。

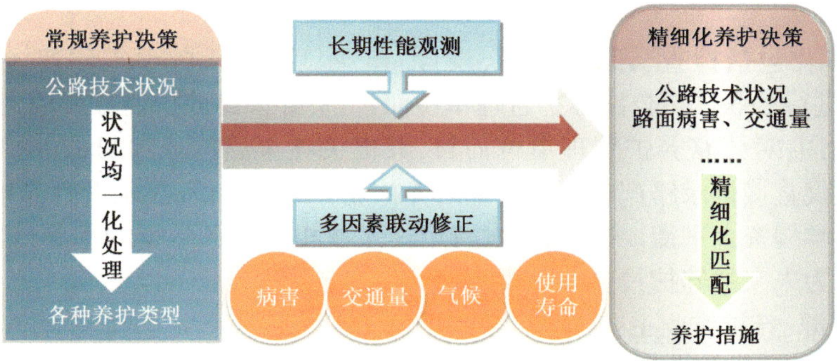

图 2-17 差异化养护

具体而言,基于多维数据挖掘的养护决策流程如图 2-18 所示。在各类数据采集的基础上,通过数据评定、交通量预测及性能模型预测,基于数据深度挖掘及机器"自学习"理论,制订出满足各类目标的规划期养护决策方案并指导未来养护。再通过动态发展的养护工程实施及不断更新的数据采集,更新措施库、模型库、自学习库,形成基于大数据学习的公路养护决策体系。

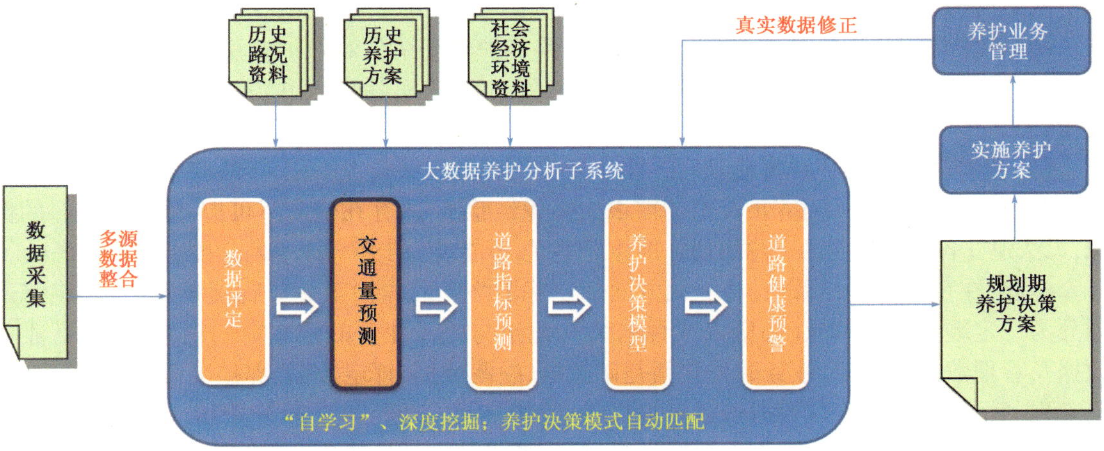

图 2-18 基于多维数据挖掘的养护决策流程

与传统的公路养护决策方式相比,大数据模式下的养护差异化决策具有以下优势:

(1)融合公路养护全周期的数据进行决策分析,包括前端多源数据融合、后端养护后评价数据，分析样本范围大为扩展。

(2)养护各阶段数据基于路产/单元进行数据贯通，使不同阶段的养护数据可以相互传递、分析，决策结果更为精准。

(3)建立基于养护后评价联动的差异化养护专家库，包括措施库、模型库、消耗库、单价库等，基于真实实施的养护工程数据来不断校正系列决策模型，使之具备地区差异性、管理精准性，真正实现决策自学习。

2.3.6 基于路产的养护全业务管理

公路养护工作包括检查、评定、决策、设计、作业、后评价，各项工作通过公路养护的对象——“路产”进行关联。对公路养护管理单位而言，贯穿公路养护业务有两大关键要素。

(1)养护费用：对公路养护管理单位而言，其更关注全路网或项目的养护投入及费用情况，养护费用不仅直接记录路产各阶段发生的养护业务的投入情况，辅助管养单位宏观了解各项费用的组成，掌握资金平衡。同时，通过费用投入及相关业务数据的积累，也可评估一定时期的养护效益，为未来的养护投资提供决策支撑。

(2)养护资源：养护作业主要包括日常养护、专项工程，公路养护管理单位同时关注“养护资源”情况，即实施养护作业所需的人员、材料及机械情况。只有养护资源得到最佳配置，才能最大限度满足不同养护作业类型的实施，做到资源合理配置。

传统公路养护管理工作中，存在以下三大主要问题。

(1)养护作业未与路产及单元相关联。一般的养护作业中，日常养护及专项工程修补更多关注路线位置及桩号，并未关联具体的某一项路产，或者仅做较粗略的路产专业关联，无法定位修复的是哪一项路产，由此导致公路养护全周期的数据无法在不同业务间传递。具体而言，实施维修的工程或区域，并未记录对应该项目的路产静态信息、实施前检测数据、实施前路况及实施后续的跟踪数据，无法形成时间周期范围内的养护业务数据。

(2)养护费用分析颗粒度不足。现有的公路养护管理单位对养护费用大多仅关注宏观投入及总体的费用科目，各费用与不同养护对象(路产)的实际投入并没有关联，分析颗粒度较粗。

(3)养护资源未形成标准化消耗。由于缺少物联网相关技术手段，无法获知各类养护资源的状态，传统养护作业中对养护资源的需求大多凭经验主义，存在响应不可控、修补不及时的情况，无法建立各养护作业的资源消耗标准化清单库，不能进一步指导未来科学配置养护资源。

据此，在智能养护体系中，将从两方面建立基于路产的养护全业务管理体系：一是将路产划分为一定颗粒度的单元(公里级或百米级)，记录与单元相关的全生命周期数据，包括业务数据及管理数据。其中，业务数据包括基础数据、检测数据、评定数据、养护决策、日常养护、专项工程、后评价数据；管理数据包括养护材料、养护人员、养护设备、养护费用。通过路产及单元将时间轴上的业务数据与管理数据进行贯穿，形成动态循环的单元库；二是将业务数据与管理数据交叉打通，即将日常养护及专项工程与养护资源联动，将养护费用涉及的各种科目拆解，建立基于路产的费用明细，即养护材料、日常养护、专项工程等，为后续的大数据分析提供基础，如图2-19所示。

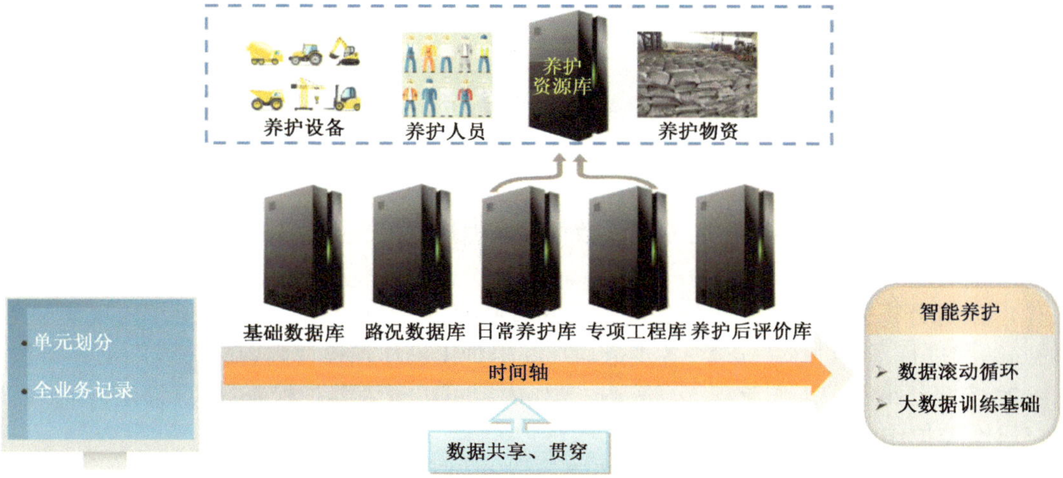

图 2-19　基于路产的养护全业务管理

2.3.7　数字化接养

长期以来,公路建设和养护的衔接基本上采用"公路实体 + 纸质竣工资料"的模式,已经远不能满足未来公路养护发展的需求。智能养护发展后期,公路接养应该采取"公路实体 + 数字化孪生模型"的模式,数字化孪生模型是指公路建设从规划到竣工所有资料的数字化档案,包括立项资料、设计图纸、施工图纸、施工记录、材料清单、质监记录、检测数据、设施档案、养护建议等内容,通过二维、三维、实景、航拍、CAD、BIM 等技术构建的数字化模型,为后续公路养护多样化应用提供全面的数据支撑。部分路产数字化模型如图 2-20 所示。

图 2-20　数字化模型

2.4 本章小结

本章围绕智能养护体系框架，基于大数据及数据挖掘思想，提出了现代路面养护决策新理念，主要结论如下：

（1）通过分析公路养护工作分类现状可知，现行公路养护规范对养护工作内容尚缺乏明确的归纳和进行系统的统一分类；各规范均存在养护工程质量检评内容缺失或不足等问题。

（2）按照公路养护工作流程，公路养护工作内容可以分为养护检查、路况评定、养护决策、养护设计、养护作业、养护质量检评六类。

（3）公路养护不同阶段的管理要求不同，对数据的采集及管理的精度也不同。公路养护全周期管理颗粒度直接关系到数据的延续性及样本分析的多寡，从而决定基于海量数据挖掘的公路养护管理提升场景分析的准确性。智能养护不仅依赖于公路养护全周期数据的积累，更需要对各阶段数据进行传递、分析，应根据需要选择合适的管理颗粒度。

（4）养护大数据是指服务于路面养护决策的各类未经处理、中间处理、处理过后的数据归集，涵盖养护检测、路况评定、决策模型、养护工程、养护后评价的全过程数据。按数据服务于养护决策所在的阶段，具体包括基础数据、过程数据、决策数据及工程数据。

（5）基于将养护大数据贯穿应用于公路养护管理及智能养护的出发点，提出路产全周期管理、前后端全拓展、数据联动支撑、虚实滚动修正、闭合周期循环的现代公路管理新理念。路产全周期主要是指基于单元的养护全周期数据贯穿；前后端全拓展强调数据采集及养护后评价对体系的重要性；数据联动支撑主要是指各养护阶段数据相互支撑、环环相扣；“虚实滚动修正”核心在于基于真实的养护工程数据来联动修正用于指导决策的模型算法，包括各类养护后性能模型校正、各类养护措施库与单价库校正；“闭合周期循环”即以“养护检测、路况评定、养护决策、养护施工”为流程，形成闭合循环的数据周期更新及业务机制。

（6）智能养护已成为当前不可逆转的一大趋势。结合当前管理水平及技术发展需求，预估智能养护的发展需要历经四个阶段：基于养护全周期的初级智能养护阶段（过渡期），基于多方物联的中级智能养护阶段（稳定期），基于智能感知及万物互联的智能养护阶段（发展期），基于建养全周期的智慧养护阶段（展望期）。

（7）融合公路养护管理新理念，构建智能养护体系，着重从智能检测与监测、智能养护管理平台、绿色先进养护技术等三个方面进行体系构建，即基于对公路技术状况与安全性的智能检测与评价，制订科学的养护规划，通过智能养护管理平台提出精准的全周期养护决策设计，结合一系列先进的绿色养护技术，将养护决策及设计推荐的技术分期、分策实施。

（8）围绕智能养护体系，提出用于贯穿体系、贯彻理念的五大关键技术，分别为：统一数据标准，智能检测与评价，基于机器学习的养护差异化养护，基于路产的养护全业务管理，数字化接养。其中，数字化接养属于智能养护远期关键技术。

第3章 CHAPTER 3

智能检测与评价

由第 2 章可知,智能检测与评价为智能养护体系中涉及数据采集的关键环节。如何依托现代图像技术、大数据算法,解决当前公路检测业务中数据采集样本不足、分析效率低下、采集成本偏高等问题,是智能养护体系中亟须解决的首要问题。本章首先总体介绍路况检测的发展现状,从日常巡检、定期检测、路况评定等 3 个场景出发,分别提出智能检测与评价的解决方案。

3.1 路况检测发展现状

公路技术状况的检测可以分为三个不同的发展阶段。第一阶段为人工检测阶段。由于道路铺设量少、车流量不大、技术发展的不成熟及道路保护意识不强,在公路养护阶段初期主要为人工现场检测判断。此阶段受人为判断力影响,仅在道路出现了严重病害时,才会进行粗略的养护处理。第二阶段为半自动化检测阶段。此阶段检测人员开始采用一些相关的设备,如照相机、摄像头、汽车等,将采集的图片存于硬盘中,相关人员在计算机上进行相应的处理判断。第三阶段是全自动化检测阶段。随着相关科学技术的进步,公路检测全自动化逐渐成为主要的检测手段。其中以车载检测系统为主,智能公路综合检测车现已在各国家特别是发达国家得到较广泛应用。

3.1.1 检查评定相关标准规定

1) 检查频率

按养护检查类别和专业不同,相关行业标准规定的检查频率如表 3-1 所示。

相关行业标准规定的检查频率一览表　　表 3-1

工程专业		检查类别		
		日常巡查	经常检查	定期检查
路面	沥青	(无)	(无)	路面抗滑 1 次/2 年,路面结构强度抽样检测,其余指标 1 次/年⑥
	水泥混凝土	1 次/d①③	(无)③	
路基		不少于 1 次/周②	无	路网级:1 次/年。路段级:1 次/季度或 1 次/半年②、1 次/年⑥
涵洞		(无)	2 次/季度①	1 次/2 ~ 3 年①
桥梁	Ⅰ级	1 次/d④	1 次/月④	1 次/年④
	Ⅱ级	1 次/d④	1 次/2 月④	1 次/3 年④
	Ⅲ级	1 次/周④	1 次/季度④	1 次/3 年①④

续上表

工程专业			检查类别		
			日常巡查	经常检查	定期检查
隧道	土建结构	一级	1次/d⑤	1次/月⑤	1次/年①⑤,≥1次/3年⑤
		二级	1次/d⑤	1次/2月⑤	
		三级	1次/d⑤	1次/季度⑤	
	机电设施	高速公路	1次/d⑤	(无)	(无)
		其他公路	1次/1~3d⑤	(无)	(无)
	沿线设施		(无)	(无)	1次/年⑥

注:①《公路养护技术规范》(JTG H10—2009)。
②《公路路基养护技术规范》(JTG 5150—2020)。
③《公路水泥混凝土路面养护技术规范》(JTJ 073.1—2001)。
④《公路桥涵养护规范》(JTG 5120—2021)。
⑤《公路隧道养护技术规范》(JTG H12—2015)。
⑥《公路技术状况评定标准》(JTG 5210—2018)。

由上可知,现行的行业标准对三类养护检查(日常巡查、经常检查、定期检查)的频率不尽相同,大体频率如下:

(1)各专业日常巡查的频率基本为1次/d,《公路路基养护技术规范》(JTG 5150—2020)规定的路基巡查频率为不少于1次/周。

(2)各专业规范规定的经常检查频率不同,桥梁、隧道土建工程的经常检查频率需根据养护等级进行区分。

(3)各专业的定期检查频率一般为1次/年,个别指标为1次/2年或抽样检测。

2)检查方法

现行行业标准中的养护规范对养护检查内容的规定如表3-2所示。

相关规范规定的养护检查内容与方法一览表　　表3-2

序号	规范名称	检查内容与方法
1	《公路养护技术规范》(JTG H10—2009)	日常巡查:水泥混凝土路面有无病害、诱发病害的因素和可能妨碍交通的路障。可以车行为主,采用观察、目测及人工计量,定性与定量相结合,重要情况应予摄影或摄像。隧道通风设施:观察设备运转情况。 经常性检查:桥梁:对桥面设施、上下部构造及其附属设施进行一般性检查。特大型桥梁宜采用信息技术与人工作业相结合的手段。隧道:宜采用简单的检查工具进行。 定期检查:水泥混凝土路面:检查内容按技术状况评定标准执行。桥梁:采集技术状况动态数据。特殊重要桥梁可中期性进行荷载试验。隧道:宜配备必要的检查工具或设备,进行目测或两侧检查,及时填写记录表。 定点监测:新建大中桥和特大桥交付使用前,应设置永久性控制检测点

续上表

序号	规范名称	检查内容与方法
2	《公路路基养护技术规范》（JTG 5150—2020）	一般巡查：检查路基病害或异常情况，可用目测方式。 定期调查：可采取人工调查的方式，并辅以望远镜、照相机、水准仪、全站仪、卷尺、直尺等工具。定期调查与检测应以1000m路段为一个单元，不足1000m按一个单元计，并对路基上、下行方向分别调查与检测。 定点监测：应根据需求安设固定监测设备，采用测量仪器、探测工具等，对路基病害的发生原因和发展趋势进行判断、定点监测与评估，定期（日、周、旬、月）采集路基相关数据信息
3	《公路水泥混凝土路面养护技术规范》（JTJ 073.1—2001）	日常养护：做好预防性、经常性养护，通过经常的巡视检查，及时发现缺陷，查清原因，采取适当措施，清除障碍物，保持路面状况良好。 路面状况调查和评定：路面破损状况，结构承载能力，行驶质量，抗滑能力，交通状况（车辆组成和轴载），路基和路面排水状况，路面修建和养护历史
4	《公路沥青路面养护技术规范》（JTJ 5142—2019）	调查内容：破损状况、结构强度、平整度、抗滑能力，根据需要，桥头、通道两侧、涵洞不均匀沉降观测、交通量观测。 强度：高速公路、一级公路宜采用自动弯沉仪或落锤式弯沉仪，其他公路可采用贝克曼梁弯沉仪。 平整度：宜采用车载式检测设备快速检测，小范围抽样调查可采用连续式平整仪或3m直尺检测。 抗滑：横向力测定车和摆式仪，高速公路和一级公路，宜采用横向力系数测定车
5	《公路桥涵养护规范》（JTG 5120—2021）	桥梁检查应分为初始检查、日常巡查、经常检查、定期检查和特殊检查。 初始检查：新建或改建桥梁应进行初始检查。初始检查宜与交工验收时间同时进行，最迟不得超过交付使用后1年。 经常检查： （1）养护检查等级为Ⅰ级的桥梁，经常检查每月不应少于1次； （2）养护检查等级为Ⅱ级的桥梁，经常检查每两个月不应少于1次； （3）养护检查等级为Ⅲ级的桥梁，经常检查每季度不应少于1次。 定期检查：养护检查等级为Ⅰ级的桥梁，定期检查周期不得超过1年；养护检查等级为Ⅱ、Ⅲ级的桥梁，定期检查周期不得超过3年。 特殊检查：应根据检测目的、病害情况和性质，采用仪器设备进行现场测试和其他辅助试验，针对桥梁现状进行检算分析，形成评定结论，提出建议措施
6	《公路隧道养护技术规范》（JTG H12—2015）	土建结构：日常巡查可采用人工与信息化手段相结合的方式。经常检查宜采用人工与信息化手段相结合的方式，配以简单的检查工具进行。 机电设施：日常巡查在巡视车上或通过步行目测及其他信息化手段对机电设施和运行状态进行一般性巡视检查
7	《公路技术状况评定标准》（JTG 5210—2018）	路面技术状况应采用自动化检测设备检测，路基、桥隧构造物和沿线设施主要采用人工调查

续上表

序号	规范名称	检查内容与方法
8	《公路桥梁技术状况评定标准》(JTG/T H21—2011)	桥梁技术状况检测采用目测与仪器相结合的方法
9	《公路路面技术状况自动化检测规程》(JTG/T E61—2014)	距离测量采用距离自动化测量装置。 路面几何状况可采用惯导装置或惯导卫星定位组合装置。 路面裂缝可采用视觉图像检测法、路面轮廓检测法、超声波检测法等。 路面平整度自动化检测宜采用激光传感器等距离测量装置。宜采用双轮迹检测方法,也可采用单轮迹检测方法。 路面车辙自动化检测可采用梁式多传感器、扫描式激光传感器或光学影像传感器等。 路面构造深度自动化检测宜采用激光测距等装置。宜采用单轮迹检测法,也可同时检测左轮迹带、右轮迹带及车道中间3条线的构造深度
10	《城镇道路养护技术规范》(CJJ 36—2016)	城镇道路检查应分为日常巡查、定期检测和特殊检测,宜建立信息管理系统。 定期检测应分为常规检测和结构强度检测。 当出现下列情况之一时,应进行特殊检测: (1)道路进行改扩建前; (2)道路发生不明原因的沉陷、开裂或冒水; (3)在道路下进行管涵顶进、降水作业或隧道开挖等工程施工完成后; (4)存在影响道路使用功能和结构安全的施工; (5)道路路面及附属设施超过设计使用年限时
11	《城市桥梁养护技术规范》(CJJ 99—2017)	经常性检查:应对结构变异、桥梁及桥梁安全保护区域施工作业情况和桥面系、限载标志、交通标志及其他附属设施等状况进行日常巡检。宜以目测为主,并应现场填写“城市桥梁日常巡检日报表”,登记所检查城市桥梁的缺损类型、维修工程量,提出相应的养护措施。 定期检查:常规定期检测宜以目测为主,并应配备如照相机、裂缝观测仪、探查工具及现场的辅助器材与设备等必要的量测仪器。结构定期检测应制订详细检测计划与实施方案。 特殊检测:应由专业人员采用专门技术手段,辅以现场和试验室测试等特殊手段进行详细检测和综合分析,应提交检测结果书面报告

有关公路养护检查分类与频率的规定,在行业规定的基础上,各省(区、市)主要针对高速公路有相关补充规定。部分省(自治区、直辖市)对公路养护检查方法作了不同程度的规定,举例如下。

(1)北京:路面技术状况数据应采用自动化快速检测设备进行采集,其中路面破损、平整度和车辙数据采集宜统一采用多功能路况快速检测系统,并同步采集公路前方景观。路面破损数据处理宜采用基于图像自动识别的方法，并对计算机自动识别数据按一定比例抽样，采用人工识别方法进行复核，确保识别准确率满足《公路技术状况评定标准》（JTG 5210—2018）的要求。

（2）河北：高速公路技术状况检测与调查应尽量采用自动化检测设备。

（3）天津：高速公路检测应积极采用现代化快速检测设备。路基、路面、桥隧构造物和沿线设施，应采用实地测量或外观检查的方法，有条件者可借助便携式路况数据采集仪。

（4）山东：桥梁特殊检查应采用仪器设备，进行检测或试验。县公路局应配备以下桥梁检查专用仪器和设备：裂缝宽度观测仪、水准仪、数码照相机、高倍望远镜、充气橡皮艇（配备救生衣）、强光灯、活动式人字梯等。市公路局还应配备回弹仪（中型），钢筋保护层厚度、钢筋锈蚀探测仪，桥梁检查维修高空作业车辆等仪器设备。

（5）福建：日常巡查以慢速行车为主，重点路段徒步检查，人工目测，必要时进行量测，辅以摄影或摄像；夜间巡查，进行行车远光灯检查；定期检查，以徒步检查、定性与定量观测检查相结合，重要情况应予摄影或摄像；专项检查：到达特定路段，以徒步为主，仔细检查。特殊检查时，应携带通信设备和安全标志。

（6）广东：路面技术状况数据应采用自动化快速检测设备采集，其中路面破损、平整度和车辙数据采集宜统一采用多功能路况快速检测系统，并同步采集道路前方景观图像和卫星定位系统（GPS）信息。路面破损数据处理宜采用基于图像自动识别的方法。

3）路况评定分类及等级

根据《公路养护技术规范》（JTG H10—2009）及行业相关规范，有关路况评定分类的内容很少，大多仅限于技术状况评定的内容。

相关规范规定的公路路况评定分类及等级如表3-3所示。

相关规范规定的公路路况评定分类及等级一览表　　表3-3

规范名称、编号	公路路况评定分类及等级
《公路养护技术规范》（JTG H10—2009）	路面技术状况：优、良、中、次、差五个等级。 桥梁：一般评定（依据定期检查的综合评定）、适应性评定（承载能力、通行能力、抗洪能力周期性评定）。 其他专业无专门规定
《公路技术状况评定标准》（JTG 5210—2018）	技术状况评定： 公路总体、路基和路面：优、良、中、次、差五个等级。 桥梁：一类、二类、三类、四类和五类。 隧道：1类、2类、3类、4类和5类。 涵洞：好、较好、较差、差、危险。 沿线设施：隧道：1类、2类、3类、4类和5类

4）国外路面性能评价指标

总结国外常见路面性能评价指标如表3-4所示。

国外路面性能评价指标一览表　　表 3-4

评价指标	发布机构	计算公式及含义	指标要点
路面服务性能指数PSI	美国AASHO	$PSI=5.03-1.91\lg(1+SV)-0.01\sqrt{C+P}-0.21RD^2$ 式中：SV——轮迹带纵向平整度离散度； C——裂缝率($m^2/1000m^2$)； P——修补率($m^2/1000m^2$)； RD——车辙深度(cm)	第一个路面使用性能综合评价模型，基于美国AASHTO基于近十年的试验观测，将路面检测基础数据与专家评分方法结合，通过对大量实测数据的回归分析，在专家调查评分的基础上建立。该模型包含四种路面病害，即纵向平整度、车辙(横向平整度)、裂缝、路面损坏。纵向平整度(SV)对PSI影响显著，平整度是该模型中衡量公路服务水平的最重要指标
	日本道路协会	$PSI=4.53-0.518\lg\sigma-0.371\sqrt{C}-0.174D^2$ 式中：σ——纵向平整度标准差(mm)； C——裂缝率(%)； D——车辙深度(cm)	在美国AASHTO模型的基础上修正。该模型包含三种路面病害，即纵向平整度、裂缝、车辙。其中，平整度对PSI的影响并不显著，反而是车辙、裂缝对其影响较大
养护管理指数MCI	日本的饭岛尚等人	$MCI=10-1.48C^{0.3}-0.29D^{0.7}-0.47\sigma^{0.2}$ $MCI=10-1.51C^{0.3}-0.30D^{0.7}$ $MCI=10-2.23C^{0.3}$ $MCI=10-0.54D^{0.7}$ 式中：C——裂缝率(%)； D——车辙深度(cm)； σ——平整度(mm)。	模型仅考虑三种路面病害，包括平整度、裂缝、车辙，根据不同的路面状况，使用多元非线性理论建立四个MCI评价模型，即四个方程分别适用于不同的路面状况，使用者可根据路面的具体状况和影响路面的主要因素选用。MCI模型中路面平整度影响因素较小，侧重从道路管理都的角度出发，主要通过路面破损状况和车辙来反映道路行驶质量和服务水平
路面状况指数PCI	美国军事机构	$PCI=100-\sum_{i=1}^{p}\sum_{j=1}^{m(i)}a(T_i,S_j,D_{ij})F(t,q)$ 式中：$a(\ )$——损坏类型T_i、损坏程度S_j与损坏密度D_{ij}的扣分值； i——破损类型； j——严重程度； p——总的破损类型； $m(i)$——第i种破坏的数量； $F(t,q)$——重复损坏修正系数	采用扣分法建立路况指标与专家评价之间的关系

3.1.2 路面病害识别技术

路面病害识别一般包括路面图像采集、路面图像的预处理及路面图像识别环节。根据现有的文献分析，目前较为主流的路面病害识别研究方向有二维图像处理、三维图像处理。其中，二维图像处理包括传统图像处理、传统的图像预处理方法结合深度学习算法两种手段；三维图像处理包括三维图像识别和三维激光点云。

1）二维图像处理

（1）传统图像处理

在传统图像处理方法中，一般运用 CCD 等高精度摄像机拍摄得到路面图像，并对得到的图像进行预处理、边缘检测及图像分割等操作。图像的预处理包括图像去噪、增强等步骤，以减少原始图像因光线、噪声对图像后续处理造成的影响；而路面图像的分割处理是将预处理后的路面图像的目标病害与背景分离，为下一步目标病害的特征提取做准备。

李晋惠在用图像处理的方法检测公路路面裂缝类病害中使用了 Sobel 边缘检测，在滤除一些噪声、去掉部分伪边缘的同时，得到最精确的边缘方向估计；并通过寻找领域平均法的最优加权对图像进行去噪，这种处理结果与其他经典算法相比得到的裂缝边缘宽度较细，并且裂缝的边缘保护很好，裂缝边缘的连续性也比较好。

（2）传统图像预处理方法 + 深度学习算法

深度学习是一种机器学习的方法，随着计算机技术的不断发展，深度学习模型逐渐被应用于图像处理等方面。有学者提出，结合传统的图像预处理技术与深度学习算法的识别模型应用于图像的识别处理，在很大程度上提升了识别系统的准确性。

田恩杰采用的 BP 神经网络识别系统，即为一种识别算法模型的使用，利用提取的图像特征信息作为 BP 神经网络的输入，经过网络训练实现对路面裂缝病害的识别分类，最终对样本图像的正确识别率可达到 90% 以上。

2）三维图像处理

（1）三维图像识别

由于采集原理和技术手段的不同，传统的二维路面图像和高精三维图像的像素值实际意义具有本质的区别，路面三维图像表示路面高低的深度信息，是路面空间形态的真实体现，从本质上避免了光照、标线及油污等影响，有利于裂缝识别。

在基于三维图像的裂缝识别中，彭博提出适用于路面高精三维图像的预处理方法，即中缝消除算法和降维处理方法，以降低中缝、噪声和纹理对裂缝识别的影响。同时，基于并行运算框架，提出了利用路面高精三维图像裂缝识别算法实现多核运算，该算法有 10 个并行的子流程，每个流程均有 3 个关键步骤：裂缝种子识别，裂缝连接，裂缝种子融合与去噪处理。将并行子流程产生的 10 幅裂缝初步识别图像进行融合与去噪处理，获得裂缝图像，显著提高算法的检测速度。

（2）三维激光点云

三维激光扫描技术（又称为“实景复制技术”）正快速发展，这种技术能对任何复杂的现场环境及空间进行扫描，并直接将各种大型、复杂、不规则、标准或非标准等实体或实景的三维数据采集到计算机中，进而快速重构出目标的三维模型及各种制图数据。

余浩基于路面高精密三维点云数据进行了裂缝自动识别技术的研究，借鉴传统基于灰度影像的图像处理方法，将多种不同的处理方法组合应用于路面三维点云的裂缝识别中。通过对深度相机获取到的路面裂缝点云数据进行分析，根据点云所显示的结构特点，采用点云零值点消除方法，消除路面点云零值点，并进行进一步的平滑处理。接着从点云中点的多种特征出发，基于二阶导数的特征描述所描述的特征更符合裂缝点特征，较完整地提取得到特征裂缝。

3.1.3 图像视觉分析技术

1)图像目标检测技术

目标检测是指从一幅场景图片中找出被检物体以及该物体在图片中的具体位置,它包括检测和识别两个过程。目标检测的难点主要在于待检测区域候选框的提取与识别,其技术路线为:首先建立从场景中提取候选区域的模型,然后建立识别候选区域特征的分类模型,精调分类模型的参数和修正有效候选框的位置。目标检测与识别在生活中多个领域中有广泛应用,它是将图像或者视频中的目标与不感兴趣的部分区分开,判断是否存在目标,若存在目标则确定目标的位置,识别目标是一种计算机视觉任务。目标检测与识别是计算机视觉领域中一个非常重要的研究方向,随着互联网、人工智能技术、智能硬件的迅猛发展,人类生活中存在大量的图像和视频数据,这使得计算机视觉技术在人类生活中起到的作用越来越大,对计算机视觉的研究也越来越火热。目标检测与识别作为计算机视觉领域的基石,也越来越受到重视,在实际生活中应用也越来越广泛,例如目标跟踪、视频监控,信息安全、自动驾驶、图像检索、医学图像分析、网络数据挖掘、无人机导航、遥感图像分析、国防系统等。

近年来,随着目标检测与识别技术的发展,越来越多的相关研究成果发表在各种顶级期刊或会议上,在各国学者共同努力下,使得目标检测与识别技术逐渐趋于成熟,相应的算法在公开数据集上产生了跨越式的进步,不断接近人类的能力。如今,目标检测的研究方法主要分为两大类:基于传统图像处理和机器学习算法的目标检测识别方法,以及基于深度学习的目标检测与识别方法。传统的目标检测与识别方法主要以目标特征提取、目标识别、目标定位的设计思路进行,而其中所述的目标特征主要由人工方法对目标进行总结归纳得到,如 SIFT 算法、HOG 算法等。通过这些特征对目标进行识别,然后再结合相应的策略对目标进行定位。基于深度学习的目标检测与识别方法逐渐成为主流方法,其核心思路主要为图像深度特征提取和深度神经网络的目标识别与定位,其中主要用到深度神经网络模型是卷积神经网络模型。目前可以用于深度学习的目标检测算法主要分为三大类:基于区域提议的目标检测算法,如 R-CNN、FastR-CNN、FasterR-CNN、MaskR-CNN;基于回归的目标检测算法,如 YOLO、SSD;基于搜索的目标检测算法,如 AttentionNet。

表 5.137 基于深度学习的目标检测算法中 OverFea 算法对 AlexNet 进行改进,对输入图像采用多尺度滑动窗口策略,是使用 CNN 进行检测的早期方法。R-CNN 是一种将区域生成和卷积神经网络相结合的方法,采用了选择性搜索方法来生成候选框。R-CNN 打开了物体检测的新思路,基于 R-CNN 出现了很多检测性能更加突出的算法。何恺明等提出 SPP-net 基于 R-CNN进行改进,使用金字塔池化层代替图像裁剪和缩放操作。Girshick 提出进一步优化的 Fast R-CNN 近乎端到端的测试和训练方式,训练效果显著提升。任少卿等提出的 Faster R-CNN,它的区域方案网络实质是一个 Fast R-CNN 网络,但它的输入区域方案是固定的,输出是属于背景还是前景的判断和对齐位置的修正,而后再做更精细的分类和边界框的位置修正。Faster R-CNN 检测速度更快,使用 VGGNet 作为特征提取器时在 VOC 2007 上精度能达到 73%。2015 年 JosephRedmon 提出的 YOLO 算法,与其他实时的检测算法相比,在精度保持较高的情况下,还能达到很高的速度。YOLO 期望能将候选框的生成与物体特征的分类归结到

同一个步骤进行。与 YOLO 相比,SSD(Single Shot MultiBox Detector)也是一种端到端的训练检测方法,借鉴 Faster-RCNN 进一步提升精度。2016 年提出的 YOLO9000,在 YOLO 基础上进一步优化,其检测速度、检测精度、识别类别进一步提升,达到业界先进水平。YOLOv3 于 2018 年提出,引入了多尺度预测、修改损失函数等,可见 YOLO 自身也在不断优化和探索中。在 YOLOv3 发表之前精度最佳的 RetinaNet 算法,相同检测精度下 YOLOv3 检测速度是后者的 3.8 倍。而在 320×320 分辨率下,较之前表现最好的 SSD 算法,YOLOv3 检测图片能够达到 28.2%,优于 SSD 且处理每张图片仅需 22ms,比 SSD 快 3 倍。CornerNet 算法提出了一种新的目标检测方法,使用单个卷积神经网络将目标边界框检测为一对关键点,去除了现有目标检测器中对锚框的依赖。Cascade R-CNN 是一种多阶段的目标检测算法,针对交并比(Intersection-over-Union,IoU)阈值选取进行优化,得到一种高质量的检测器,可以有效避免过拟合问题。

2)图像语义分割技术

在计算机视觉领域,目前神经网络的应用主要有图像识别、目标定位与检测、语义分割。图像识别告诉你图像是什么,目标定位与检测告诉你图像中目标在哪里,语义分割则是从像素级别回答上面两个问题。

语义分割是当今计算机视觉领域的关键问题之一。如图 3-1 所示,通过对每个像素进行密集的预测、推断标签来实现细粒度的推理,从而标记出每一个实体精准的边界。近年来随着深度学习的普及,许多语义分割问题正在采用深层次的结构来解决,最常见的是卷积神经网络,在精度、效率上大大超过了其他方法。分割模型广泛应用在各领域中,包括自动驾驶、影像诊断等。

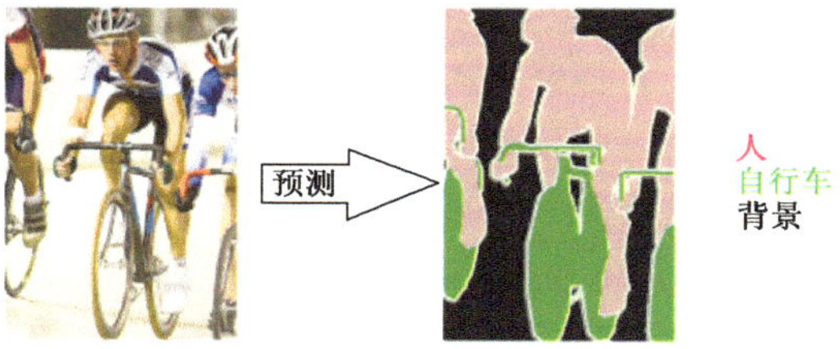

a)人与自行车分割

b)道路情况分割

图 3-1 语义分割技术

在深度学习应用到计算机视觉领域之前,人们使用纹理基元森林和随机森林分类器进行语义分割。卷积神经网络(CNN)不仅对图像识别有所帮助,也对语义分割领域的发展起到巨大的促进作用。在2012年,Ciresan用CNN来挑战语义分割任务。Ciresan采取滑窗的方式,取以每个像素点为中心的小图像块(patch)输入CNN来预测该像素点的语义标签。打破CNN只用于目标分类的先河,随后图像语义分割进入了快速发展阶段。

Alexnet:Toronto首创的Deep CNN,以84.6%的测试准确率赢得了2012年大规模视觉识别(Imagenet)竞赛。它由5个卷积层、最大池层、作为非线性的修正线性单元(ReLUs)、3个完全卷积层和压差(dropout)组成。

VGG-16:这款牛津型号以92.7%的准确率赢得了2013年的Imagenet竞争。它使用第一层中具有小接收场的卷积层堆栈,而不是具有大接收场的少数层。

GoogLeNet:GoogLeNet赢得了2014年Imagenet的竞争,准确率为93.3%。它由22层和一个新引入的称为初始模块的构建块组成。该模块由网络层网络、池操作、大卷积层和小卷积层组成。

Resnet:这款微软的模型以96.4%的准确率赢得了2016年的Imagenet竞争。这是众所周知的,因为它的深度(152层)和残余块的引进。剩余的块通过引入标识跳过连接来解决培训真正深层架构的问题,以便各层可以将其输入复制到下一层。

计算机视觉语义分割的广阔应用场景也引发了国内众多团队的研究,其中较为出名的有何恺明团队。其团队研究开发了深度残余网络(ResNets),是目前计算机视觉领域的流行架构。ResNets也被用于机器翻译、语音合成、语音识别和AlphaGo的研发上。

近几年较为经典的语义分割计算机深度学习网络模型如下

(1)U-net(2015):通过产生原始训练数据的扭曲版而增加训练数据。这一步使CNN编码器-解码器变得更加鲁棒以抵抗这些形变,并能从更少的训练图像中进行学习。当它在少于40张图的生物医学数据集上训练时,IOU值仍能达到92%。

(2)DeepLab(2016):将CNN编码器-解码器和CRF精炼过程相结合以产生目标标签。空洞卷积(也称扩张卷积)在每一层都使用大小不同的卷积核,使每一层都能捕获各种比例的特征。在Pascal VOC 2012测试集中,这个架构的平均IOU值达到了70.3%。

(3)Dilation10(2016)是扩张卷积的替代方法。将扩张卷积的前端模块连接到内容模块上,再用CRF-RNN进行下一步处理。通过这样的构造,Dilation10在Pascal VOC 2012测试集上的平均IOU值达到了75.3%。

(4)随着神经网络的进一步发展,计算机视觉语义分割方向纯粹提升精度的工作已经变得越来越难,如今很多算法提升点都在边缘和小物体上,如英伟达的G-SCNN,北大的GFF-Net。深度学习在图像提升精度方向已经发展的较为成熟,实时性与高分辨率图片的处理成了新的侧重方向。

3.1.4 车载视频处理技术

车载视频监控系统融合了人工智能、计算机科学、模式识别、图像工程及机器视觉等多门学科,分析并处理车载摄像机采集到的视频图像,对监控场景内目标进行定位、跟踪和识别,并做出相应的预警反应。车载视频监控系统的核心技术之一就是视频图像处理算法,实时、鲁棒、自动的视频图像稳像算法能够改善视频图像的质量，特别是关键有用的信息能从视频图像中快速提取。由于视频图像数据的海量性，常常通过数据变换进行图像压缩，从而便于保存或传输视频图像。国内外文献研究表明，车载视频监控系统在视频图像处理的算法上仍存在诸多的缺陷。车载摄像系统和后端处理系统构成车载视频监控系统，根据摄像机在车载视频监控系统中的位置，车载摄像系统可分为前视系统、后视系统和俯视系统，用于获取车辆行驶过程中前、后和下方的道路状况及车辆室内的状况。

车辆在行进过程中，由于复杂的地形，不可避免地产生颠簸。消除摄像机不稳定对视频图像采集的影响，这是车载视频稳像的目的所在。具体表现在以下几种状况：①单幅图像的模糊现象。这是由于车载摄像机运动过快，从而造成了其相对曝光时间过短，动态图像的模糊现象由此而产生；②由于摄像机不稳定，曝光时间过短，从而产生视频图像内容变化的不连贯现象。为了消除上述现象，就必须采用一定的稳像技术达到稳像的目的，比如利用运动传感器获得摄像机的运动参数，运动补偿向量由摄像机运动参数估测，最后利用运动补偿向量修正摄像机或视频图像，于是就可以消除摄像机不稳定对视频图像采集的影响。

20 世纪 80 年代后期，数字稳像技术在国外最早研究，21 世纪初国内才开始相应的研究工作。数字稳像系统通常由运动估测和运动补偿组成。根据稳像系统实现的基本原理和方法不同，稳像系统分为光学稳像（OIS）、电子稳像技术（DIS）、机械稳像（MIS）。Fujioka 等根据现代控制理论提出并实现了基于不稳定视频相邻两帧图像间随机晃动估计算法。一种应用家用摄像机的机械-数字混合稳像系统由 Oshima 等提出并实现，其基本原理如下：摄像机的随机晃动由陀螺侦测计算，运动补偿向量由摄像机内嵌处理器计算得到，最后修正获取的视频图像。基于摄像机的完全数字化稳像系统由 Kenya 等开发完成，视频的全局运动向量估计由一种代表点匹配（RPM）的算法完成。其工作原理：选取一组点在每幅视频图像的固定位置，采用一定算法计算每相邻两幅图像两组点之间的全局运动向量，两幅图像间的全局运动向量就是该值。数字稳像算法考虑了点和直线等诸多图像特征因素，视频图像之间的全局运动向量由卡尔曼滤波器计算。该稳像算法能够精确地估计出全局运动向量，这主要是得益于综合运用了车辆模型。影响数字稳像算法效果的另外一因素是视频中的局部运动物体。Egusa 等将视频的随机晃动和视频中局部物体的运动区别开来，其实现原理主要是借助模糊集理论，把视频中的每帧图像分为 4 个子区域，区分信号从每个区域中提取，每个区域的隶属度由隶属函数计算，每个区域的全局运动的种类由隶属度值来确定，存在运动物体的区域被剔除，真实的全局运动向量就越接近该运动估计结果。自 21 世纪以来，数字稳像技术特别是车载摄像系统技术的研究更加深入，Bombini Luca 等比较了光学稳像、数字稳像和机械稳像这 3 种算法对车载摄像机稳像的效果，提出了稳像算法对不同道路拍摄视频的效果差异很大。针对车载摄像机的基于特征点匹配的数字稳像算法，通过图像的 Harris 特征点计算来获取相邻图像之间的全局运动。Caraffi 将数字稳像技术成功应用到 TerraMax 车型的自动驾驶系统中。相邻图像之间的全局运动由道路消失点在相邻图像的位置来估算，图像的运动补偿向量估算后再修正拍摄视频，视频图像稳像效果非常明显。基于陀螺传感器和伺服控制系统稳像策略是目前国内主要的稳像技术，该策略虽然达到一定的稳像精度，但是造价高、体积和功率均大的伺服系统在很多的场合无法满足车载系统需要。所以，我国对视频图像的稳像算法研究仍处于初级阶段，电子稳像理论及运动矢量检测是国内目前的主要研究方向。目前常见的稳像系统如图 3-2 所示。

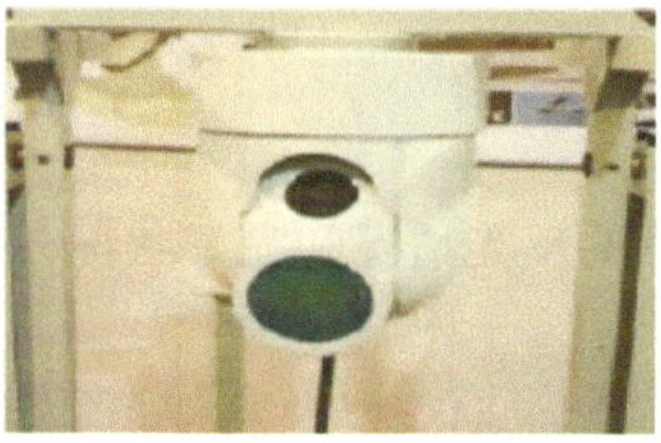
a)机载稳定系统

b)陀螺稳像仪

c)公交车载稳像系统

图 3-2 常见的稳像系统

稳像技术经历了机械稳像、光学稳像和电子稳像 3 大阶段。20 世纪 80 年代中期开始了电子稳像技术的研究,电子稳像技术涉及电子学技术、计算机技术、图像识别技术,该技术最大的特点就是利用数字图像处理方法确定图像序列帧间映射关系并进行补偿,视频序列中的随机运动便可以消除。目前的视频侦察系统、机器人遥控系统和无人车辆导航系统均得到较好的应用。与其他两种稳像技术相比,电子稳像系统具有体积小、重量轻、稳像精度高、灵活性强、智能化和实时化等优点。综上所述,随着电子信息技术的不断发展和完善,现代稳像技术将朝着基于电子稳像为核心技术实现视频图像序列的稳定方向发展。

3.2 基于病害快速识别的日常巡检

3.2.1 日常巡查要求

日常养护为公路养护的基本工作内容,其对保障公路运行安全、设施干净整洁、齐全完好具有重要意义。

1)检查频率

由 3.1.1 节可知,现行行业标准中,各专业日常巡查的频率基本为 1 次/d,《公路路基养护技术规范》(JTG 5150—2020)规定的路基巡查频率为不少于 1 次/周。

2)检查内容

根据地方相关办法,有关公路巡查内容的部分规定如下:

(1)养护巡查的重点路段为高路堤、高边坡、高挡墙、临水临崖高落差危险路段,事故多发点段,易发生塌方路段,病危桥隧、大型桥梁、长大隧道等。

(2)养护巡查的重点时段为汛期、台风、雨季、雨雪冰冻等特殊天气和春运等重大活动期间以及发生重大突发性事件期间。

(3)路基巡查:路基是否保持良好稳定的技术状况;路肩有无病害;排水设施是否完好、畅通;挡土墙等附属设施是否完好。

(4)路面巡查:路面有无病害,路面有无污染、杂物、积雪、积冰等,是否及时清扫。

(5)沿线设施巡查:公路沿线设施是否完好、清晰。

(6)绿化的巡查:公路沿线的绿化有无病害,养护是否规范。

(7)桥隧的巡查:按桥隧相关规范要求巡查。

(8)夜间巡查:巡查标志、标线、轮廓标、突起路标、分流桶的反光情况和完好状况,路面是否有抛弃物。

(9)特殊巡查:在发生风沙、暴雨、大雪、大风、大雾、严重冰冻、地震以及其他可能危及公路正常使用或妨碍正常通行的灾害或突发事件发生时,对处于危险路段的路基、路面、桥梁、隧道、涵洞(通道)、防护工程、交通安全设施、附属设施、绿化等进行全面检查。

(10)发现较明显的公路病害及妨碍交通的路障,及时设立临时警示标志、清除路障,并依据巡查记录,调整养护作业计划。

3)检查方式

(1)车行:由于巡查频率较高,且为了提升安全性及巡查效率,日常巡查一般采用车行观察方式,发现异常情况车时抵近检查。

(2)徒步:当巡查里程较短或不具备车行巡查条件时,以人工徒步方式进行巡查。

无论采用车行还是徒步方式,数据采集的方式分为如下两种。

(1)传统纸质方式记录:以手动方式记录巡查登记表。巡查效率相对较低,记录内容受人为主观因素影响较大,病害识别准确率无法保证。

(2)现场手持终端应用程序(App):随着公路信息化技术的发展与进步,当车行巡查不具备图像采集分析功能时,一般配合现场手持终端 App 进行数据及图片采集,通过手机现场定位桩号,实现病害数据上报、维修过程记录、养护作业验收、整改通知下发等功能,同时与养护管理平台计算机(PC)端联动,实现日常养护工作的全流程闭合管理。使用该方式进行数据采集,一方面可以借助手机定位粗略判断病害位置,便于指导后续维修;另一方面,通过"图片+字段+定位"的定位,实现每条记录的数据电子留痕化管理,与传统纸质记录方式相比,实现了"无纸化、数字化、痕迹化"转型。手持终端与养护平台的日常养护业务联动示意如图 3-3 所示。

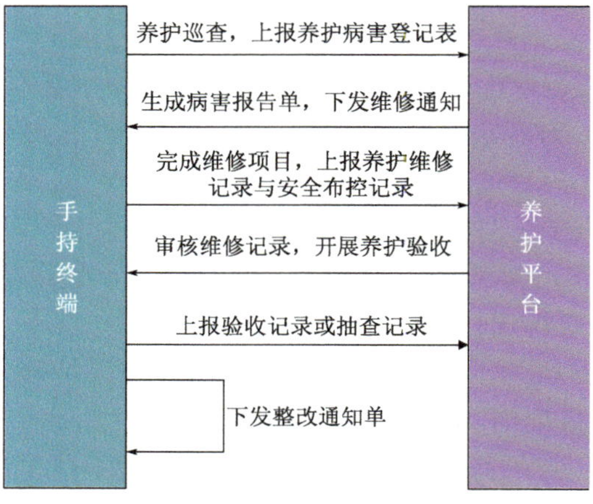

图 3-3　手持终端与养护平台的日常养护业务联动

3.2.2 手持终端智能巡检

现场手持终端 App 一定程度上解决了传统人工巡检存在的效率低下、结果不准确、记录工作量大等问题，但由于现场巡查是外场作业，对现场安全性要求较高。如何能在发现病害的第一时间，准确、快速进行病害位置与信息采集，是现场手持终端需要解决的问题之一。

当前，随着信息化手段的发展及普及，利用现场手持终端进行日常养护已较广泛应用。虽然基于手机 App 的现场数据采集方式已比传统的手工记录方式有了较大改进及提升，但在实际应用过程中，由于现场巡查人员素质参差不齐，还是存在个别误判错判的情况，影响数据采集精度及后续的维修处治方案。在各类巡查病害中，最常见且最易误判的为沥青路面病害。路面作为公路工程的主要分项工程，也是日常巡检的主要对象。路表面的病害能否及时发现并进行维修处治，直接关系公路的安全运行及服务水平。

为此，基于现场“快速巡检、精准识别、安全高效”的要求，在现有养护 App“日常养护”模块“病害登记”中嵌入路面病害自动识别技术，基于人工智能技术帮助用户在公路养护巡检过程中识别和记录病害种类。如图 3-4 所示，在应用过程中，用户利用手机 App 拍照，并上传病害照片，系统自动识别病害后将识别结果返回 App 相应模块菜单字段，进而降低用户公路巡检工作量。

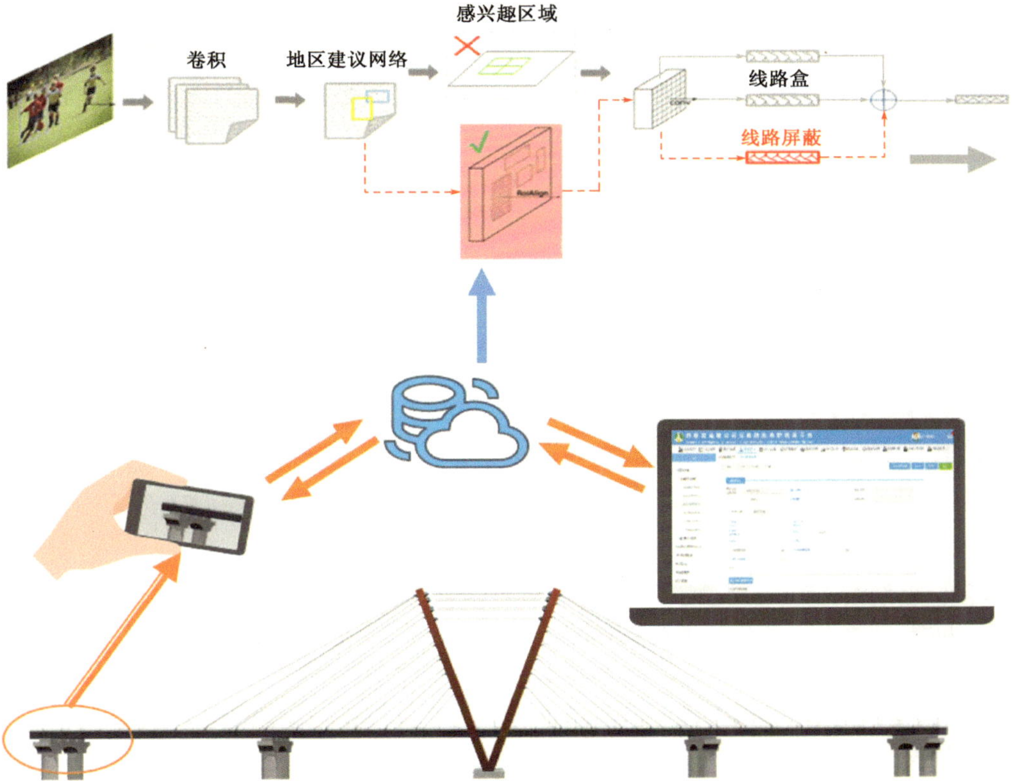

图 3-4 基于机器学习的现场巡检病害识别总体流程

1）功能需求

现场手持终端系统能够识别沥青路面的4种常见病害，如表3-5所示。

病害识别类别　　表3-5

识别病害类型	识别要求
横向裂缝	判断出病害类型即可，为大体垂直于行车方向的裂缝，识别准确度90%以上
纵向裂缝	判断出病害类型即可，为大体平行于行车方向的裂缝，识别准确度90%以上
龟裂	判断出病害类型即可，识别准确度80%以上
坑槽	判断出病害类型即可，识别准确度90%以上

由于用户在使用App拍照时，对应的覆盖面积不确定，因此病害自动识别系统目前无法准确计算裂缝块度大小、判断龟裂类病害的轻重等级。

2）系统架构

为了保证病害识别效果的高准确性，采用深度学习技术，通过自顶向下的监督学习建立系统模型。整个系统从上而下可以分为软件界面层、深度学习算法层、模型数据与深度学习环境层、系统资源层。路面图像病害自动识别系统架构如图3-5所示，各层功能如下：

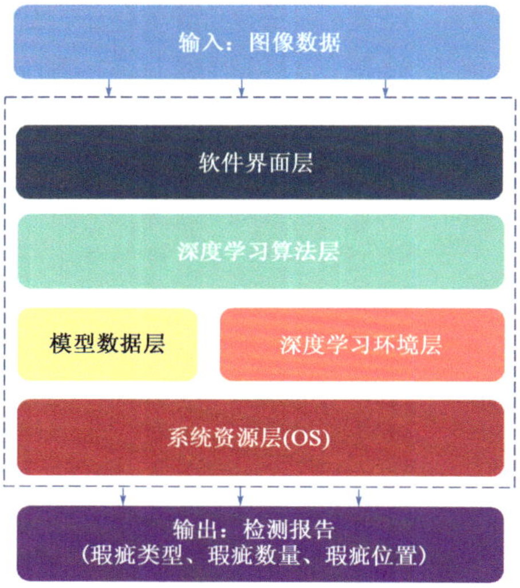

图3-5　路面图像病害自动识别系统架构

（1）软件界面层：提供软件人机交互界面，为用户提供数据传入的接口，算法运行结果的展示，检测报告下载等。

（2）深度学习算法层：该层是本软件的核心层，使用深度神网络处理识别由软件界面层传入的图像数据中瑕疵的位置、类型、数量等。

（3）模型数据与深度学习环境层：该层为学习算法提供最小运行环境支持，解决算法运行所需的底层支撑。

3）算法逻辑

（1）总体工作流

在模型建立过程中，首先对横向裂缝、纵向裂缝、龟裂和坑槽4类病害样本进行标记；其次，应用自顶向下的监督学习分别训练4类病害的识别模型；再次，将4类病害识别模型融合为一个模型；最后，将自动识别模型部署于服务器上，即可对外提供病害自动识别服务。

（2）处理逻辑

路面病害自动识别系统处理逻辑如图3-6所示。在输入被检图像后，系统首先使用深度神经网络进行病害特征识别。若同时存在多于一种病害的置信度大于阈值（98%），则通过计算、比较病害面积的方式，确定最明显的病害种类。在首次未识别出病害的情况下，为了防止病害漏判情况，系统将调整模型参数进行补充病害识别。若同样未识别出病害，则认为用户输入的图像确实无病害，否则输出置信度最高的病害种类。在补充病害识别中，置信度阈值略微降低，调整为95%。其中，对于置信度阈值的选择，其核心设计思想为保证既不错检，也不漏检，首次识别设置较高置信度，再次识别适当降低置信度。在此基础上，根据实际工程经验合理设计和选择置信度。

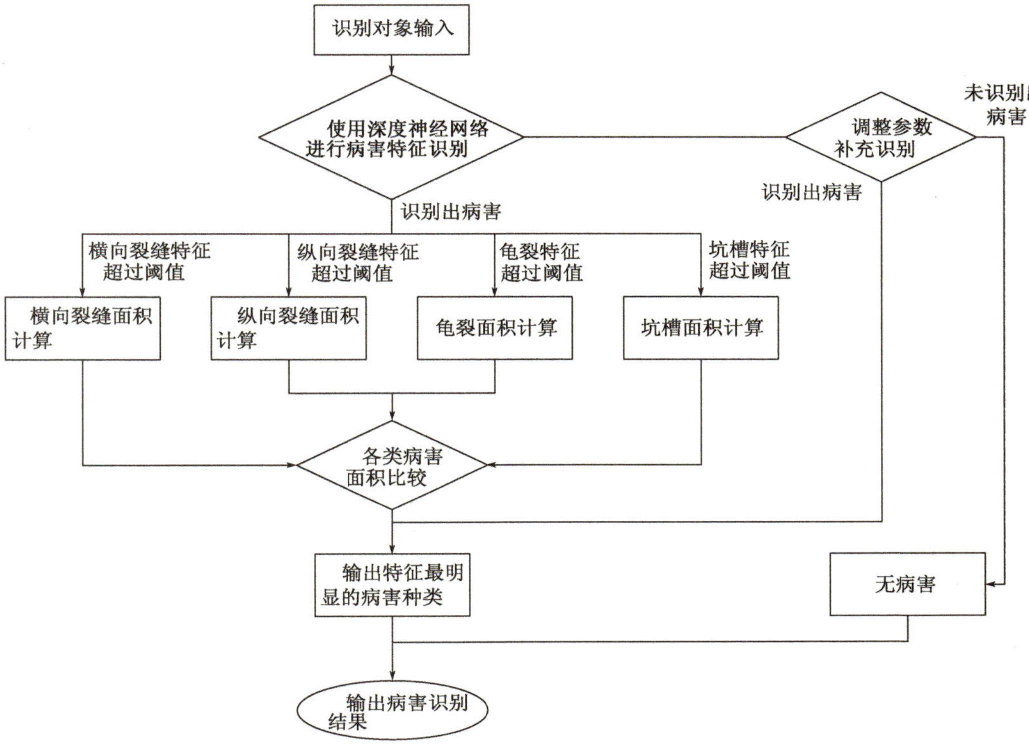

图 3-6 路面病害自动识别系统处理逻辑

其中，算法中最核心的深度神经网络采用经典的两段式图像识别框架，比一段式网络识别准确度更高。同时，系统识别算法在经典的网络架构上加入全连接的分割子网，由原来的2个任务（分类+回归）变为3个任务（分类+回归+分割）。在识别的第一阶段，算法扫描图像并生成提议（proposals，即有可能包含一个目标的区域）；在识别的第二阶段，算法分类提议并生成边界框和掩码。

路面病害自动识别算法工作流程如图3-7所示，其中灰色实线部分为图像分类和回归网络；红色虚线部分为细粒度像素分割分支，可用于解决图像像素级识别分割问题。因此，路面病害识别系统中的算法不仅能准确识别病害的矩形区域，还能区分区域中每一个像素点是否属于病害，实现像素级的识别与分类。

路面病害自动识别算法的具体工作流程如下：

①输入图像。

②将整张图片输入卷积神经网络（CNN），进行特征提取。

③用FPN生成建议窗口（proposals），每张图片生成 N 个建议窗口。

④把建议窗口映射到CNN的最后一层卷积特征图像（feature map）上。

⑤通过 RoI Align 层使每个 RoI 生成固定尺寸的特征图像(feature map)。

⑥最后利用全连接分类、边框,mask 进行回归。

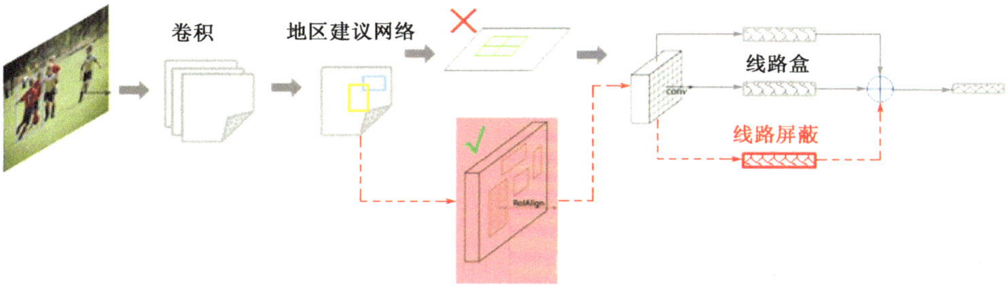

图 3-7　路面病害自动识别算法工作流程

在路面病害自动识别算法中,卷积神经网络(CNN)是一类包含卷积计算且具有深度结构的前馈神经网络。CNN 的 3 个基本思想是局部感受野、权值共享和池化。

FPN 是一种利用常规 CNN 模型来高效提取图片中各维度特征的方法。FPN 通过利用常规 CNN 模型内部从底至上各层对同一范围图片不同维度的特征表达结构,提出了一种可有效在单一图片视图下生成对其的多维度特征表达的方法。它可以有效赋能常规 CNN 模型,从而可以生成表达能力更强的特征图片,以供下一阶段计算机视觉任务(例如目标确定)等来使用,其基本过程包括:

①自下至上的不同维度特征生成。

②自下至上的特征补充增强。

③CNN 网络特征与最终输出的各维度特征之间的关联表达。

在该系统中,由于用户提供的路面图像无法保证提供足够行车方向判断信息,因此需要用户在使用 App 拍照过程中注意拍照方向与行车方向的角度关系。在拍照时,若用户视觉方向与行车方向垂直,则应水平持手机(平板电脑)拍照;若用户视觉方向与行车方向平行,则应竖直持手机(平板电脑)拍照,否则可能导致横向裂缝与纵向裂缝识别混淆。该角度关系对龟裂和坑槽的识别结果无影响。

3.2.3　算法测试及应用

为验证病害识别的准确性及效率,在北京市选取两条路线进行两轮现场测试,测试基本情况如表 3-6 所示,测试结果参见附录 1。

病害识别测试表　　表 3-6

测试轮次	测试天气	测试路线	路面类型	测试照片
第一轮	晴	北京某市政道路	沥青路面	91
第二轮	晴	北京某市政道路	沥青路面	98

在两轮测试中共计测试未参与学习的样本 189 例,其中正确识别 171 例,错误识别 18 例,

总体识别正确率达到90.5%，达到使用要求。其中，单项病害样本数及识别准确率如表3-7所示。

单项病害样本数及识别准确率统计　表3-7

序　号	病害名称	样本总数	正确识别数	识别正确率(%)
1	横向裂缝	46	41	89.1
2	纵向裂缝	47	39	83.0
3	龟裂	61	56	91.8
4	坑槽	32	32	100
5	无病害	3	3	100
总计		189	171	90.5

在两轮测试中，共计发生18次识别错误，错误分析如表3-8所示。

识别错误分析　表3-8

序号	预期结果	实际输出结果	所属样本集	错误类型	备　注
1	横向裂缝	龟裂	20200409测试样本集	横纵裂缝误识别为龟裂	
2	横向裂缝	无输出		其他	
3	纵向裂缝	龟裂		横纵裂缝误识别为龟裂	可能受阴影影响
4	龟裂	竖纹		背景干扰	斑马线导致部分裂缝看不清
5	横向裂缝	竖纹		背景干扰	阴影影响
6	龟裂	无输出	20200412测试样本集	裂缝轻微，不易识别	
7	横向裂缝	龟裂		背景干扰	阴影影响
8	纵向裂缝	龟裂		背景干扰	阴影影响
9	龟裂	无		裂缝轻微，不易识别	
10	龟裂	无		裂缝轻微，不易识别	
11	纵向裂缝	龟裂		横纵裂缝误识别为龟裂	
12	龟裂	坑槽		背景干扰	地面存在黑色污渍干扰
13	纵向裂缝	龟裂		横纵裂缝误识别为龟裂	
14	纵向裂缝	龟裂		横纵裂缝误识别为龟裂	
15	纵向裂缝	龟裂		横纵裂缝误识别为龟裂	
16	横向裂缝	无		裂缝轻微，不易识别	
17	纵向裂缝	龟裂		横纵裂缝误识别为龟裂	
18	纵向裂缝	龟裂		背景干扰	有旁支裂缝干扰

对于上述错误分析，其中22%为裂缝过于细微，在图形经过压缩后，视觉不易识别导致；33%可能受地面阴影或者油污、杂物干扰影响视觉效果；还有39%的错误情况是系统误将横纵向裂缝识别为龟裂所致(图3-8)，后续需要通过样本的不断积累及算法库的训练，提升识别准确率。

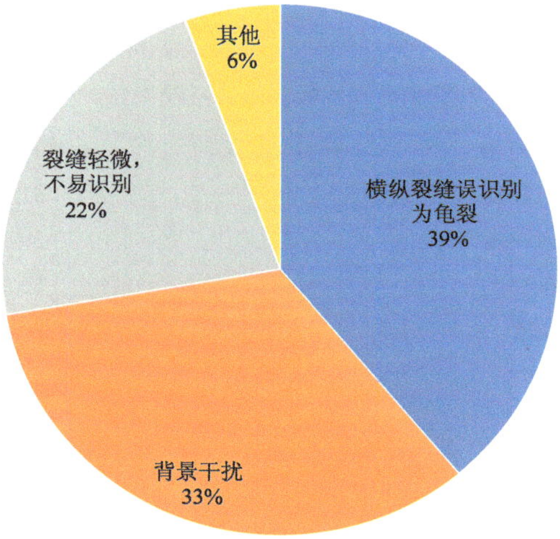

图 3-8　错误类型分布

综上所述，算法优化及现场测试应用表明，基于病害快速识别的日常巡检技术具有一定的技术优势：

（1）利用系统内置算法进行病害快速识别，减少现场巡查人员的数据采集字段输入，提高巡查效率。

（2）基于不断优化的病害识别算法，避免了因人为判断不同造成的病害识判、漏判、错判，提升了病害识别的标准化、统一化。

（3）精准、快速的日常病害识别，可准确指导日常养护后续作业，实现养护资源优化配置。

3.3　便携式车载检测技术

3.3.1　问题的提出及应用场景

当前，随着早期建设的高等级公路陆续进行养护期，我国已进入公路养护高峰期，对公路的养护管理已成为我国道路交通工程领域的一项重要工作。公路养护涉及检测、评定、决策、设计、施工等环节，检测与评定作为一切养护工作的基础，其对准确、快速、安全的要求也越来越高。2016 年最新颁布的《"十三五"公路养护管理发展纲要》在发展目标中明确提出技术状况检测和路面自动化采集覆盖率达 100%。虽然我国在公路自动化检测设备研发方面取得了长足的进步，并得到大面积的推广应用，但仍存在以下不足。

（1）专项设备、成本昂贵、操作难度大。目前国内外主流的自动化检测车售价昂贵，对公路的单次检测运行成本也相对较高。对于运营经费不足的公路，尤其是农村公路等，难以承担公路检测费用，导致了公路的运营检测数据长期缺失。传统的公路检测设备结构复杂，需要专门的技术人员维护和操作，进一步限制了对基础设施的检测频率，影响日常检测数据的采集。

(2)使用受限、数据不足。由于传统检测车的专业性，一般只能由专门的检测人员使用，普通养护站的巡查车及巡查人员均无法进行操作。一方面使用频率较为有限，一般仅在一年一度的国检中使用，也只对一个车道的数据进行检测采集；另一方面，由于外界采集条件及检测设备本身影响，检测数据存在一定的变异性。由于检测数据的单一性及自身变异性，导致无法分车道对道路进行针对性的养护决策，进而造成养护方案的偏颇、养护经费未得到充分利用。

因此，目前已有的大型专项检测设备由于在检测成本、数据采集及处理等方面存在一定局限性，已经成为制约养护管理的一大瓶颈。如何利用小型、便携的设备对公路状况进行快速采集、检测及评定，并实时在线分析处理数据，为养护决策者提供源源不断的数据来源，已成为当前公路养护管理亟待解决的问题。

同时，互联网技术的快速发展与广泛普及也让各行业的发展变得更加便捷。计算机技术也越来越多的应用到公路养护与管理中，传统的检测设备已无法满足公路养护检测需求，而性能优越、功能丰富、可靠性高的便携式智能检测设备也日益得到广泛的关注。在公路检测领域中，互联网与计算机正逐渐成为新型检测模式建立的基础。将云平台引入公路检测，不仅提高了对公路病害的检测及识别水平，也让公路检测技术发生了新的改变。云平台具有计算能力超强、存储空间巨大、安全保障可靠、资源共享便利、系统兼容良好的特点，这些特点都为公路检测及病害识别技术提供保障。

综上所述，为了满足我国公路路面检测需求，研究具有自主知识产权的便携式智能检测设备及云平台技术，同步实现病害自动识别及快速诊断，已成为当务之急。为此，中咨集团开发能同时采集路面破损的小型化、轻型化、智能化的路面检测设备，并集成搭载于日常巡查车，借助大数据及物联网技术，建立设备采集信息、图片或视频等数据与路况破损之间的对应关系，降低路况数据采集成本，提高检测频率，为养护大数据库的建立提供丰富的数据来源，为小型化集成检测提供技术储备及指导，形成便携式智能检测设备、数据传输、平台终端成套技术，解决公路养护链条中最为基础也是最重要的大数据采集，为公路快速自动化检测提供强有力的保障，也为后期公路养护科学决策及资金优化分配提供技术支持。

3.3.2 系统组成及工作方式

针对当前公路基础设施检测成本高、检测设备昂贵、检测难度大、人工依赖性较高、检测数据不准确、检测安全风险高、自动化程度低、普照适性差等问题，依托中咨集团建设的公路建设与养护技术、材料及装备交通运输行业研发中心、中国交建公路路面养护技术研发中心自行开发了基于深度学习的便携式路面及附属设施病害识别技术与设备(以下简称"便携式车载技术")，可搭载于普通巡查车辆或任意车辆上，随时可对路面各类表面破损类病害、交通安全设施损坏进行采集并自动量化识别，实现对公路病害的低成本、高频率、高精度采集，从检测频率、检测方式、检测成本等方面，均实现了对传统公路检测技术的颠覆与转型。

1)便携式车载技术组成

便携式车载技术主要由便携式车载设备及数据处理平台组成，如图3-9所示，其中，便携式车载设备包括采集端、中控集成端、车载操作端和平台端。4 个终端形成便携式设备,可与普通车辆集成,随时随地对路面及附属设施病害进行检测识别,大幅降低检测设备成本,大幅提升检测频率。

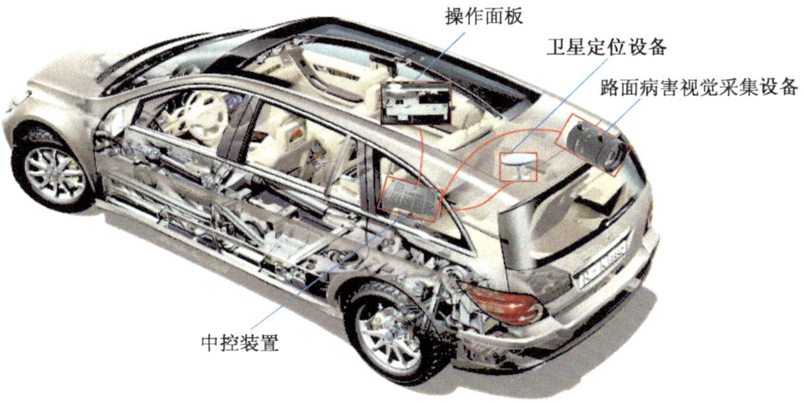

图 3-9　便携式设备检测安装方式示意图

(1)采集端

便携式车载设备的采集端为路面病害采集,硬件主要包括高精度工业相机配套镜头及三角吸附式支架,如图 3-10 所示,支架以吸附式安装在车辆上,并设计有平衡装置,以保证摄像镜头的水平角度和竖直角度。通过集成创新,将高清工业相机及配套镜头通过具有减振功能的三角吸附式支架云台固定安装在普通车辆上,对路面进行倾斜拍摄,组成系统的采集端。

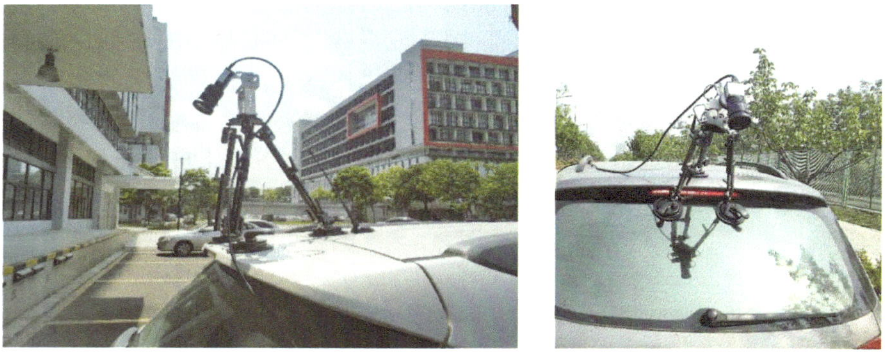

a)　　b)

图 3-10　三角吸附式支架

采集图像的方式有连续采集、软件触发、硬件触发的模式。由于硬件触发需相关的传感器或触发信号接入,实现起来比较复杂,因此目前未采用此方式。相机默认为连续采图的方式。

(2)中控集成端

自主设计系统的中控集成端,高效连通系统各模块组件。中控集成端集成 GPS 数据处理模块、电源模块、嵌入式核心处理平台,并搭载大容量 1T(1000G)固态硬盘,实现 4K 图像数据(水平方向每行像素值达到或者接近 4096 个图像)的规模存储。其装置壳体上改装有连接孔,使各处连接高效连通(图 3-11)。

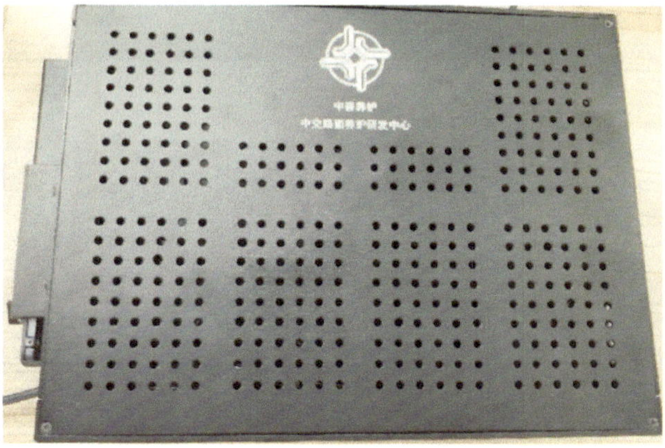

图 3-11　中控集成装置

(3)车载操作端

车载操作端包括一个便携式显示器及配套键盘、鼠标等,显示器搭载的操作软件中包含算法参数加载配置、算法封装及调用、结果展示、图像列表显示、处理进度显示等界面,管理人员通过小面板显示器操作路面病害检测作业,有效提高了管理人员的工作效率。

车载操作端采用 QT 开发,界面交互内容丰富,可同时采集两路摄像头数据和 GNSS 定位数据并显示,如图 3-12 所示。使用 C + + 开发的代码可快速实现跨平台使用。根据《路面损坏视频检测方法》(GB/T 26769—2011)、《公路路面技术状况自动化检测规程》(JTG/T E61—2014),采集时交互式输入并存储道路的路名、车道、里程等信息,以此信息来规范命名采集的文件夹和文件。

a)　　　　b)

图 3-12　车载操作面板及便携式操作显示器

(4)平台端

开发了数据采集软件平台与数据处理分析平台,对路面及附属设施病害进行高效采集、识别与分析。便携式车载设备可通过无线通信技术将采集的路面及路侧图片信息传输至云服务器中,云服务器嵌有数据处理算法,可对病害进行识别分析,其病害数据结果保存在平台病害信息数据库中,便于管理人员及时掌握道路的病害信息以及具体位置,并建立养护台账,与检测评定、日常养护、性能模型相联动呼应,为智能养护大数据分析提供源源不断的数据。病害处理软件平台界面如图 3-13 所示。

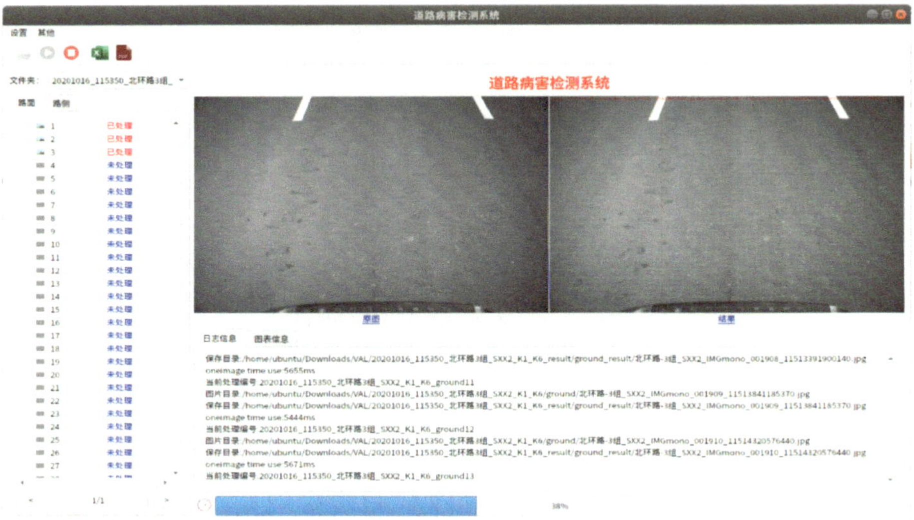

图 3-13　病害处理软件平台界面

2）工作流程

管理人员或巡查人员通过车载操作端实施采集命令、设置参数，采集端使用高清相机拍摄路面病害及交通安全设施损坏，将数据传输至中控集成端，中控集成端将数据整合，经过分析处理，传输至平台端。便携式设备总体工作流程示意如图 3-14 所示。

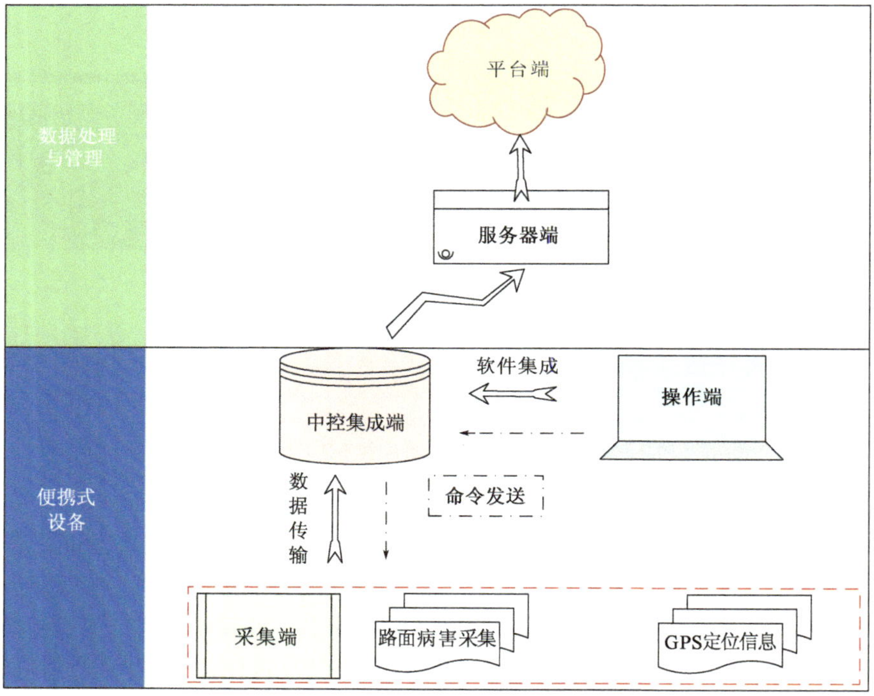

图 3-14　便携式设备工作流程示意图

数据采集、传输及处理展示流程如图 3-15 所示。现场完成病害检测及数据采集后,将数据传输至云服务器进行数据处理,并将结果返回用户予以展示。

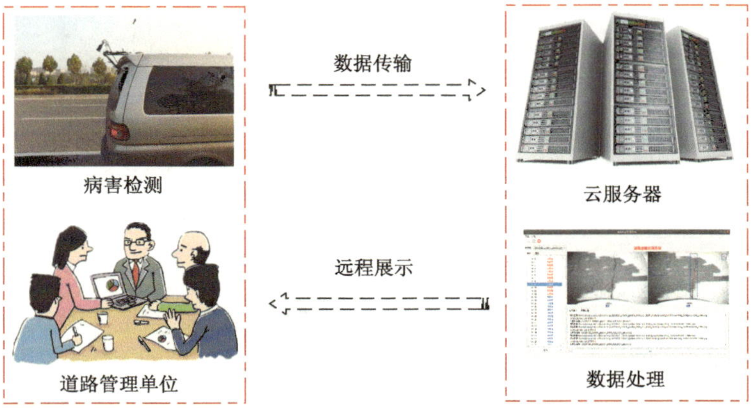

图 3-15　数据采集、传输及处理展示流程图

3.3.3　病害识别关键算法

基于深度学习理论及目标检测算法采用"YOLO 分类 + UNET 分割"算法,构建了基于病害缺陷检测的训练与验证数据集,实现了对路面病害类型的快速、准确检测,同时自动排除路面已修补的坑槽及裂缝的干扰,病害采集及数据处理总体流程如图 3-16 所示。

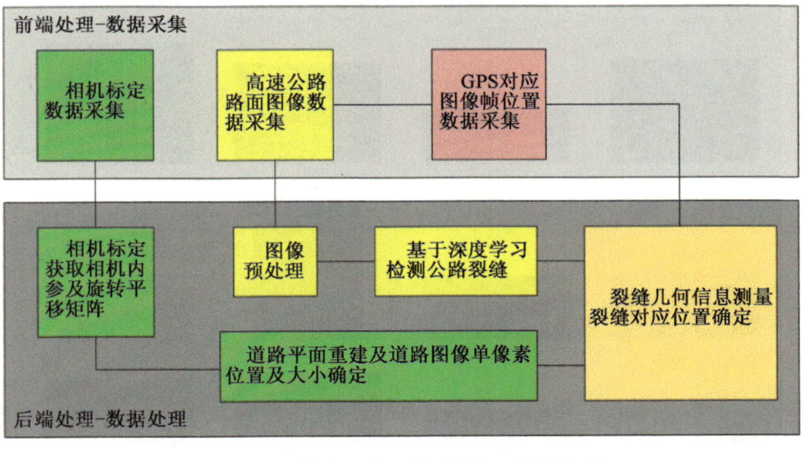

图 3-16　病害采集及数据处理总体流程

1)目标检测算法

(1)道路病害数据集构建

数据集构建的质量直接决定了深度学习处理结果的好坏,按照所采集的道路病害数据将检测病害种类分为普通裂缝、网状裂缝、坑槽、修补 4 类。构建数据集按照 9:1 的比例划分训练集和验证集,构建时按照随机抽取的方式,从每个采集路面段数据子集或目标缺陷分类子集

进行图像提取,并集合在同一目录下作为一组训练数据和验证数据。部分数据集及标注数据分别如图3-17、图3-18所示。

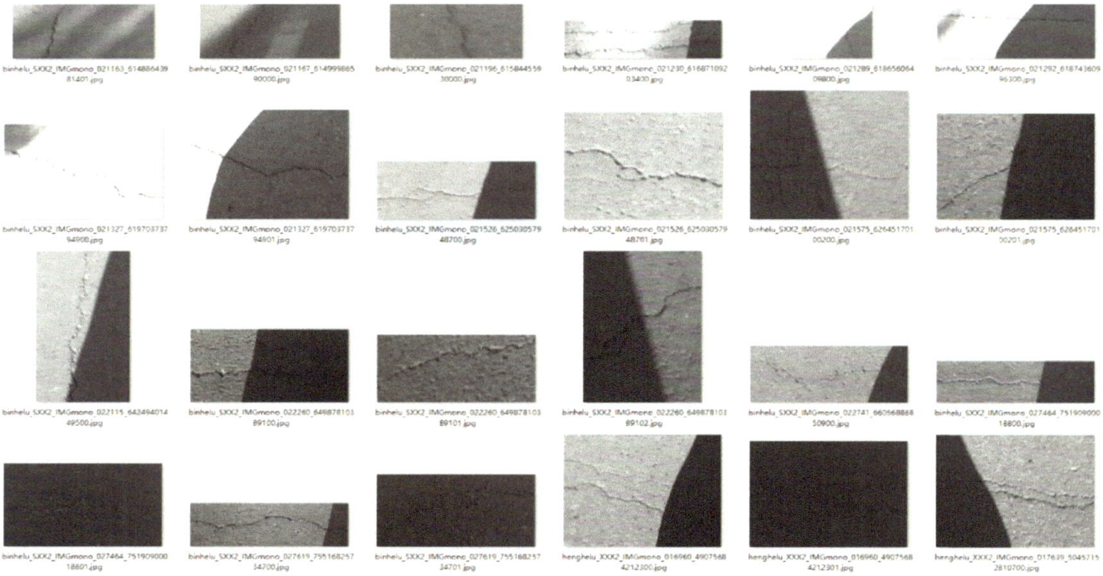

图 3-17　部分数据集展示

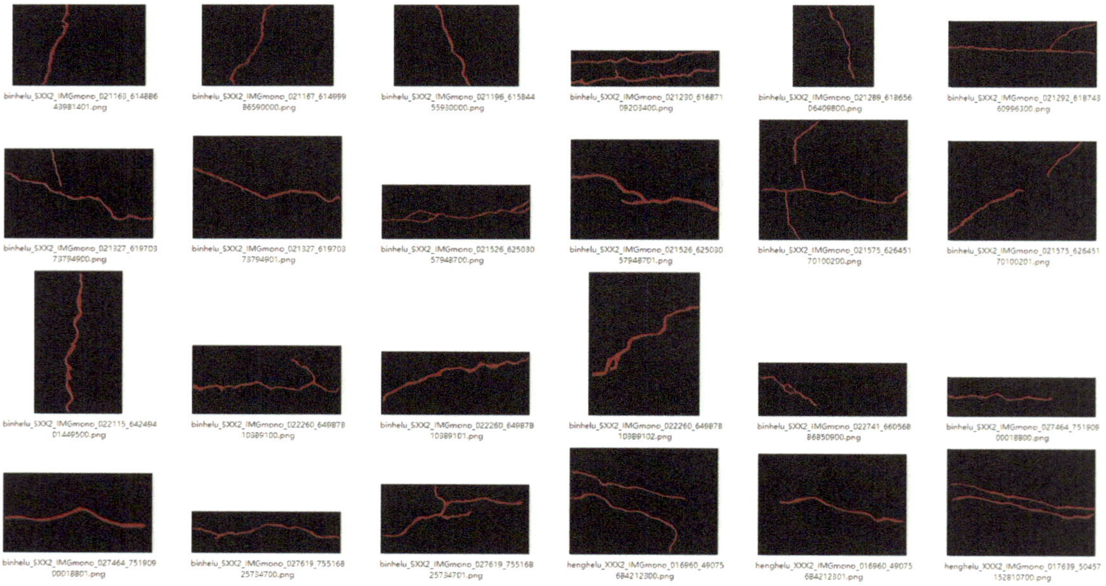

图 3-18　部分标注数据展示

(2)数据扩充方法

传统人工标注数据集的方法因耗时耗力等原因较难开展大规模数据标注工作,对有限的数据集通过数据预处理进行有效的扩充,成了模型训练的一项重要工作。按照道路病害的数据特征，采用1200×800的矩形框(长宽比为4:3)对整图进行局部提取，如图3-19所示，并按提取后的图像进行重新标注，将病害的局部特征作为新的病害特征添加进已有的病害数据集内。针对公路病害旋转平移不变性的特征，可对输入的图片进行了随机角度旋转、平移、剪裁操作，以对数据集进行有效的扩充。如图3-20为4K任意剪裁形成的部分数据集。

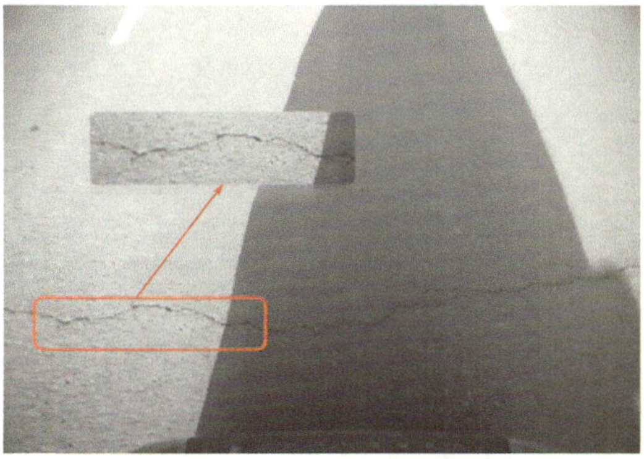

图3-19　截取部分位置构建数据集

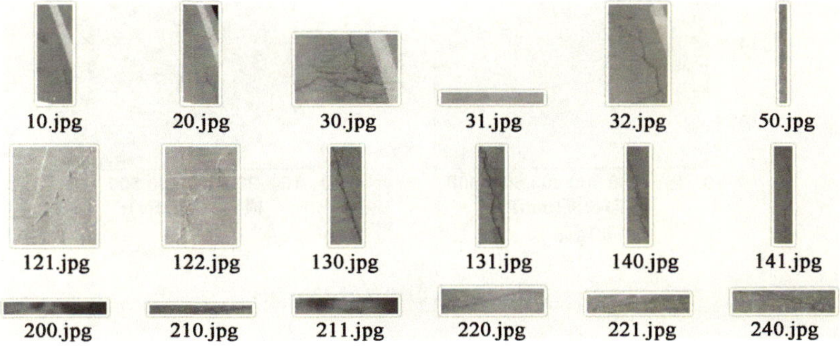

图3-20　4K任意剪裁形成的部分数据集

为进一步凸显裂缝特征，采取自适应直方图均衡化，通过图像的灰度分布直方图确定一条映射曲线，对图像进行灰度变换，以加深图像对比度，凸显公路病害及路面特征信息，提高深度学习效果。图片处理效果如图3-21所示。

(3)重叠框计算

判断检测结果中目标框的重叠度，对高度重叠的目标框进行过滤，对低重叠度的目标框进行裁切，保证识别结果图像中不存在相互重叠的检测目标框。重叠框的判断依据为目标框两两之间的交并比值，以3个阈值进行区分处理。当交并比值大于0.8时，视为两个目标框高度重叠，保留置信度较高的目标框；当交并比值小于0.8且大于0.05时，视为两个目标框重叠，保留置信度较高的目标框，对置信度较低的目标框进行裁切，去除重叠部分；当交并比值小于0.05时，视为两框不重叠，无需进行过滤操作。

(4)关键参数设置与调整

公路病害目标检测算法中关键参数主要为迭代次数、批量大小、输入尺寸、置信度阈值、交并比阈值、模型构建参数。其中,迭代次数直接影响模型的拟合程度和训练时间,批量大小影响模型对数据集整体的拟合效果,输入尺寸影响数据特征的表现,置信度阈值为判断检测物体是否为正类的依据,交并比阈值为非极大值抑制算法中过滤重叠框关键参数,模型构建参数控制网络深度。

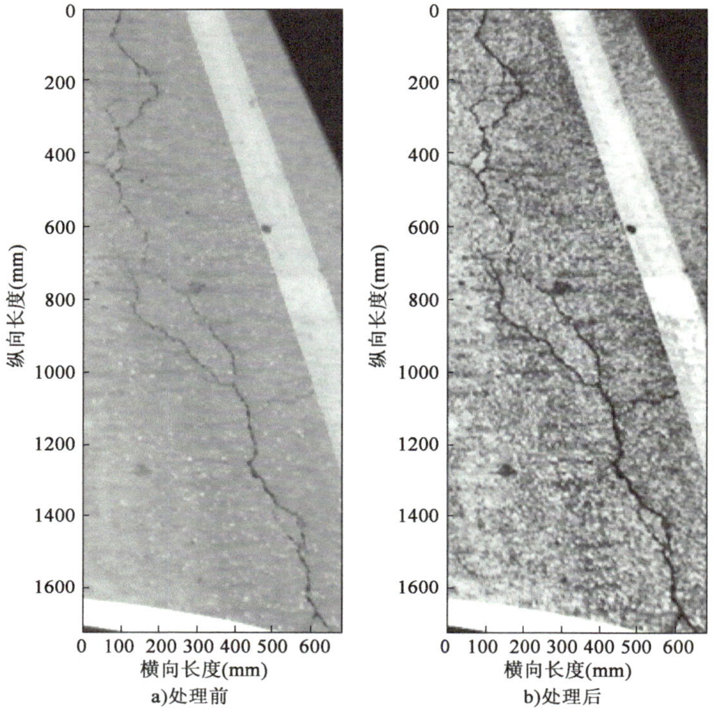

图 3-21　自适应直方图均衡化

(5)模型评价指标

算法模型的主要评价指标为查全率、查准率和漏检率。

①查全率。查全率是识别正确的结果占数据集中所有要识别出的总数的比率,即:

$$\text{Recall} = \frac{TP}{TP + FN}$$

②查准率。查准率是识别正确的结果在所识别出的结果中所占的比率,即:

$$\text{Precision} = \frac{TP}{TP + FP}$$

③漏检率。漏检率是未识别正确结果在所有真实样本中所占的比率,即:

$$\text{FNR} = \frac{FN}{TP + FN}$$

④检测结果。图 3-22 给出了 YOLOv5 网络在不同骨干网络下的检测结果。

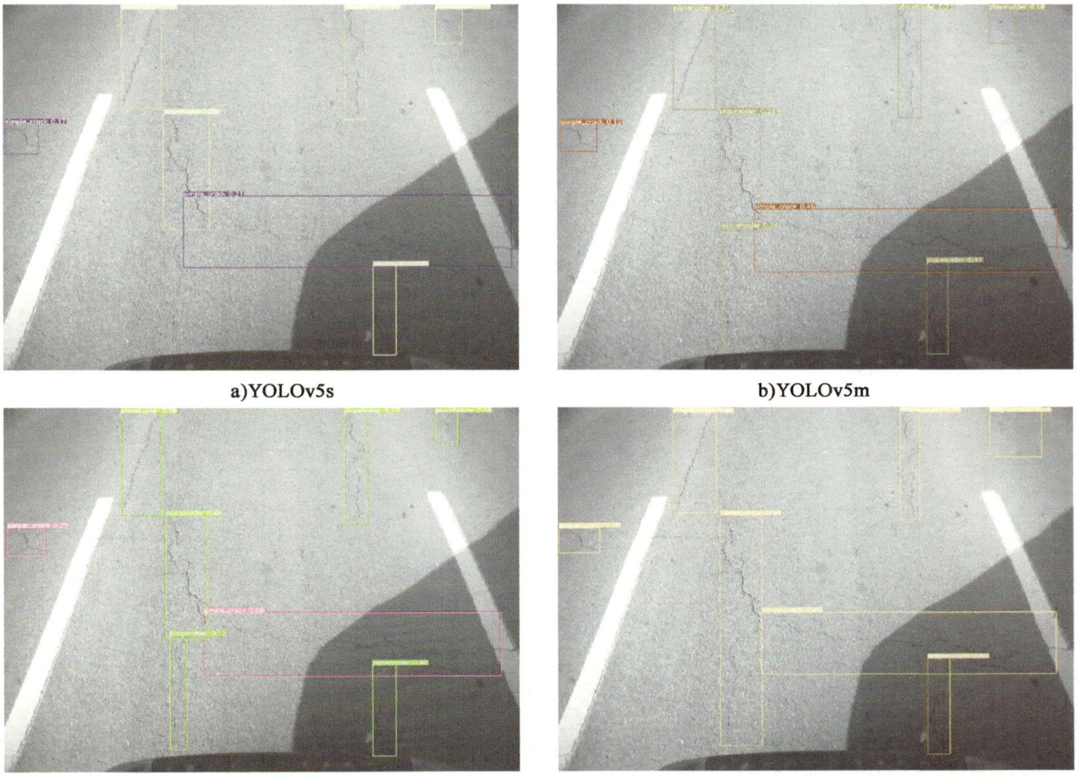

a)YOLOv5s　b)YOLOv5m

c)YOLOv5l　d)YOLOv5x

图 3-22　YOLOv5 网络在不同骨干网络下的检测结果

2)公路病害语义分割算法

公路病害图像语义分割的准确度直接决定了处理结果数据是否可信与有效,深度学习是机器学习领域中一个新的研究方向。其学习样本数据的内在规律和表示层次,这些学习过程中获得的信息对诸如文字、图像和声音等数据的解释有很大的帮助。深度学习是一个复杂的机器学习算法,在语音和图像识别方面取得的效果,远远超过先前相关技术。

U-net 神经网络最早用于医学图像处理,医学图像边界模糊、梯度复杂,需要较多的高分辨率信息的特征与道路病害信息有较高的相似性。其网络结构如图 3-23 所示。对于公路病害,U-net 可用深层特征定位、浅层特征精确分割,以实现较好的公路病害分割检测效果。使用 U-net深度学习神经网络,实现了公路病害图像精准的语义分割,经过多次评测,其精度范围在 1.5mm 之内,可识别分割 2mm 以上公路病害图像。

U-net 通过上采样方式替代池化操作,对通常的网络进行一个连续的卷积层补充,以便输出结果。为实现准确的信息定位,深层次的卷积特征信息将与上采样层结合,上采样通过对深层次的图像特征信息提取,可使深度学习网络有效的聚拢图像信息,输出更加准确的语义分割图像结果。

针对公路信息较为单一,且所需处理图像分辨率较高的特征,结合硬件需求,采取降低 U-net网络输出特征数的方法来降低网络所占显存,提高图像处理速度。

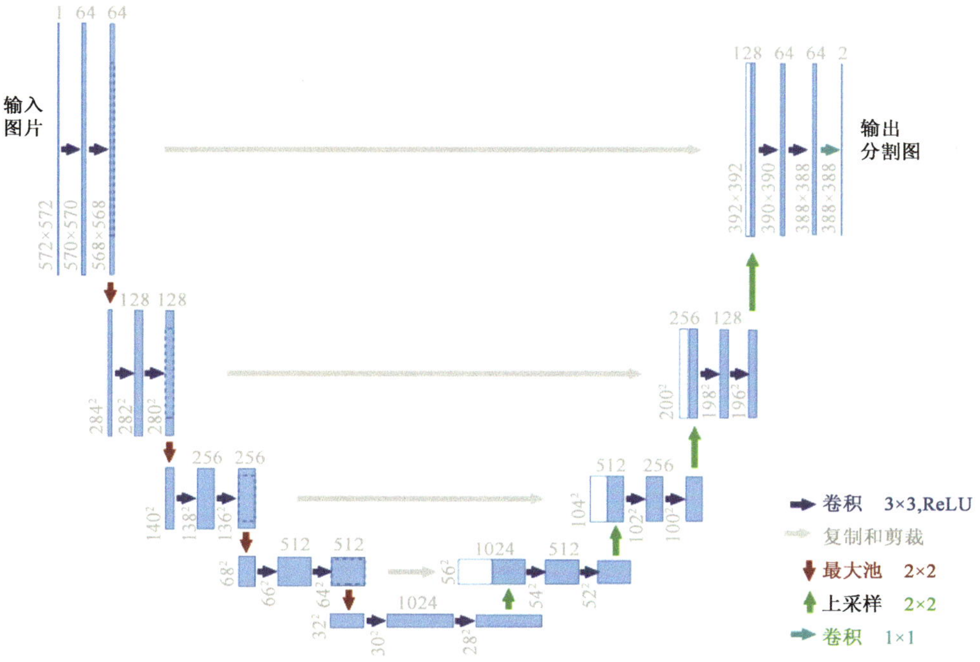

图 3-23　U-net 网络结构

评测标准：①与裂缝不同位置图像分割结果是否相同；②分割出的公路病害信息是否与实际公路病害信息相同。图 3-24 所示为同一裂缝对应不同位置进行图像分割宽度一致性检测结果示例，可见，对应不同位置，识别出的裂缝宽度有细微差别，但差别极小。

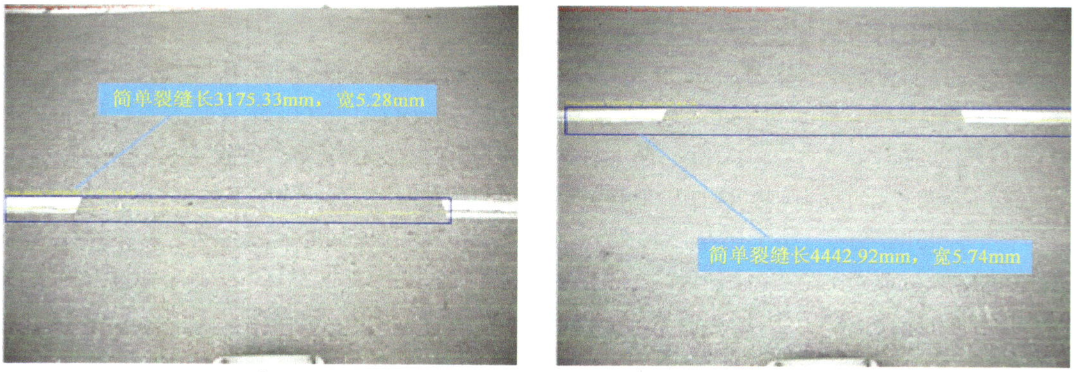

a)　　　　b)

图 3-24　同一裂缝不同位置图像分割宽度一致性检测结果示例

3）路面缺陷几何信息测量算法

（1）角点检测算法

对一组标定图像进行直方图均衡化、腐蚀和膨胀等数字图像处理方式，找到每幅图像上标定板的全部角点位置，且为准确的亚像素坐标，角点检测算法主要步骤如图 3-25 所示。

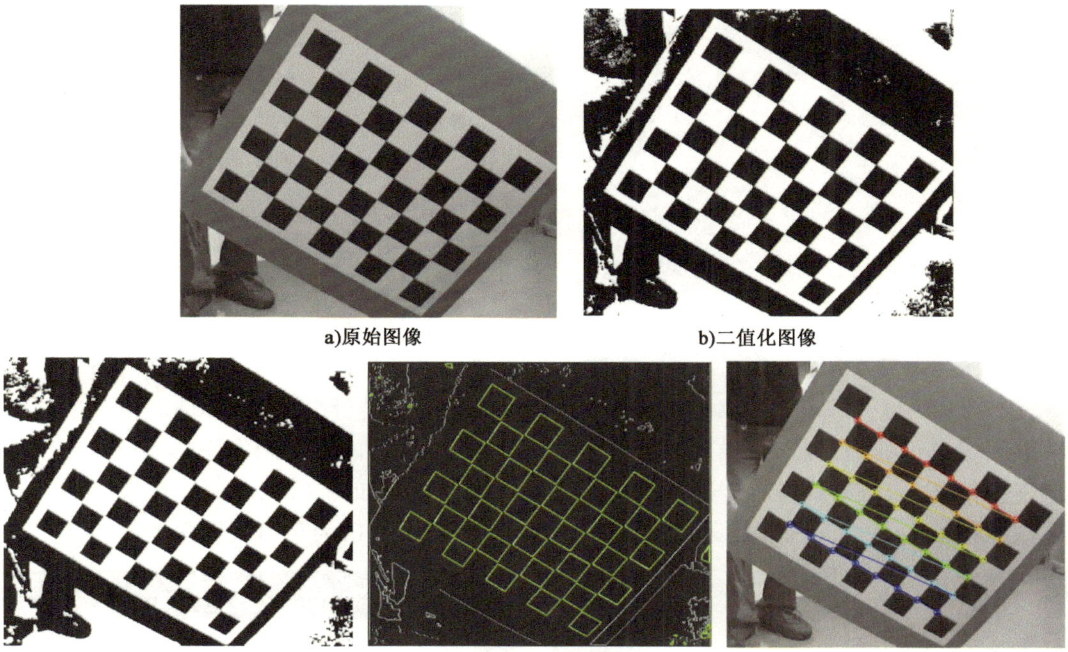

a)原始图像 b)二值化图像

c)膨胀白色方块后的图像 d)检测多边形图像 e)提取角点图像

图 3-25 角点检测算法主要步骤

(2)张正友标定法

将所有标定图像中的亚像素角点坐标代入相机成像模型,可以计算出单目相机的内参数和外参数初值。

(3)外参数初值优化

利用极大似然法和奇异值分解对外参数初值进行优化。

(4)求解畸变系数初值

将优化后的相机外参数利用最小二乘法可以求解出畸变系数。

(5)内外参数优化

通过 LM 算法再对计算出的所有标定参数重新进行优化,同时也要引入 Rodrigues 公式和最大似然估计方法辅助其优化过程。

(6)建立索引表

在得出准确的相机内外参数后,可以利用真实物理坐标系与相机坐标系之间的转换关系,将图像上的每一个像素点代表的实际物理空间大小求出,最终将其制成一个含有 4800 万个参数的索引表。

(7)缺陷几何信息测量算法

对缺陷掩模图使用查表法提取出不间断无毛刺的骨架图像,然后利用上述索引表就可以依次求出缺陷区域所对应的真实物理几何信息,包括面积、长度和平均宽度。

(8)标准网格绘制

通过索引表可以计算出相机镜头覆盖的真实视野范围的大小,再利用透视变换就可以将

图 3-26　标准尺寸网格图

标准尺寸的网格图覆盖在道路平面上，每一个小格子的大小都为 10cm × 10cm，且呈现出近大远小的倾斜拍摄成像效果，如图 3-26 所示。

(9) 车道有效区域绘制

由于倾斜拍摄会引入车道线以外的部分，因此需根据相机视野范围的大小和透视变换再减去帧与帧之间的重复率，绘制出单幅图像的车道内有效区域的范围。

由于单目相机拍摄的视野范围很广，所以在车道线以外的区域也会被拍摄进去，但实际对缺陷区域做测量统计分析时，都是对单车道线内部的缺陷区域进行处理，在车道线外部的缺陷需要被剔除掉，所以需要制作一个车道有效区域的权重表，将其以图像形式显示出来。车道线有效区域初始图如图 3-27，最终图如图 3-28。其黑色区域的权重为 0，为车道线以外的部分；白色区域的权重为 1，为车道线以内的部分。

图 3-27　车道线有效区域的初步绘制图形

图 3-28　车道线有效区域的最终绘制图形

(10) 路面损坏状况指数的计算

根据《公路技术状况评定标准》(JTG 5210—2018)，将每公里的路面病害按权重换算为路面破损率(DR)，计算路面损坏状况指数(PCI)。

4) 交通安全设施损坏识别算法

通过目标检测算法，可以对护栏的变形、断裂以及遮光板的变形、缺失进行高精度识别，最终输出 Excel 状态文档，以便管理人员利用文档实施养护。各类交安设施识别标记及输出文档如图 3-29 所示。

5) 病害识别结果

(1) 公路病害目标检测结果

搭建的公路病害目标检测网络模型的检测识别结果如图 3-30 所示，图中分别给出了模型对于普通裂缝、网状裂缝、坑槽缺陷和修补的识别结果，可以看出模型图像中的病害特征检测定位清楚、分类准确，具有优秀的检测性能，能够准确、全面检索并标记出图像中存在的缺陷和其位置信息。

图 3-31 给出了 YOLOv5 目标检测算法的模型训练结果，由图中可以看出，模型在 200 步的迭代计算过程中 GIoU 等损失呈逐步下降的趋势，准确率和召回率则呈逐步上升的趋势并收敛于稳定值。

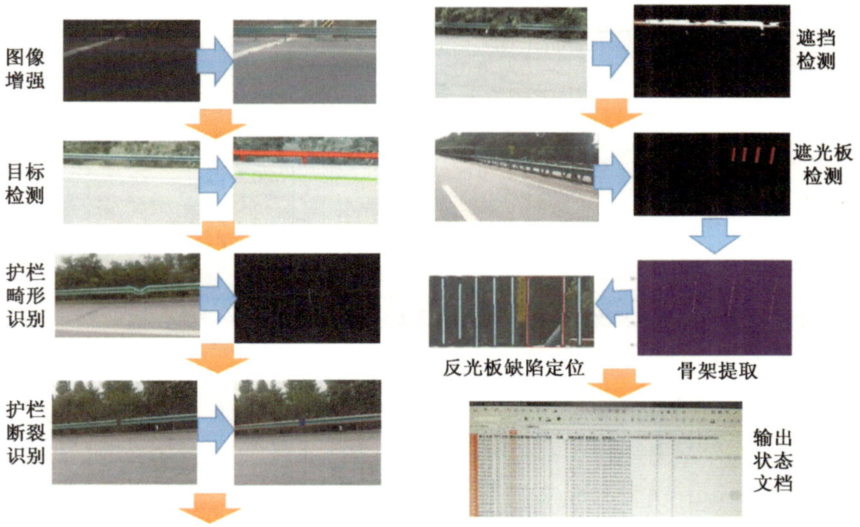

图 3-29　交通安全设施识别标记及输出文档示意图

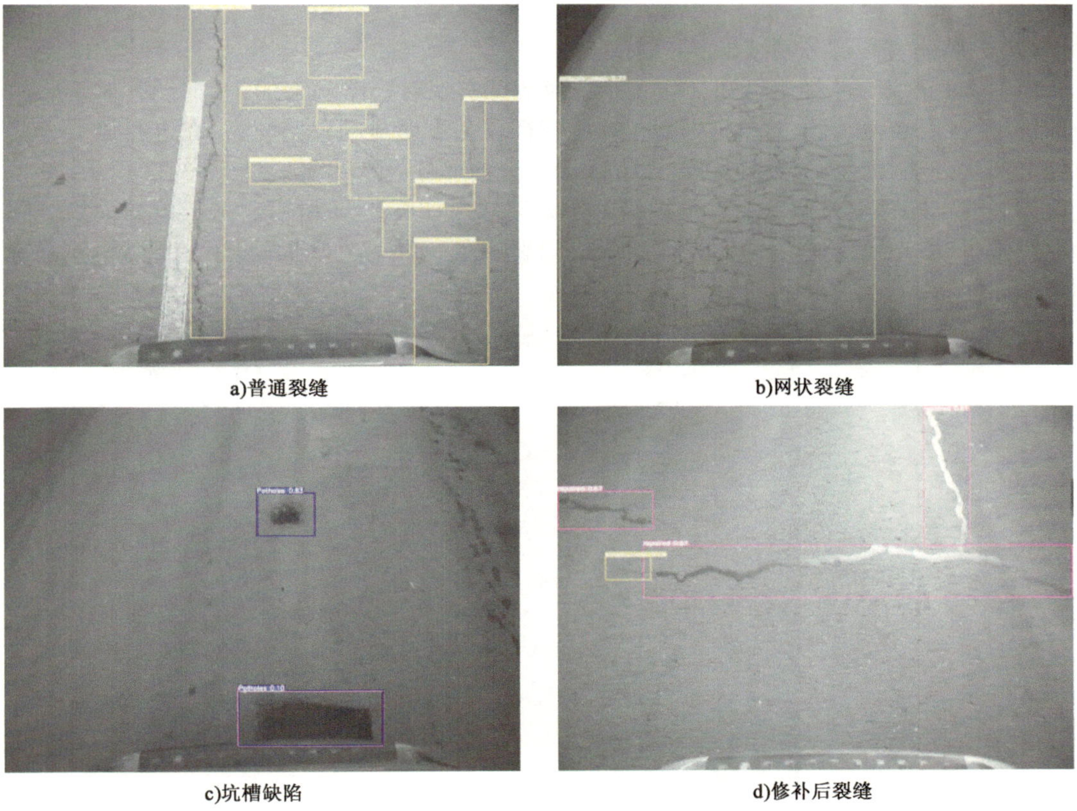

a)普通裂缝　b)网状裂缝

c)坑槽缺陷　d)修补后裂缝

图 3-30　道路病害检测识别结果

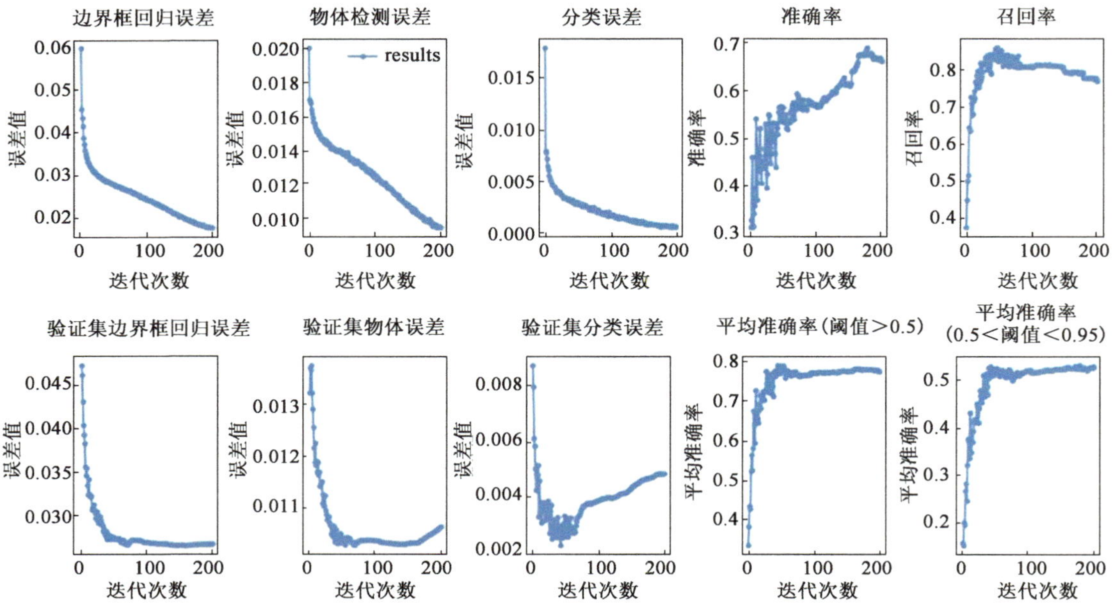

图 3-31　模型训练结果

(2)公路病害图像分割结果

由 U-net 语义分割结果可知,U-net 神经网络可实现对公路病害的细致分割,对于路面噪声的抗干扰性也有较好的效果。但对于一些特征较为不明显的公路病害,在进行语义分割时可能会产生分割裂缝不连续的情况。U-net 语义分割部分效果如图 3-32、图 3-33 所示。

同裂缝不同角度及位置下采集拍摄图像处理效果如图 3-34 所示。由于数据采集时同时存在镜头抖动,光线变换等不可控因素,最终同裂缝在不同位置下或角度下的图像分割准确度在 1.5mm 左右。

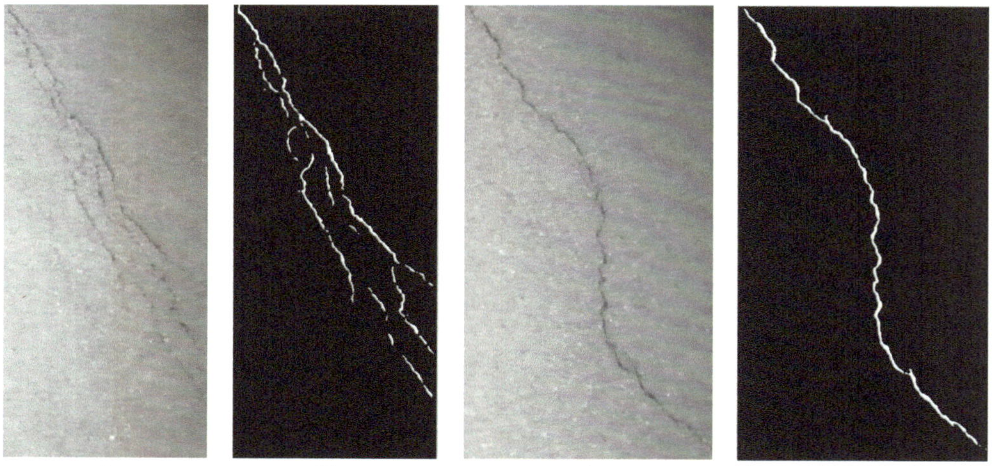

a)　b)　c)　d)

图 3-32　U-net 语义分割效果(1)

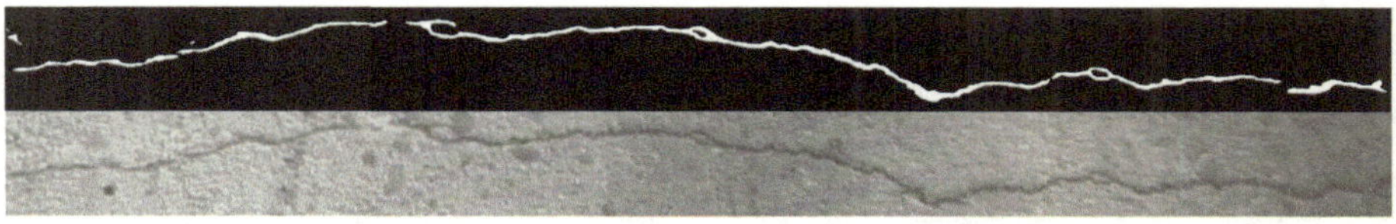

图 3-33 U-net 语义分割效果(2)

图 3-34 U-net 在裂缝不同角度及位置分割效果

(3)缺陷几何信息测量算法结果

根据图像分割算法提取出的二值化缺陷掩模图和索引表，就可以进一步通过缺陷几何信息测量算法给出每一个缺陷的长度、平均宽度和面积三种几何信息。

将路面缺陷分成四大类，即简单裂缝、网状裂缝、坑槽和修补。其中坑槽和修补不计算长度和平均宽度，只有简单裂缝和网状裂缝需要提取骨架图像，以计算长度和平均宽度。将常见的简单裂缝和网状裂缝分为六个类型，如图 3-35 所示，简单裂缝可以分为横向裂缝、纵向裂缝、斜向裂缝和人字形裂缝四类，网状裂缝可以分为简单网状裂缝和复杂网状裂缝两类。有了良好的骨架图像，就可以进一步利用索引表并取出对应像素点位置的长度信息同时累加到一起，最终得出整个缺陷区域的真实物理长度，也可以计算出该区域的平均宽度。至此，缺陷几何信息测量算法就可以仅通过标定生成的索引表和语义分割出的缺陷掩模图，完成真实物理空间的几何信息测量。

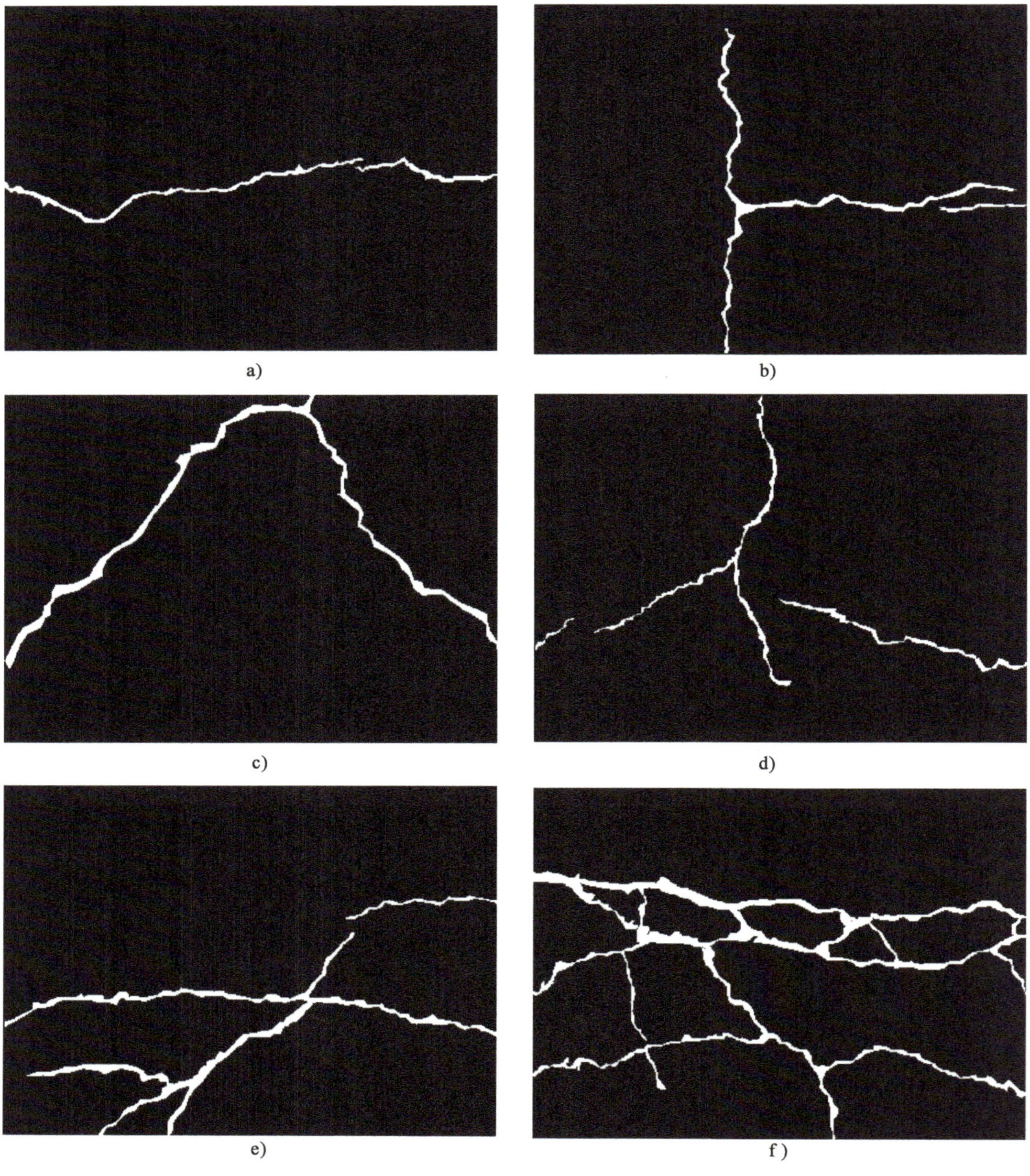

图 3-35　几种常见的简单裂缝和网状裂缝示意图

(4)公路病害识别结果

不同条件下的公路病害、交通附属设施损坏识别结果分别如图 3-36、图 3-37 所示,综合病害识别率达到 90% 以上。便携式的路面及附属设施病害检测系统可方便、快速、精准地对各类常见病害进行数据采集及识别分析,不仅能高效率识别出简单裂缝、复杂裂缝及坑槽,对于极端情况下,如光线过亮、图片模糊、阴影中的裂缝,以及修补裂缝和修补坑槽都能达到有效识别,并能精准定位及识别护栏、防眩板等交通附属设施的缺损、变形等病害。

a)简单裂缝识别

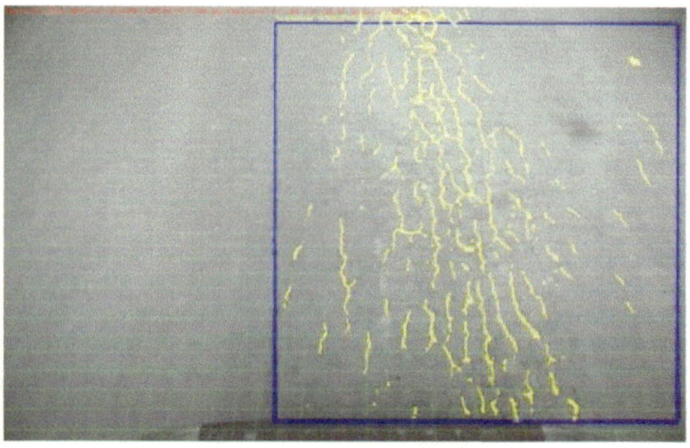

b)复杂裂缝识别

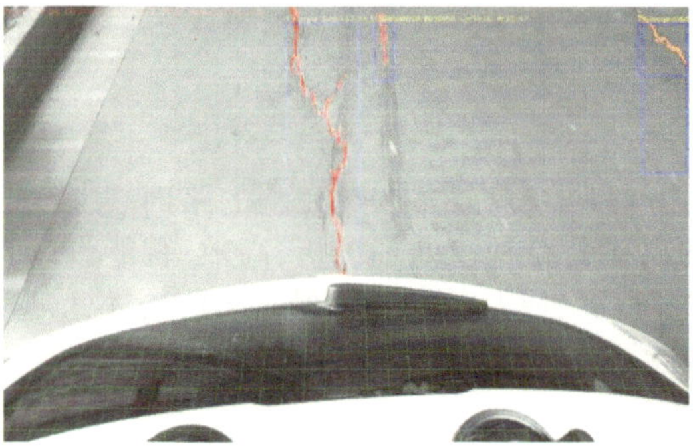

c)极端情况下裂缝识别

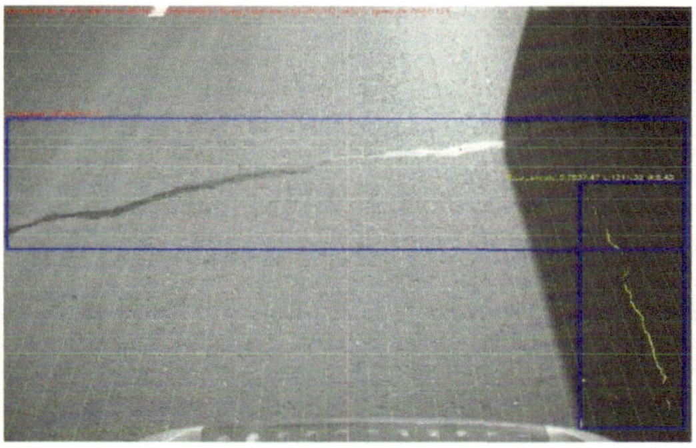

d)修补裂缝识别

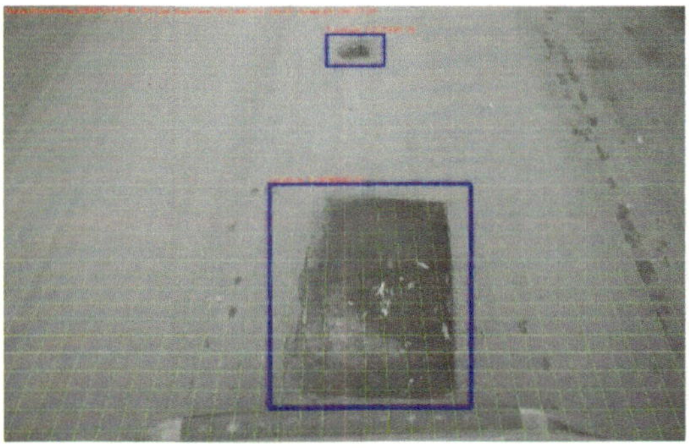

e)坑槽识别

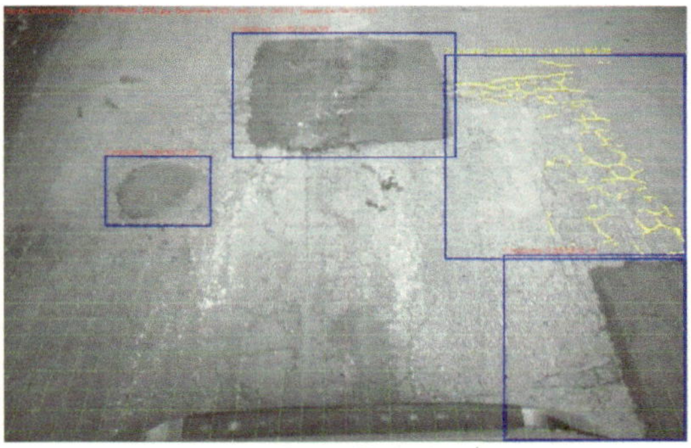

f)修补坑槽识别

图3-36 公路病害识别结果

a)护栏变形、缺失及断裂识别

图 3-37

b)防眩板缺失及倾斜识别

图 3-37　交通附属设施损坏识别结果

3.3.4　系统技术指标

针对公路路面及附属设施病害检测问题，采用深度学习算法，构建完整的路面裂缝、坑槽及附属设施病害识别与测量系统。通过对采集的离线公路视频处理分析，高效、智能、自动检测地面裂缝及其相关几何信息，并根据裂缝的危害程度进行精准分类，结合 GPS 定位信息为道路养护人员提供裂缝位置与修补建议。

1）数据采集

在常规天气条件下，通过车载高速相机采集清晰的公路视频。不考虑在雨、雪、沙尘暴等极端天气下采集公路视频。具体的数据采集要求如表 3-9 所示。

数据采集要求　　表 3-9

<table>
<tr><th></th><th>数 据 要 求</th></tr>
<tr><td rowspan="7">破损识别</td><td>帧率不低于 30fps</td></tr>
<tr><td>分辨率不低于 3840 ×2160 像素</td></tr>
<tr><td>摄像机拍摄角度：固定角度倾斜地面拍摄</td></tr>
<tr><td>焦距：对焦点与地面位置误差不超过 ±0.1m</td></tr>
<tr><td>相机畸变系数：小于 1%（径向畸变、切向畸变）</td></tr>
<tr><td>图像 GPS 定位精度：误差不超过 ±2m</td></tr>
<tr><td>光照强度：≥40000lx</td></tr>
</table>

2）系统功能

（1）路面裂缝、沥青灌缝、坑槽、填补后坑槽分类检测及 GPS 定位。

（2）路面裂缝、沥青灌缝、坑槽、填补后坑槽区域分割。

（3）路面横向裂缝、纵向裂缝、网状裂缝、龟裂分类识别。

（4）路面裂缝长度、宽度几何信息测量。

（5）裂缝的物理坐标计算与提供裂缝修补建议。

（6）交通安全设施（如护栏、防眩板、隔离栅等）病害的智能识别。

(7)自主学习功能。其中,系统具有的学习功能是指在使用过程中系统可以根据专业道路养护人员的反馈信息,迭代学习裂缝的特征并更新系统模型,提升系统对裂缝的检测分割准确率,获取更加精准的裂缝几何信息。

3)相关指标

裂缝检测与识别系统相关指标如表3-10所示。

裂缝检测与识别系统相关指标　　表3-10

检测项目	路面图像信息	路面采集宽度:单车道3.75~4m 单幅图像纵向长度:3m 图像存储类型:BMP/JPG 结果输出类型:AVI视频
	GPS定位信息	精度:±1m
	桩号信息	精度:±5m
路面类型	沥青路面	路面破损率(DR) 路面损坏状况指数(PCI) 龟裂:损坏按面积计算 块裂:损坏按面积计算 横裂缝及修补横裂缝:检测结果用影响宽度(0.2m)换算成面积 纵裂缝及修补纵裂缝:检测结果用影响宽度(0.2m)换算成面积 泛油:损坏按面积计算 坑槽修补:按面积计算 车辙:检测结果用影响宽度(0.4m)换算成面积
交通安全设施		护栏、防眩板、隔离栅的破损、缺失以及变形识别
自动识别检测技术指标		裂缝宽度测量精度:2mm 分类病害自动识别率:>90% 坑槽面积测量精度:>90% 行车速度:40~80km/h 公路尺寸网格精度:±1mm

4)技术特点

便携式车载技术特点(图3-38)如下。

(1)体积小、成本低。便携式路面及附属设施病害检测识别设备。设计了结构简单的吸附式云台结构,突破倾斜拍摄的技术壁垒,安装方便,将任意车辆改装成自动检测车,随时随地采集路面病害及附属设施损坏,大幅降低检测设备及单次检测成本,提升检测频率。

(2)操作及使用方便。便携式道路附属设施病害检测设备以普通车辆为平台进行快速安装后,即可开始公路检测。与传统检测设备相比,大幅降低设备成本,便于市场普及推广。设备操作简单,可高频次连续采集路面病害及交通附属设施损坏状况。

(3)算法完备。突破了基于机器学习的各类基础设施病害识别算法,针对路面破损病害进行自动识别和检测;实现了对道路护栏、防眩板等附属设施损坏的快速精确自动识别。

(4)提升检测频率。便携式车载设备能够以极低的成本对交通基础设施进行一年多次、一天多次的快速检测,可以根据需要连续采集基础设施病害,及时指导日常养护作业,对养护前后的病害及实施情况进行对比;同步对交通附属设施损坏状况进行自动采集和识别检测,提高检测效率,弥补行业空白。

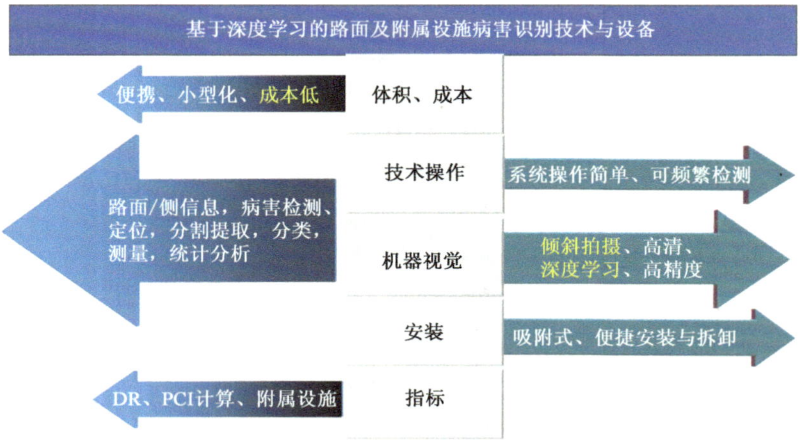

图 3-38　便携式车载技术特点

与国内外同类产品相比,便携式车载技术产品主要指标对比如表 3-11 所示。

便携式车载技术产品国内外同类产品比较表　　表 3-11

对比指标	便携式车载设备	国内同类产品	国外同类产品
设备成本	优于国际领先产品,比国内外同类产品降低 90% 以上	基于专用车辆进行开发,设备造价昂贵,售价 300 万~500 万元	基于专用车辆进行开发,售价近千万元
检测成本	优于国际领先产品,比国内外同类产品降低 60% 以上	单次检测成本约为 1000 元/km	单次检测成本约为 1000 元/km
操作门槛	达到国际领先产品水平,优于国内主流产品; 通过配套操作系统,实现软硬件高效、易用控制	操作难度大,需专业人员操作	未实现全自动化,仍需要部分人工干预
设备体积	优于国际领先产品,设备体积仅为国内外同类产品 10%	大型房车或小型卡车	大型房车或小型卡车
检测频率	优于国际领先产品,可进行一天一次,或一天多次的高频次、常态化检测	一年一检或多年一检,且每次仅检测单一车道	一年一检或多年一检,且每次仅检测单一车道
设备普及率	优于国际领先产品,成本低廉、使用方便,可推广至检测单位、设计单位、地方公路局及农村公路管理单位	有购置能力的大型检测单位或省(自治区、直辖市)级公路管理单位,普及率较低	有购置能力的大型检测单位或省(自治区、直辖市)级公路管理单位,普及率较低

续上表

对比指标	便携式车载设备	国内同类产品	国外同类产品
设备安装速度	优于国际领先产品，设备结构简单，普通车辆通过吸附式云台，实现快速安装拆除	无同类产品运用该项技术	无同类产品运用该项技术

综上所述，便携式车载技术克服了行业检测数据样本不足、检测门槛高、识别精度不足、检测成本高等不足，从便携性、准确性、普适性等角度入手，真正解决了公路养护体系中最根本的数据采集问题，实现了数据的便携、低成本采集及海量积累，为智能养护体系的构建提供强大的数据源支撑及技术保障。与传统检测技术相比，在保证检测精度的条件下，降低设备投入成本及检测技术门槛，提高道路检测效率。

3.3.5 应用案例

便携式车载技术已在国内北京、山西、黑龙江、新疆、内蒙古等多个省(区、市)进行现场测试，测试结果良好。

以黑龙江某高速公路为例，检测车以80km/h速度正常行驶，成功检测路面各类主要病害及几何尺寸。

1)检测参数

具体检测参数如下。

(1)采集速度:80km/h。

(2)帧率:30fps。

(3)曝光时间:100μs。

(4)地点:黑龙江依安。

2)病害识别结果

黑龙江某高速公路路面主要病害识别结果如3-39所示。

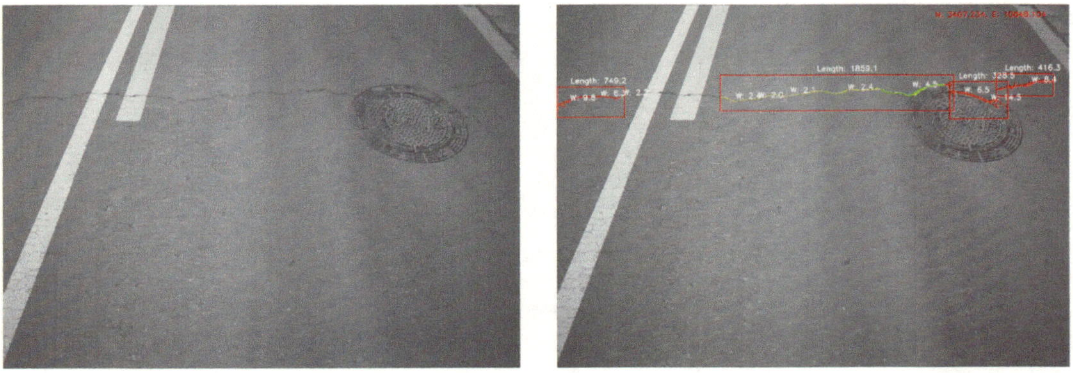

a)横向裂缝识别

图 3-39

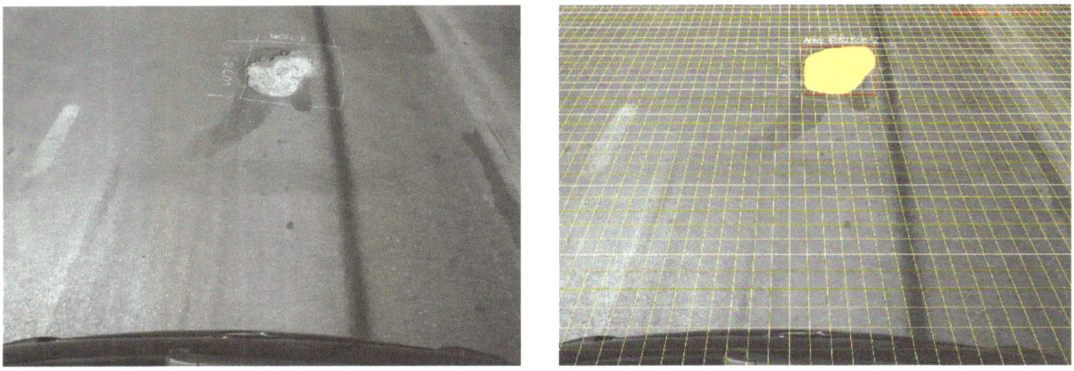

b)坑槽识别

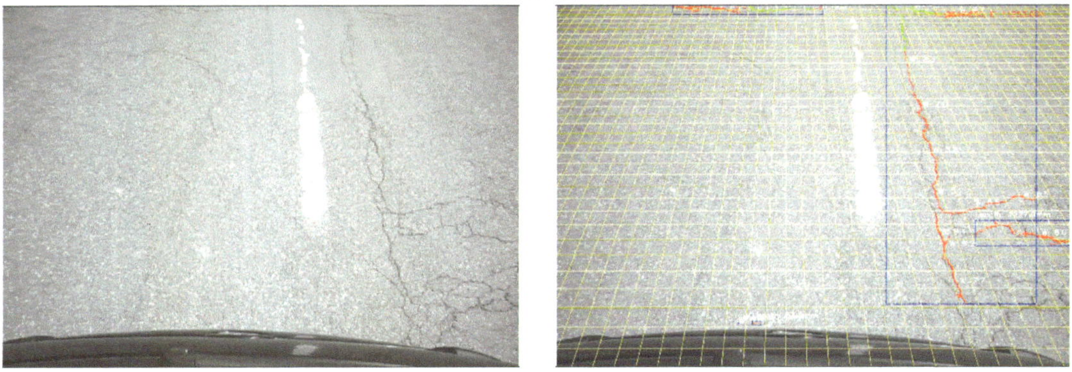

c)龟裂识别

图 3-39　黑龙江某高速公路路面主要病害识别结果

3)采集病害规律分析

收集的病害训练集如图 3-40 所示。对采集的图片进行大量的训练,分析不同病害出现频次,如图 3-41 所示,左上图是训练样本分布情况,右上图是训练集数据的坐标位置分布,纵横坐标对应的是每个样本的左上角点横、纵坐标;左下图为训练集数据的宽高(尺寸)分布情况,纵横坐标分别对应每个样本的宽度和高度值。结果发现:采集的路段上,横纵裂缝比较多,坑槽比较少,通过基于深度学习的训练算法,可以大规模掌握裂缝及修补裂缝、坑槽及修补坑槽的病害类型,以便于对病害的全面识别。

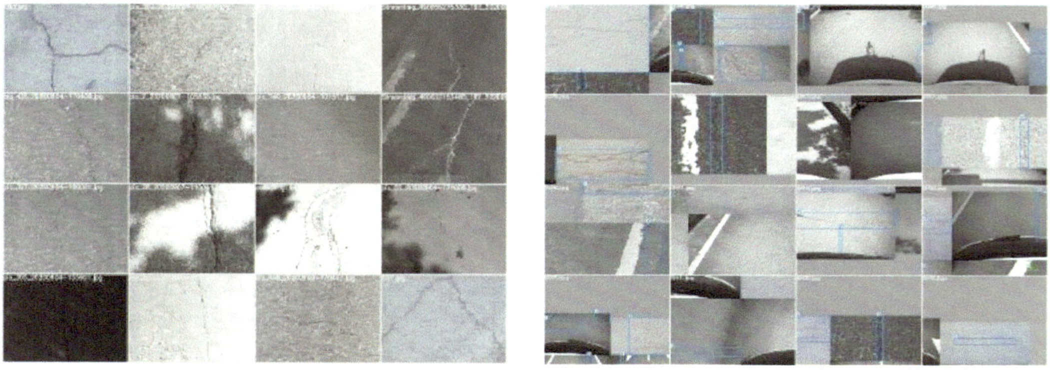

图 3-40　收集的病害训练集

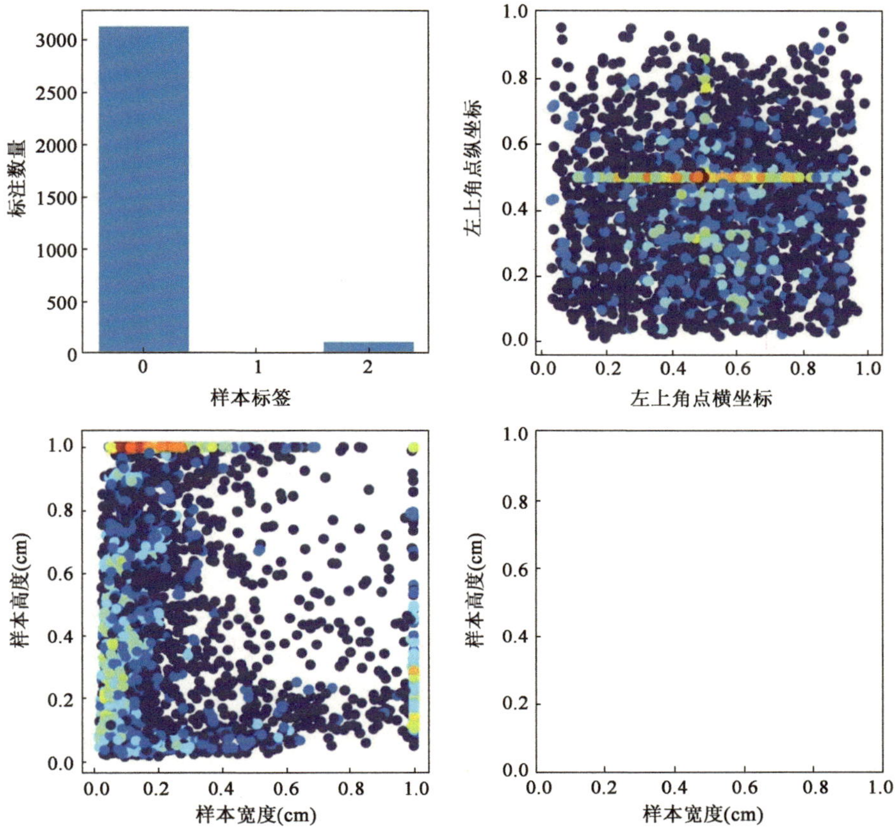

图 3-41　不同病害出现频次

3.4 基于地区病害的路况评价体系优化

3.4.1　现有评定标准不足

《公路技术状况评定标准》(JTG 5210—2018)在原有标准的基础上,增加了路面跳车指标及计算方法,调整了部分分项指标的相关权重和扣分标准,但并未对沥青路面各项损坏的权重进行调整。经过近些年的实践,《公路技术状况评定标准》(JTG 5210—2018)中对沥青路面损坏的分类及技术状况评定在内蒙古地区主要呈现以下不足:

1)未反映实际病害情况

如图 3-42 所示,根据实际使用情况来看,PCI 的衰减程度和路面损坏状况并非直线关系,当破损率较小时,破损率的少量增加将导致 PCI 极速衰减。但根据 DR 计算公式,当路面破损面积达到100%时，PCI才判定为0。

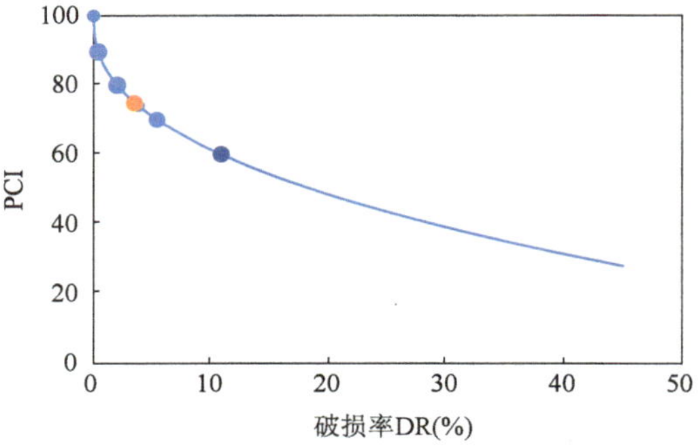

图3-42 PCI-DR变化曲线

破损率DR是沥青路面所有破损类病害面积的量化结果，可以利用该数值从整体上定量分析破损的严重程度，但是无法体现出具体病害类别对于总体破损程度的影响。因此在DR的基础上，还需要继续丰富指标体系，增加对具体病害表征参数，从而用于确定养护需求。

2）未考虑北方高寒地区裂缝的普遍性

横向裂缝是北方地区沥青路面最常见的损坏之一，如图3-43所示。内蒙古地区沥青路面的横向裂缝主要包括反射裂缝、温缩裂缝，两种裂缝的产生均与半刚性路面结构形式密切相关。内蒙古地区总体气候特点是春季气温骤升，多为大风天气；夏季短促而火热，降水集中；秋季气温剧降，伴随霜冻；冬季漫长严寒，多寒潮天气。因此，由于气候干燥，雨水较少，冬季产生的温缩裂缝并不会因为雨水的下渗而产生裂缝扩散或恶化。现行标准没有考虑全国不同气候地区的裂缝特点，进行全国均一化处理，横向裂缝对应轻度、重度的计算权重高达0.6、1.0，修补的权重也高达0.1，由此将裂缝、修补对路面技术状况的影响放大，造成评定后的路面损坏状况指数PCI值较低，需要采取修复养护。但实际道路运营状况相对良好，由此将造成养护方案过于保守，养护资金分配不合理。

a)

b)

图3-43 横向裂缝示意图

3）未考虑特殊病害形式

拱胀作为内蒙古地区沥青路面特有的病害形式，包括冻胀裂缝、盐胀裂缝。冻胀裂缝是指由冬季土基下部的水分向上集聚并冻结成冰引起膨胀、造成地表或路面隆起开裂而引起的病害。盐胀裂缝是含有硫酸盐的盐渍土，由温度变化引起体积变化导致公路路基、路面产生开裂的病害。现有标准规定的21项沥青路面损坏类型未包括内蒙古地区特有的拱胀，评定时未涵盖所有的病害形式，导致技术状况评定结果不准确。

4）PQI加权均一化处理，弱化路面破损的影响

《公路技术状况评定标准》（JTG 5210—2018）中PQI是由分别表征路面破损、路面平整

度、路面车辙、路面磨耗、路面跳车及路面抗滑等相关指标进行加权平均后计算得到,6个指标各自表征的路面性能不同,各自评价标准也不相同。通过实际调研发现,在路面破损状况很差的情况下(即PCI很低),由于其余3个指标均较高,同样能得到较高的PQI。由此,对一条路面破损状况很差的路,由于评定后的PQI较高,导致养护决策时无法将其列入大修或大修的计划,路况进一步恶化,而养护资金越来越无法满足路面技术状况评定为次、差路段的养护需求,进而造成“路况恶化—养护缺失”的恶性循环。

3.4.2 浮动权重计算法

基于现有标准在内蒙古地区应用的不足分析,本节从损坏权重调整、损坏形式新增、动态权重计算等方面对内蒙古地区沥青路面技术状况评定进行优化。

1)调整横向裂缝判定标准,降低破损计算权重

结合对内蒙古地区代表性公路的横向裂缝调查,以缝宽5mm作为横向裂缝轻、重的判别,以弱化其对路面破损的影响。同时,将重度横向裂缝在路面损坏状况指数PCI的权重由1.0降低为0.8,将修补的权重由0.1降低为0.05。

2)在“其他类”损坏中增加“拱胀”

通过大量的实地调查,按拱胀隆起高度不同,将内蒙古地区的拱胀分为轻、重两个等级。两种拱胀的特征如表3-12所示。

拱胀等级及特征判定　　表3-12

拱胀等级	病害特征	拱胀等级	病害特征
轻	隆起高度在10cm及以下	重	隆起高度大于10cm

3)建立浮动权重PQI计算法

高速公路、一级公路的沥青路面技术状况指标包括PCI、RQI、RDI、PBI、PWI及SRI,其中,PWI与SRI可相互替换。考虑到路面跳车主要针对沿海地区有软基等特殊路基路段情况下产生的病害形式,因此,本书暂不考虑PBI指标。针对高速公路、一级公路的PQI各指标权重系数计算采用浮动算法,突出路面破损的影响,使其避免病害的平均化。具体而言,即根据PCI与RQI、RDI及SRI这3个指标的相对关系,采用动态的权重系数。同时,随着PCI指标的降低而加大PCI指标在计算PQI时的权重,且兼顾其他指标,尽量用数值关系平衡。

(1)若PCI≥(RQI+RDI+SRI)/3,PQI分项指标权重取值如表3-13所示。

PQI分项指标权重[PCI≥(RQI+RDI+SRI)/3]　　表3-13

权　重	高速公路、一级公路	权　重	高速公路、一级公路
ω_{PCI}	0.35	ω_{RDI}	0.15
ω_{RQI}	0.40	ω_{SRI}	0.10

(2)若0.8×(RQI+RDI+SRI)/3≤PCI<(RQI+RDI+SRI)/3,PQI分项指标权重取值如表3-14所示。

PQI 分项指标权重[$0.8\times(RQI+RDI+SRI)/3\leq PCI<(RQI+RDI+SRI)/3$]　表 3-14

权　重	高速公路、一级公路	权　重	高速公路、一级公路
ω_{PCI}	0.50	ω_{RDI}	0.15
ω_{RQI}	0.25	ω_{SRI}	0.10

(3)若 $0.5\times(RQI+RDI+SRI)/3\leq PCI<0.8\times(RQI+RDI+SRI)/3$,PQI 分项指标权重取值如表 3-15 所示。

PQI 分项指标权重[$0.5\times(RQI+RDI+SRI)/3\leq PCI<0.8\times(RQI+RDI+SRI)/3$]　表 3-15

权　重	高速公路、一级公路	权　重	高速公路、一级公路
ω_{PCI}	0.55	ω_{RDI}	0.10
ω_{RQI}	0.25	ω_{SRI}	0.10

(4)若 $PCI<0.5\times(RQI+RDI+SRI)/3$,PQI 分项指标权重取值如表 3-16 所示。

PQI 分项指标权重[$PCI<0.5\times(RQI+RDI+SRI)/3$]　表 3-16

权　重	高速公路、一级公路	权　重	高速公路、一级公路
ω_{PCI}	0.60	ω_{RDI}	0.10
ω_{RQI}	0.20	ω_{SRI}	0.10

3.4.3　基于客观综合赋权的分项指标权重确定方法

目前关于分项指标权重的确定方法,主要分为主观赋权法和客观赋权法。

(1)主观赋权法

主观赋权法是根据决策者(专家)对各属性的重视程度来确定属性权重的方法,其原始数据由专家根据主观判断而得到。常用的主观赋权法包括专家调查法(Delphi 法)、层次分析法(AHP)、二项系数法、环比评分法等。主观赋权法的优点是专家可以根据实际的决策问题和专家自身的知识经验合理确定各属性权重的排序,不至于出现属性权重与属性实际重要程度相悖的情况,但决策或评价结果具有较强的主观随意性,客观性较差同时增加决策者的负担,在应用时有一定的局限性。

(2)客观赋权法

客观赋权法基本思想是属性权重应当是各属性的集中变异程度和对其他属性影响程度的度量,赋权的原始信息应当直接来自客观环境,处理信息的过程应当是深入探讨各属性间的相互联系及影响,再根据各属性的联系程度或各属性提供信息量的大小来决定属性权重。常用的客观权重法包括主成分分析法、熵值法、离差最大化法、均方差法、简单关联函数法、变异系数法(CVM)等。其中,熵值法应用得较多,这种方法所使用的数据是决策矩阵,所确定的属性权重反映了属性值的离散程度。由于该方法是根据原始数据之间的关系来确定权重,因此权重的客观性强,且不增加决策者的负担,具有较强的数学理论依据。但这种赋权法没有考虑决策者主观意向,因此确定权重可能与使用者的主观愿望或实际情况不一样。

基于主客观综合赋权法的公路沥青路面使用性能综合评价的基本原理如下。

(1)构建路况指标矩阵

假设有 m 个路段 n 个评价指标,相应的各指标值为 $r_{ij}(i=1,2,\cdots,m;j=1,2,\cdots,n)$,则指标矩阵 $\boldsymbol{R}=(r_{ij})_{m\times n}$。

$$\boldsymbol{R}=\begin{bmatrix} r_{11} & \cdots & r_{1n} \\ \vdots & \cdots & \vdots \\ r_{m1} & \cdots & r_{mn} \end{bmatrix} \tag{3-1}$$

(2)矩阵标准化

按照式(3-2)对指标矩阵进行标准化处理,得到无量纲化指标矩阵 $\boldsymbol{X}=(x_{ij})_{m\times n}$

$$x_{ij}=\frac{r_{ij}}{\sqrt{\sum_{i=1}^{m}(r_{ij})^2}} \tag{3-2}$$

(3)确定分项指标权重

采用熵权法确定分项指标的权重,计算第 j 项指标的熵值 b_j 为:

$$b_j=-\frac{1}{\ln m}\sum_{i=1}^{m}a_{ij}\ln a_{ij} \tag{3-3}$$

$$a_{ij}=\frac{x_{ij}}{\sum_{i=1}^{m}x_{ij}} \tag{3-4}$$

式中:a_{ij}——第 i 个路段第 j 项指标占总样本指标的比重。

第 j 项指标的权重为:

$$v_j=\frac{1-b_j}{\sum_{i=1}^{m}(1-b_j)} \tag{3-5}$$

权重列向量为 $\boldsymbol{v}^*=(v_1,v_2,\cdots,v_n)^{\mathrm{T}}$。

3.4.4 应用案例

1)浮动权重法案例

选取四条高速公路,分别对应于本书3.4.2节所述的PCI与其余三个指标平均值的数值关系,采用现行标准与本书提出的评定方法进行PQI的计算对比,结果如图3-44~图3-47所示。

与《公路技术状况评定标准》(JTG 5210—2018)相比,当PCI≥三个指标平均值时,按本书方法计算的 PQI 评定结果与现行标准一致;当 PCI 介于平均值与 0.8 倍平均值之间时,本书计算 PQI 评定结果略低于现行标准或基本相当;当 PCI 介于 0.8 倍平均值与 0.5 倍平均值之间时,本书计算 PQI 评定结果低于现行标准;当 PCI 低于 0.5 倍平均值时,本书计算 PQI 评定结果明显低于现行标准。也就是说,PCI 越差,与现行标准相比,按本书方法评定的 PQI 值相应越低,由此真正突出了路面破损对路面总体技术状况的影响,使评定结果更具有内蒙古地区的适用性及指导性,对后续养护科学决策及养护资金合理安排有重要指导意义。

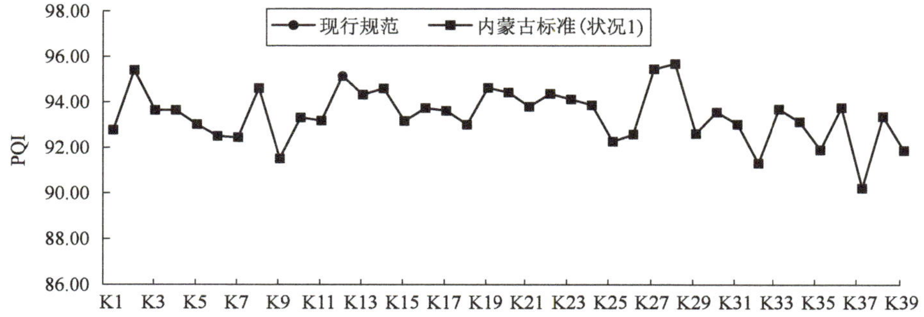

图 3-44　路况明细分布对比图[PCI≥(RQI+RDI+SRI)/3 的情况]

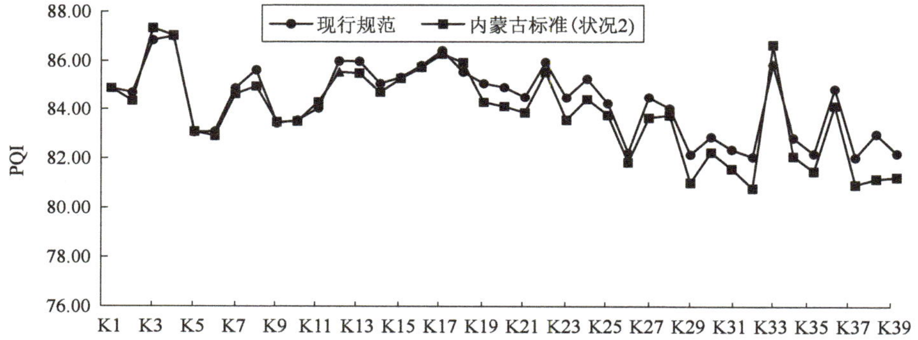

图 3-45　路况明细分布对比图[0.8×(RQI+RDI+SRI)/3≤PCI<(RQI+RDI+SRI)/3 的情况]

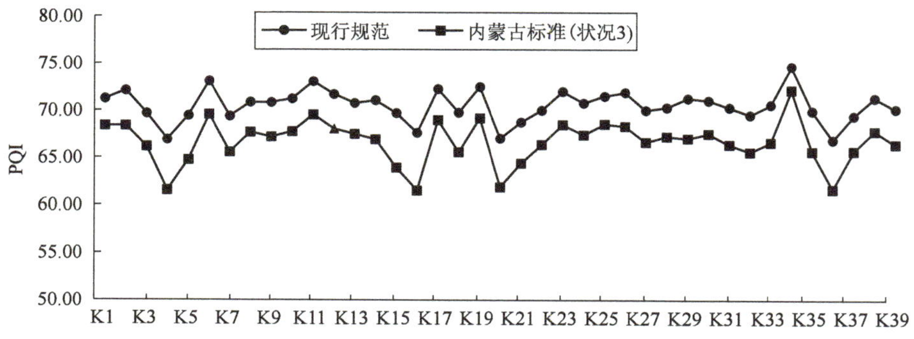

图 3-46　路况明细分布对比图[0.5×(RQI+RDI+SRI)/3≤PCI<0.8×(RQI+RDI+SRI)/3 情况]

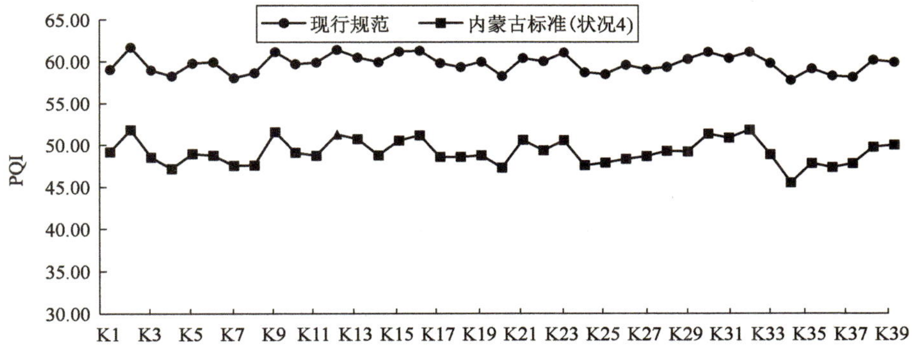

图 3-47 路况明细分布对比图[PCI <0.5 × (RQI + RDI + SRI)/3 的情况]

2)分项权重法案例

本节以 2018 年某市各路线指标调整结果为例进行说明。基本评定路段长度为 1000m,个别评定路段长度超过或不足 1000m 仍然计为 1 个路段,以下为简化说明过程,将路段按照检测桩号由小到大的顺序路段从 1 开始排序。

首先以该市 G213 路线为例说明基本评定单元指标调整过程。该路线分项指标初始评定结果如图 3-48 所示,由图可知,在该路线中 PCI 分数分布范围较大,相反 RQI 评分保持在较好的水平,普遍存在 PCI 指标较差而 RQI 指标良好的现象。这充分说明对于该路线而言,路面破损指标变化更加敏感。

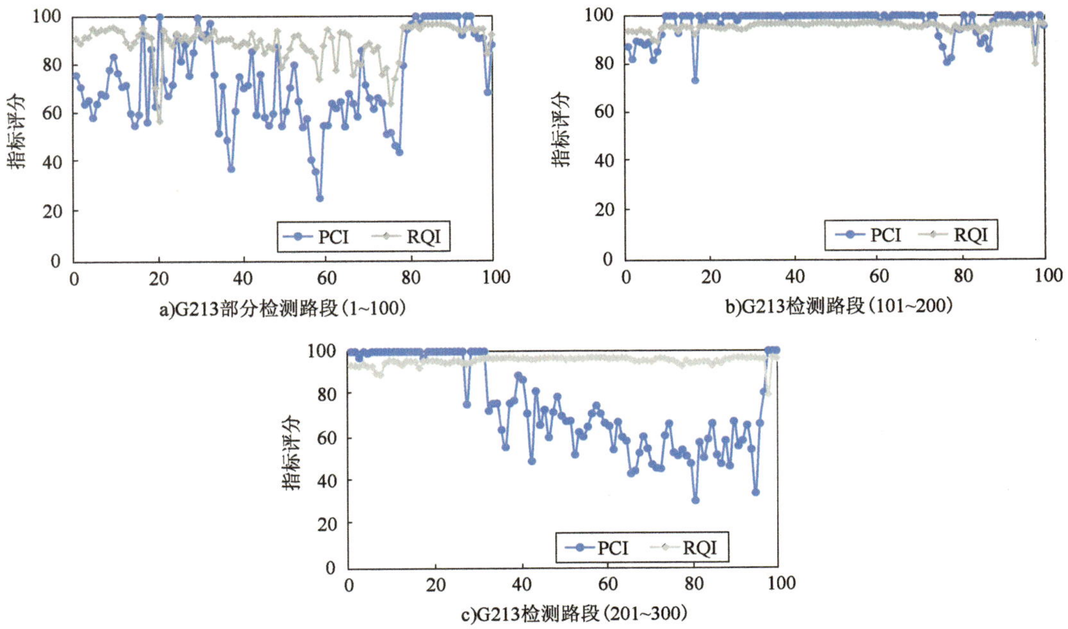

图 3-48 某市 G213 部分检测路段分项指标初始评定结果

确定评定路线内基本评定单元指标权重步骤如下:

(1)构建 PCI 及 RQI 指标矩阵

$$\boldsymbol{R}=\begin{bmatrix}75.3 & 91.1\\ 70.9 & 89.0\\ \vdots & \vdots\\ 86.9 & 84.8\end{bmatrix}_{489\times 2}$$

(2)矩阵标准化

按照式(3-2)对指标矩阵进行标准化处理,得到无量纲化指标矩阵 $\boldsymbol{X}$。

$$\boldsymbol{X}=\begin{bmatrix}0.040 & 0.048\\ 0.037 & 0.047\\ \vdots & \vdots\\ 0.046 & 0.045\end{bmatrix}_{489\times 2}$$

(3)分项指标权重

按式(3-3)~式(3-5),得到 PCI 权重 $v_1=0.89$,RQI 权重 $v_2=0.11$。

按照调整后的权重,重新计算了 G213 路线上所有评定路段 PQI(图 3-49)。

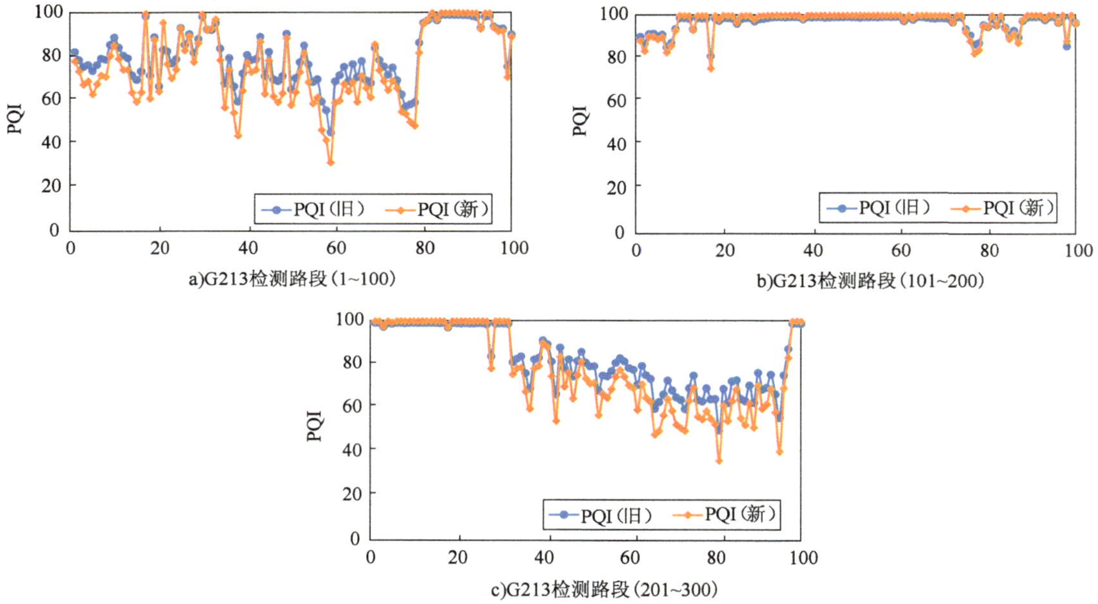

图 3-49　G213 部分路段综合评定结果对比

与评定指标中规定的指标权重(PCI 权重 0.6,RQI 权重 0.4)相比,该条路线 PCI 权重升高而 RQI 权重降低。对比图 3-48、图 3-49,原始评定结果中 PCI 低于 RQI 的路段,其综合评定结果 PQI 低于原始评定结果;原始评定结果中 PCI 高于 RQI 或者二者相差不大的路段,新的评定结果中 PQI 也没有产生明显变化。上述结果表明,新的指标权重根据单项指标的优劣程度以及在一定范围内的敏感程度,反映了较差的指标对综合评定结果的影响,避免不同路况指标之间差异较大的情况被固定的指标权重"均衡"。

某市普通国(省)道检测路线调整后的分项指标权重汇总如表3-17所示。从表3-17中可以看到,除G213外,其他路线PCI权重均下调至与RQI权重持平,表明其他路线中PCI和RQI两项指标对综合路况评定结果的影响程度相当。

某市普通国(省)道检测路线调整后分项指标权重调整　　表3-17

指标	路线									
	G213	G227	G248	G317	G347	G350	G351	G544	S210	S301
PCI	0.89	0.50	0.50	0.51	0.50	0.51	0.50	0.50	0.50	0.50
RQI	0.11	0.50	0.50	0.49	0.50	0.49	0.50	0.50	0.50	0.50

某市普通国(省)道PQI评分对比如图3-50所示。G213路线由于破损情况严重,PCI指标权重上调而导致PQI减小;其他路线两项指标同等重要,新的综合评定结果和原结果持平或者有一定幅度的提升,这表明根据不同变化敏感性以及两个指标之间的相对差异大小,重新确定的指标权重能够更加贴近路况实际变化情况,既不会掩盖分项指标的严重程度,也不会弱化分项指标的良好情况。

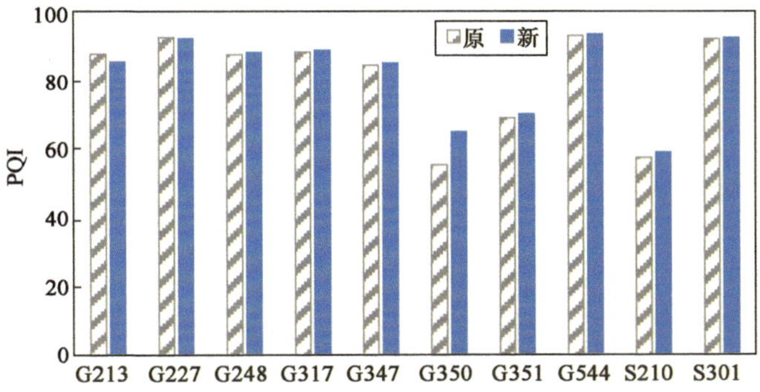

图3-50　某市普通国(省)道PQI评分对比

此外,对各路线不同等级路段里程比例进行了汇总分析,如表3-18所示。

分项指标调整后各等级路段里程比例　　表3-18

路线编码		优	良	中	次	差
G213	原	50.21	27.48	11.19	8.64	2.48
	新	47.63	21.65	11.89	10.16	8.66
G227	原	84.59	11.56	0.00	1.93	1.93
	新	84.59	11.56	1.93	0.00	1.93
G248	原	56.49	25.74	8.50	8.06	1.22
	新	58.87	25.95	5.90	8.41	0.87
G317	原	56.42	25.55	6.67	10.22	1.13
	新	59.21	23.53	9.57	7.32	0.38
G347	原	42.32	29.59	17.09	5.69	5.30
	新	44.09	31.96	15.44	3.84	4.67

续上表

路线编码		优	良	中	次	差
G350	原	3.08	12.31	20.99	17.27	46.35
	新	3.08	17.44	22.01	15.22	42.25
G351	原	0.00	9.90	39.84	32.68	17.58
	新	0.00	16.44	39.84	29.41	14.31
G544	原	86.53	5.86	7.60	0.00	0.00
	新	86.53	11.73	0.00	1.74	0.00
S210	原	0.00	0.00	8.80	26.44	64.76
	新	0.00	0.78	12.54	34.57	52.10
S301	原	64.32	32.92	0.85	0.96	0.96
	新	65.28	31.96	0.85	1.92	0.0

由表 3-18 及图 3-51 可知，各路线优良率产生了一定变化，其中 G213 路线由于 PCI 指标状况较差、权重调高，导致优良路率下降，这与图 3-50 中综合评定结果 PQI 评分降低的现象是一致的。与此同时，其他路线优良路率新的评定结果和原结果持平或者有一定幅度提高。

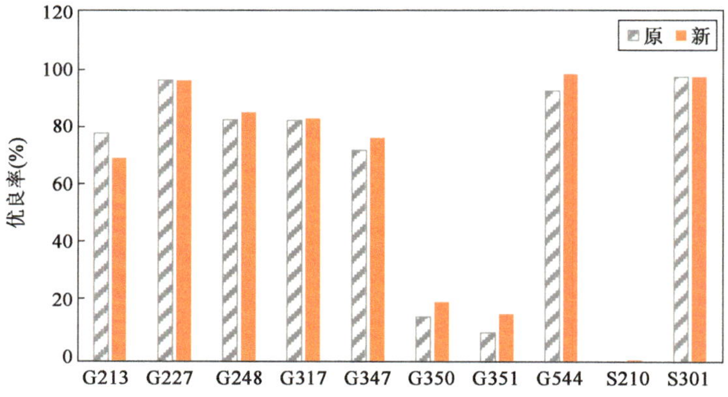

图 3-51　各路线优良率对比

综合指标权重、基本单元、评定路线以及优良路率等各方面结果对比情况可知，客观赋权法相对于现有的固定权重，通过挖掘指标内在的特性反映出分项指标对于综合结果的影响程度，避免了路况水平被均衡，分配的权重结果更加贴近实际情况。

3.5 本章小结

(1)公路技术状况的检测可以分为 3 个不同的发展阶段：人工检测阶段、半自动化检测阶段及全自动化检测阶段。

(2)总结现行行业标准的养护检查类别、频率可知:各专业日常巡查频率基本为1次/d,《公路路基养护技术规范》(JTG 5150—2020)规定的路基巡查频率为不少于1次/周;各专业标准规定的经常检查频率不同,桥梁、隧道土建工程的经常检查频率需根据养护等级进行区分。

(3)各类养护检查的检查内容在现行标准中要求不尽相同,各地结合地方要求,主要针对高速公路的检查内容及要求做了补充规定。

(4)路面病害识别一般包括路面图像采集、路面图像的预处理及路面图像识别环节。根据现有的文献分析,目前较为主流的路面病害识别研究方向有二维图像处理、三维图像处理。其中,二维图像处理包括传统图像处理、传统的图像预处理方法结合深度学习算法两种手段;三维图像处理包括三维图像识别和三维激光点云。

(5)在图像处理方面,图像目标检测技术、图像语义分割技术为较常用的计算机视频技术。总体而言,深度学习在图像提升精度方向已经发展较为成熟,实时性与高分辨率图片的处理成了新的发展方向。

(6)基于现场"快速巡检、精准识别、安全高效"的要求,在现有养护App"日常养护"模块"病害登记"中嵌入路面病害自动识别技术,实现基于人工智能技术帮助用户在公路养护巡检过程中识别和记录病害种类的目标。在应用过程中,用户利用手机App拍照,并上传病害照片,系统自动识别病害后将识别结果返回App相应模块菜单字段,进而降低用户公路巡检工作量。

(7)采用卷积神经网络(CNN)法进行基于手机拍照采集的路面病害自动识别处理技术,提出系统处理逻辑、工作流程,并在北京市选取两条路线进行两轮现场测试,总体识别正确率达到90.5%,达到使用要求。

(8)基于病害快速识别的日常巡检技术具有3大优势:利用系统内置算法进行病害快速识别,减少现场巡查人员的数据采集字段输入,提高巡查效率;基于不断优化的病害识别算法,避免了因人为判断不同造成的病害识判、漏判、错判,提升了病害识别的标准化、统一化;精准、快速的日常病害识别,可准确指导日常养护后续作业,实现养护资源优化配置。

(9)针对当前公路基础设施检测成本高、检测设备昂贵、检测难度大、人工依赖性较高、检测数据不准确、检测安全风险高、自动化程度低、普照适性差等问题,依托中咨集团建设的公路建设与养护技术、材料及装备交通运输行业研发中心、中国交建公路路面养护技术研发中心,自行开发了基于深度学习的便携式路面及附属设施病害识别技术与设备,即小型化、低成本、便携式的路面及附属设施病害检测识别与分析软硬件一体化系统,可搭载于普通巡查车辆或任意车辆上,可随时对路面各类表面破损类病害、交通安全设施损坏进行采集并自动量化识别,实现对公路病害的低成本、高频率、高精度采集,从检测频率、检测方式、检测成本等方面,实现了对传统公路检测技术的颠覆与转型。

(10)通过集成创新,将高清工业相机及配套镜头通过具有减振功能的三角吸附式支架云台固定安装在普通车辆上,对路面进行倾斜拍摄,组成系统的采集端;自主设计系统的中控集成端,高效连通系统各模块组件。开发了数据采集软件平台与数据处理分析平台,对路面及附属设施病害进行高效采集、识别与分析。最终以采集端、操作端、中控集成端及平台端集成一套完整的路面及附属设施病害检测识别与分析软硬件一体化系统，降低了设备投入成本及检测技术门槛，便于设备推广普及，提高公路检测频率。

(11)基于深度学习理论及目标检测算法，采用“YOLO 分类 + UNET 分割”算法，开发基于机器学习桥梁外观病害及路面病害检测、分类、分割提取算法，构建了基于病害缺陷检测的训练与验证数据集，实现对公路病害的快速、准确检测，同时自动排除路面已修补的坑槽及裂缝的干扰。开发了公路附属设施缺陷检测识别算法，量化评估公路护栏损伤和防眩板损伤程度，弥补了国内对基础设施自动综合检测不足。

(12)病害识别关键算法包括目标检测算法、公路病害语义分割算法、路面缺陷几何信息测量算法、交通安全设施损坏识别算法。经数据样本采集构建、数据库扩充、关键参数设置与调整理、模型指标评价及大量样本训练结果可知，模型图像中的病害特征检测定位清楚、分类准确，具有优秀的检测性能，能够准确、全面地检索并标记出图像中存在的缺陷和其位置信息；同裂缝在不同位置下或角度下的图像分割准确度在 1.5mm 左右，综合病害识别率达到 90%以上。

(13)便携式的路面及附属设施病害检测系统可方便、快速、精准地对各类常见病害进行数据采集及识别分析，不仅能够高效率识别出简单裂缝、复杂裂缝及坑槽，对于极端情况下，如光线过亮、图片模糊、阴影中的裂缝，以及修补裂缝和修补坑槽都能实现有效识别，并能精准定位及识别护栏、防眩板等交通附属设施的缺损、变形等病害。

(14)便携式车载技术已在国内北京、山西、黑龙江、新疆、内蒙古等多个省(自治区、直辖市)进行现场测试，测试结果良好。以黑龙江依安某高速公路为例，检测车以 80km/h 速度正常行驶，成功检测路面各类病害及几何尺寸，具备成熟的工程应用基础及条件。通过基于深度学习的训练算法，可以掌握裂缝及修补裂缝、坑槽及修补坑槽的病害类型，便于对病害的全面识别。

(15)《公路技术状况评定标准》(JTG 5210—2018)未考虑西北高寒地区裂缝的普遍性，将裂缝、修补对路面技术状况的影响放大，建议调整横向裂缝判定标准，降低横向裂缝、修补的破损计算权重，以缝宽 5mm 作为横向裂缝轻、重的判别界限。

(16)《公路技术状况评定标准》(JTG 5210—2018)未考虑内蒙古地区特殊的拱胀病害形式，导致技术状况评定结果不准确。建议在损坏类型中增加拱胀，并按拱胀隆起高度不同，将内蒙古地区的拱胀分为轻、重两个等级。

(17)《公路技术状况评定标准》(JTG 5210—2018)对 PQI 进行加权均一化处理，弱化了路面破损的影响，偏离了真实的养护需求。建议针对高速公路、一级公路的 PQI 各指标权重系数计算采用浮动算法，突出路面破损的影响，使其避免病害的平均化。

(18)提出基于客观综合赋权法的分项指标(PCI 及 RQI)权重确定方法，从而根据每一轮次检测数据动态评价路面技术状况指数 PQI，与现有评定体系相比，考虑了不同分项指标优劣程度对综合评分的影响，更加贴近实际路况。

(19)通过选取 4 条高速公路的路面技术状况数据，采用现行标准与本书提出的评定方法进行 PQI 计算对比可知，PCI 越差，与现行标准相比，按本书方法评定的 PQI 值相应越低，突出了路面破损的影响，在内蒙古地区具有较好的针对性。

第4章 4

CHAPTER

大数据分析在公路养护中的应用

第3章从智能检测与评价环节解决公路养护全周期链条中最重要的数据来源与数据采集问题。那么，有了较为丰富及准确的数据样本，如何进行数据管理、分析与挖掘，是智能养护体系需解决的另一个问题。本章从路面性能模型训练、差异化养护管理分析两个场景入手，探索在既有数据条件下，如何利用机器学习等手段进行数据挖掘，为公路养护管理提效服务。

4.1 基于机器学习的路面性能模型训练

4.1.1 模型分类及调用原则

路面性能模型是用于预测路面技术状况随时间及交通量变化的模型，一般通过数学回归关系式得到。传统的路面性能模型大多是针对一个地区，性能预测较为宏观。路面养护决策需要为道路养护管理者未来养护提供较为精确及科学的养护方案及资金测算，而路面性能模型作为承接历史真实数据与未来预测数据的依据和支撑，其准确性直接关系到决策的合理性。例如，某路段的路面性能衰减较慢，按传统的通用模型预测路况后，路况衰减至须进行预防养护的水平，则在第二年规划方案即建议安排预防养护。如此造成养护路段未进行针对性安排，养护资金未充分得到合理利用，同时对全路网的养护方案均有影响。

路面养护决策主要解决的是未来年度的养护计划规划及养护资金安排的问题。路面性能模型正是养护决策能否进行、是否合理的关键所在。具体而言，在路面养护决策体系中，路面性能模型主要应用于预测性能指标、确定预防性养护最佳时机（效益面积计算）。尤其在本书着重研究的多年度路面养护决策中，性能模型的作用显而易见，具体应用逻辑如图4-1所示。

对预防养护路段，在判断最佳养护时机时需要调用两类模型，该技术在国内研究已较为成熟，且已写入上海等地的预防性养护技术指南中，本书不再做重点研究。

需要注意的是，在完成路段划分后，在选择性能模型进行下一年度的路况指标预测时，一方面仅预测用于养护路段划分的养护触发指标；另一方面，应根据不同的养护类型选择相匹配的模型。日常养护路段调用原路面模型，预防养护路段调用预防养护模型，修复养护路段调用相应的中修或大修养护后模型。

总体来看，养护决策中的路面性能模型具有以下特征。

（1）动态性：路面性能模型是与时间维度有关的技术。随着检测或路况数据的更新，路面性能模型需要进行实时的动态校正，修正为更吻合路面性能实际发展趋势的模型，以保证决策的科学合理性。

（2）指向性：与传统的区域式路面性能模型不同，养护决策中的路面性能模型通常需要分地区、分类别、分组别。

①分地区：各地的检测评定数据仅用来校正当时的路面性能模型。

②分类别：分原路面模型、养护后模型进行类别区分。

③分组别：在各类别下，进一步按面层厚度、原路面状况等进行组别细分。

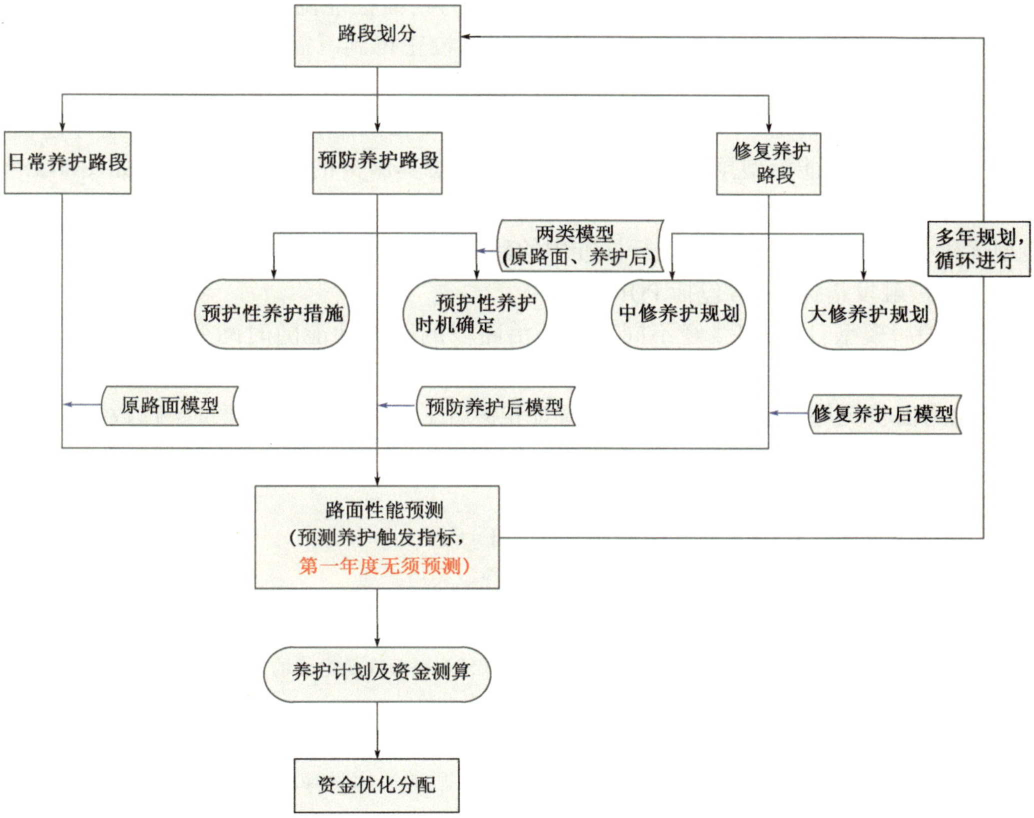

图 4-1　路面性能模型在养护决策流程中的应用逻辑

(3)互动性:为了保证模型的科学性,路面性能模型应与真实的养护工程实施及后评价联动,利用真实的检测数据来不断修正养护后模型。

基于以上 3 个特性,本书按性能模型服务的路面结构类型及阶段不同,将用于养护决策的路面性能模型分为两大类,如图 4-2、图 4-3 所示。

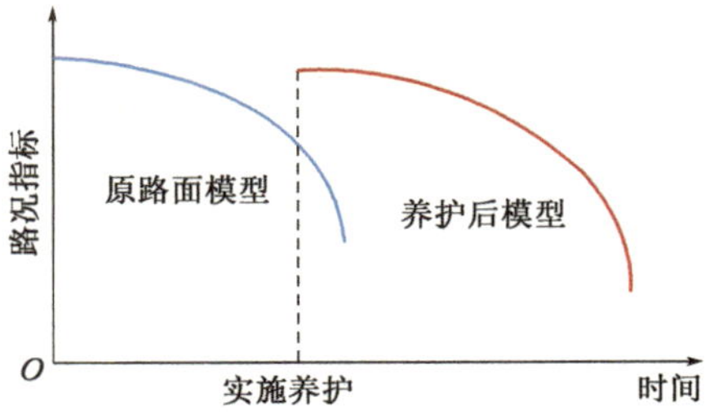

图 4-2　两类路面性能模型示意图

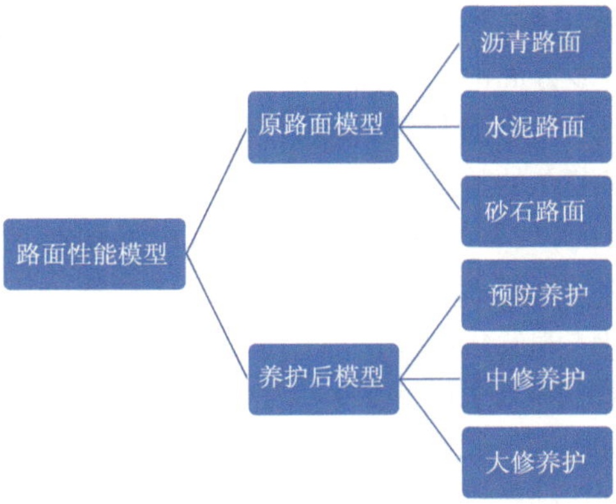

图 4-3　路面性能模型分类

(1)原路面模型:反映路线未经养护处治路段的路面性能随时间变化的自然衰减规律。该模型一般基于路线真实的历年数据积累进行回归校正得到。需要根据路面类型、面层厚度等因素的不同,建立分组模型。本章将重点对该类模型优化进行研究。

由于路面养护决策是一个融合路段划分、性能模型预测、措施制定、资金优化等过程在内的系统工程,因此,性能模型预测的对象需要宏观考虑其服务的阶段及对象。如图4-2所示,原路面性能模型主要用于多年度养护规划中的养护触发指标预测。因此,本章中的原路面性能模型优化技术的对象并非涵盖现行标准中的路面技术状况评价体系,而主要是指服务于路段划分的养护触发指标,通常包括PQI、PCI。

(2)养护后模型:反映路线经不同养护处治路段的路面性能随时间变化的规律。路面在实施养护工程后,路面状况及使用性能得到提升及改善(图4-2),提升与改善幅度与实施的养护类型、原路面状况等因素有关。由于我国对养护后工程普遍缺少后评价跟踪数据的积累,因此,初始的养护后模型大多根据经验进行初始化,后期基于实际养护工程的评价数据积累进行联动校正,模型准确性主要依赖样本容量。

两类路面性能模型、用途及调用原则如表4-1所示。

路面性能模型用途及调用原则　　表4-1

性能模型类别	建模数据来源	用　途	调用原则
原路面模型	历史数据、不断更新数据	预测路面性能指标的自然衰减情况	根据路面类型、面层厚度等因素进行匹配调用
养护后模型	通过经验进行模型初始化,后期基于真实后评价数据修正	预测采取不同类型养护措施后的路面性能变化趋势	与规划的养护类型(除日常养护外)相匹配

4.1.2　建模大数据来源及分析

沥青路面性能的影响因素多种多样,所有的预测模型无法包括所有有效的影响因素,应该从每个影响因素中提取出一些有效的变量,作为预测模型的输入变量。路面病害状况、交通量、路面结构、环境、公路寿命、养护历史等都能引起路面性能的变化,导致这些因素发生的情况也是多方面的。然而大量的变量使得数据获取和路面性能预测的过程变得过于繁复,所以在模型建立之前分析其影响因素是必要的。本章分析沥青路面的路面性能影响因素,旨在找出所有潜在的特征因子,为后续确定模型的输入变量打下基础。

目前,现有的路面标准主要有世界银行所开发的高速公路发展与管理系统(HDM-4)的"机理－经验"模型、力学－经验设计指南(MEPDG)等。HDM-4的"机理－经验"模型提出构成路面性能变化的因素有结构变形(弯沉、车辙)、表面病害(裂缝、坑洞)、环境(气候、路基运动、道路养护、交通流量)。力学－经验设计指南基于长期路用性能计划(LTPP)数据库研究表明,路面病害、交通荷载、路况水平等因素均对路面性能有显著影响。

1)基础数据库

基础数据库包括路线的主要基本信息。对于原路面模型,基础信息一般不随时间发生变化。基础数据库主要信息如下。

(1)通车时间:用于记录时间维度上的起始点。

(2)路面结构:用于根据不同的面层类型、面层厚度,分组别建立路面性能模型。

(3)行政区域:用于记录模型曲线所在地区,后期模型校正时进行分地区校正。

(4)公路等级:不同等级公路的路况检测指标及项目有所不同,数据的检测及更新频率也不同。

其中,通车时间、路面结构、行政区域通常在基础数据中纳入静态属性,将直接参与静态路段的划分,并后续服务于性能模型的分组,保证静态属性的"决策联动性"。

路基路面为综合体,路基作为道路的基础,也会影响路面性能。考虑到道路经过多年运营,路基状况一般处于相对稳定状态,本章建模时暂不考虑。

2)多维动态路况库

(1)路况库特点

多维动态路况库是建立原路面模型最基础、最核心的数据支撑。其主要特征如下。

①多维:表征数据的类型及空间特征。从类型上看,应包括多种类型的路况数据。性能模型的建立主要用于多年度养护决策时进行路段划分前的性能预测。因此,预测指标的选择应主要考虑与养护触发标准一致。另外,对于有规划目标要求的决策,应考虑纳入规划目标要求的路况指标,例如PQI、PCI等。结合现行规范可知,PCI、RQI及RDI是养护路段划分最常用的指标,有条件时剩余寿命、路面结构强度指数(PSSI)也作为辅助的检验指标参与路段划分。从空间上看,数据应包括路线每公里的路况明细数据,这也是进行路段划分的基础,便于在模型分组时根据需要进行各组别下的路况数据加权统计。

②动态:表征数据的时间特性。一方面,从时间维度上,应包括至少两个年度的路况历史数据。从统计学分析的角度,样本数据量越大,数据挖掘的基础越扎实,建立准确模型的概率越高。另一方面,性能模型并不是建立后就一成不变,是随时间的积累、数据的更新而实时动态校正的,因此,模型本身也是动态的。

(2)工程示例

为了更清楚说明路况数据的维度特征,采用Matlab2017软件绘制某项目PCI、PQI指标随年份及路线桩号的变化曲面,如图4-4与图4-5所示。据此,由年份、里程及路况指标构成多维动态路况库的3个基本维度。

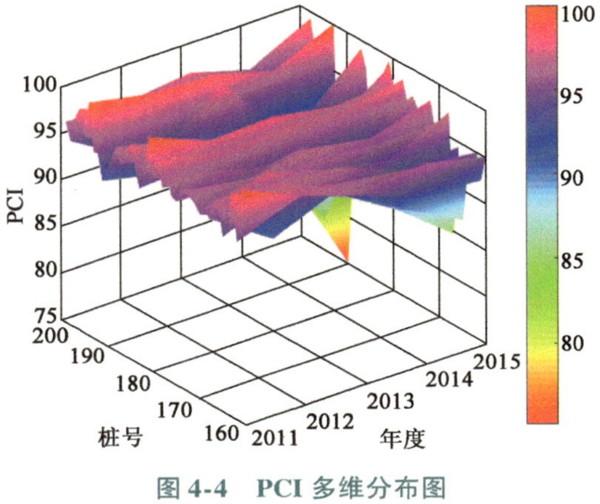

图4-4 PCI多维分布图

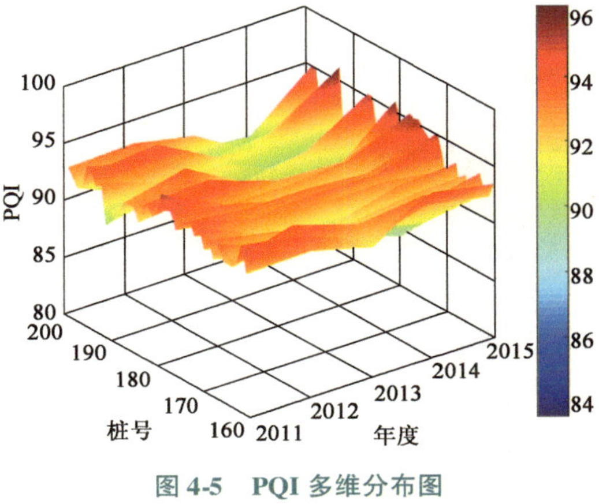

图4-5 PQI多维分布图

以浙江某高速公路为例进行模型动态性说明。项目分别于2009年、2011年与2014年进行了路面检测、路面性能衰变模型的建立与相应的修正，具体如表4-2所示。

路面性能衰变模型说明　　表4-2

规划年度	路况数据来源	备注
2009年	2007年、2009年PCI和PSSI	模型原型
2011年	2007年、2009年、2011年PCI和PSSI	模型修正
2014年	2007年、2009年、2011年、2014年PCI和PSSI	

经整理，2009年、2011年、2014年路面PCI、PSSI数据统计如表4-3所示。

项目2009年、2011年、2014年PCI、PSSI统计　　表4-3

路况指标	2009年	2011年	2014年
PCI	92.80	88.45	84.64
PSSI	95.60	95.64	92.30

假设2006年年底项目通车时的PCI与PSSI均为100。为了反映路面性能衰变模型在不同年限的变化趋势，回归了自项目通车后至2009年、至2011年、至2014年的性能衰变曲线及其参数。

由图4-6、图4-7可知，PCI与PSSI衰变方程随着路况数据样本量的增多而不断修正变化，趋于真实的路况衰变规律。

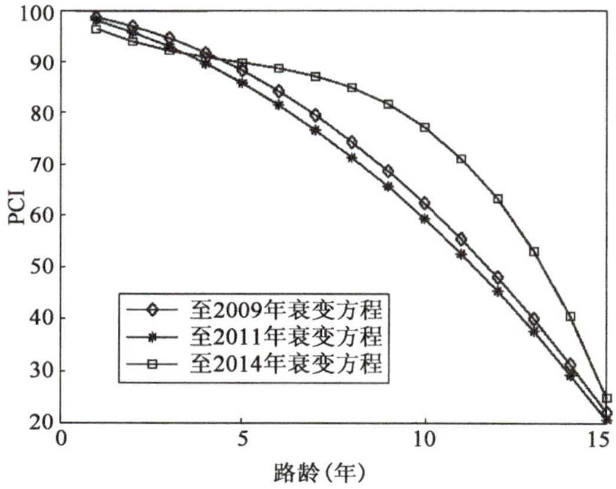

图4-6　PCI性能衰变曲线

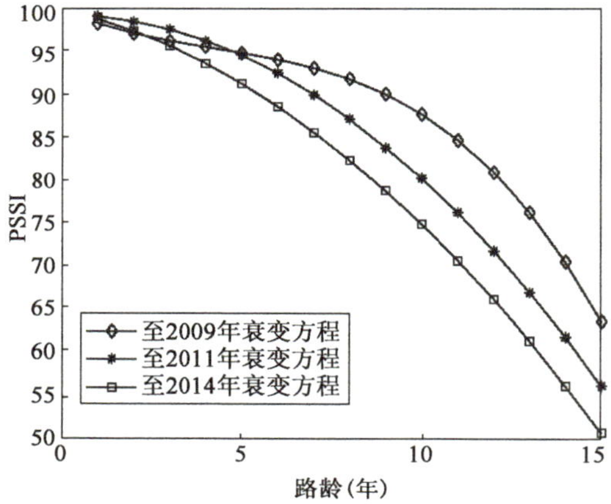

图4-7　PSSI性能衰变曲线

3)交通量轴载库

(1)必要性

确定型模型的应用较为广泛，主要采用经验回归法，即基于多年积累的历史数据，回归路况指标与路龄的数学相关关系。采用回归方法建立性能模型在养护规划及决策中应用广泛，可用来预测未来规划年度的路面性能及技术指标的发展变化情况，具有如下特点。

①方程建立简单方便：仅需2个及以上时间维度下的路况数据，即可建立不同方程形式的性能曲线。

②建立路龄与路面性能指标的关系，将其余影响因素(如交通轴载、面层厚度，基层类型

等)的影响体现在回归参数中。

③预测准确性不足:由于建立的是路龄与路面性能的关系,并不能直接反映运营期内交通量水平对路况变化的影响。

可见,传统的路面性能模型建立的是路龄与路面性能指标之间的关系,如图4-8所示,忽视了交通量轴载的变化对未来路面性能变化的影响。实际上,交通量是路面性能衰减的重要影响因素,正是由于车辆荷载的重复作用,加之外界环境的影响,加剧了道路路面性能及技术状况的衰减。仅简单采用时间维度的路龄来预测路面性能的变化,不能直接量化交通量轴载对路况衰减的影响。路龄只是简单以距离大修或通车时间的年份来表示,时间呈相对静止状态;交通量则是以路龄因素作为过渡的动态变化因素。因此,为了建立更为科学、真实的原路面模型,需搜集路线的交通量轴载数据、各车型的分布数据,并按现行标准中的方法计算各年的年累计当量轴载,建立交通量轴载库,据此建立的曲线如图4-9所示。

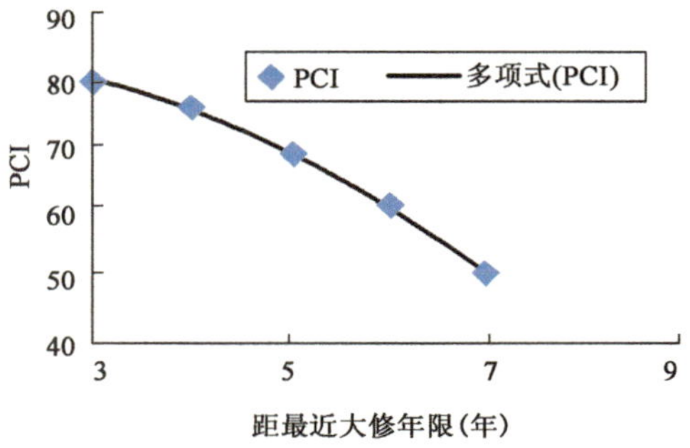

图4-8 路龄和路面性能衰变曲线

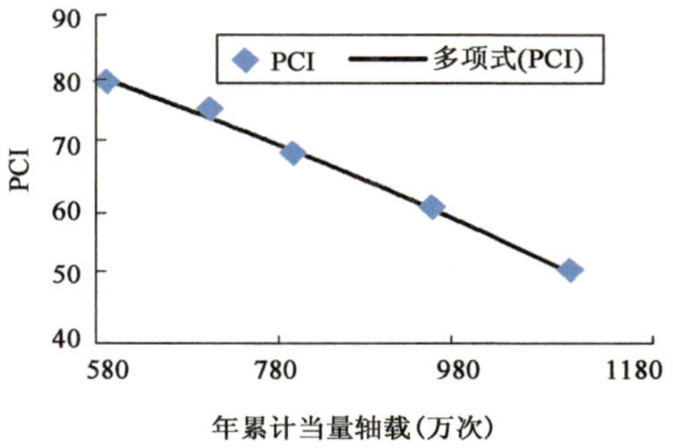

图4-9 年累计当量轴载和路面性能衰变曲线

交通量轴载库包含的维度信息如表4-4所示。

交通量轴载库包含的维度信息 表4-4

维　度	属　性	备　注
时间	年份/日期	—
空间	观测站/收费站	—
	桩号范围	指各观测站的观测区间
	行车方向	—
	车型分布数量	—
	各车型轴载	有条件时实现

在车型轴载方面,《公路沥青路面设计规范》(JTG D50—2017)将车辆轴型按轮组和轴组类型分为7类,车辆类型按轴型组合分为11类。规定按3个水平的不同确定当量设计轴载累计作用次数。其中,水平一是根据现场交通量资料确定,水平二是采用当地的经验值,水平三是采用标准中的推荐值。

(2)工程示例

以浙江省某高速公路某观测区间为例,以表4-5统计的路面性能指标及年累计当量轴载作用次数,分别建立路面性能指标与路龄、年累计当量轴载作用次数的关系,如图4-10所示。

某观测区间示例数据　　　　表 4-5

指　　标	2013 年	2014 年	2015 年	2016 年
年累计当量轴载作用次数（万次）	465.97	471.62	481.24	492.57
PQI	95.0	92.7	91.3	84.7
PCI	94.7	90.8	88.6	70.8

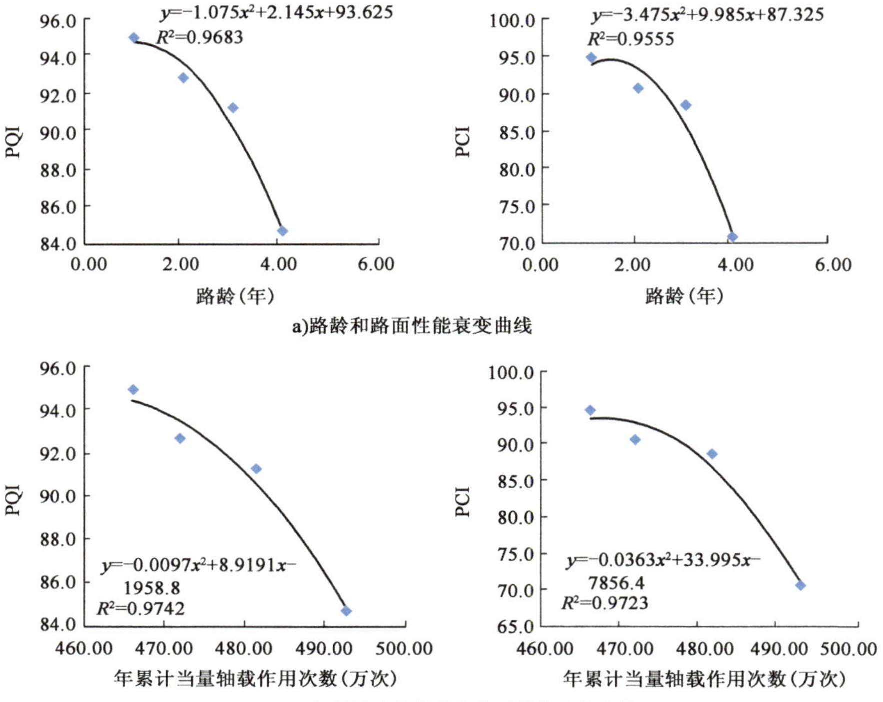

a)路龄和路面性能衰变曲线

b)年累计当量轴载和路面性能衰变曲线

图 4-10　不同横坐标条件下的性能衰变曲线

①采用传统方式建立曲线时，由于未考虑交通量轴载因素的影响，曲线表征的是路线在全线范围内的总体变化情况，建立的两条性能曲线形式分别为多项式型。

②采用改进方式建立曲线时，纳入了交通量观测站区间因素，曲线表征的是同一观测区间的路况衰变情况，更有针对性。改进后，原来由路龄简单反映横坐标换为年累计当量轴载，可更真实反映交通量水平变化对路况指标的影响。图 4-10 示例中两条曲线均为指数型，且随年累计当量轴载增大呈单调递减趋势。

4）养护历史库

原路面模型反映的是路面技术状况指标的自然衰减规律。道路通车运营后，为了改善或保持路面使用性能及技术状况，管养单位会定期实施养护工程。实施养护后，原路面结构产生了变化，与既有路面的路况衰变程度必然不同。且养护历史越复杂，处治后的路面结构与通车之后的结构差异越大。简单地将全线的路况指标均值作为路面性能模型回归的样本值，与实际路况衰变结果相差甚远,预测结果准确性也无法保证。因此,原路面模型建立前,需要搜集路线自通车以来的养护历史,并在模型建立时剔除养护历史的影响。

本书所述的养护历史是指从道路运营后,为改善路面局部状况而在一定路段范围内实施的预防性养护工程、修复工程,不包括小修保养工程、专项工程。管养单位实施养护历史后,实施路段后续的跟踪检测及后评价数据,将用来校正相应养护类型的养护后模型。因此,养护历史数据是两类性能模型建立及校正中的重要数据。

养护历史库包含的维度信息如表 4-6 所示。

养护历史库包含的维度信息　　表 4-6

维　度	属　性	备　注
时间	处治年份/日期	—
空间	养护工程类型	仅含预防养护、中修养护、大修养护
	处治桩号范围	—
	处治措施	—
	行车方向/车道	—

5)模型大数据相关性分析

综合以上分析,原路面模型的建立需要各类影响性能模型变化及发展的基础库、多维动态路况库、交通量轴载库及养护历史库,这些构成了模型建立的基础(表 4-7)。从性能模型的归属及类别的角度,基础数据库解决的是模型分类及组别问题;从性能模型方程构成的角度,多维路况库可理解为方程的因变量,也就是模型预测的对象;交通量轴载库可理解为方程的自变量,也就是描述路况指标随之变化的因素。这 3 个共同构成建模的基础库。养护历史库是模型优化的重要支撑,对路况库有较大的影响。即需要在路况库中进行数据干预,消除相应年度、行车方向的养护历史路段的影响,构成了建模的修正库,如图 4-11 所示。

建模数据库组成表　　表 4-7

数据库类型	包 含 数 据	备　注
基础库	基础数据库、多维动态路况库、交通量轴载库	建模基础
修正库	养护历史库	用于模型修正及优化

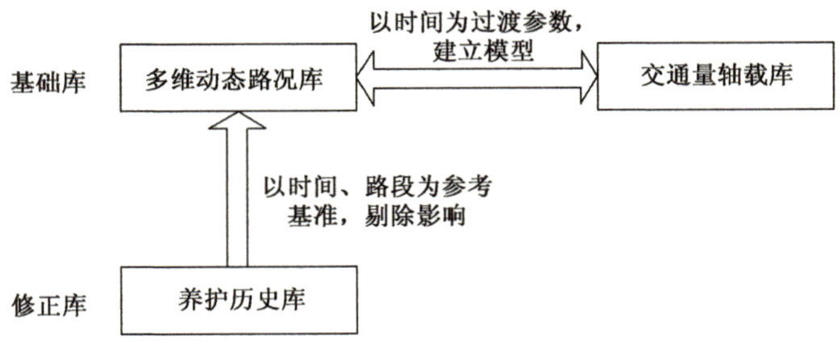

图 4-11　基础库与修正库相关性示意图

如图 4-12 所示,根据基础库完成模型初始化后,借助基础库中多维动态路况库、交通量轴载库的更新及养护历史库的修正,持续完成模型校正及动态更新。

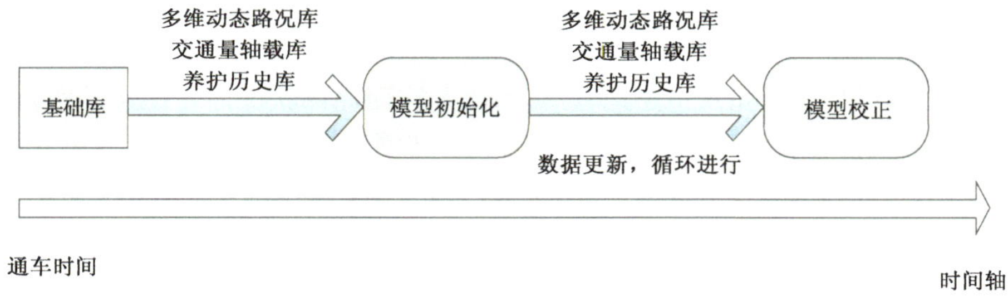

图 4-12　各数据库服务于模型建立及校正

4.1.3　某省性能模型分区预测

1）数据获取及数据质量提升

（1）数据获取

普通国省（区、市）干线公路路况检测工作分南、北两线同时进行，由检测单位本着减少绕行的原则自行安排市县检测时序，随机抽检单向车道。对于一级公路，上下行车道均纳入检测评价范围，上下行均检测第二车道。普通国省（区、市）干线公路路况检测与养护工作分为两个部分，在进行多源数据融合时面临不同业务部门所用数据库不同、基础数据格式不同、范围不同、值域不同以及数据定义描述不一致等问题。这些数据体系之间存在名、型、值等冲突，产生了数据融合和数据挖掘困难，因此结合机器学习实现多源数据的有效融合，进而建立合理、准确的路面使用性能衰变模型。

本节的路面技术状况检测数据是通过多功能路况快速检测系统获取，检测指标为《公路技术状况评定标准》（JTG 5210—2018）规定的路面使用性能指标。

首先对某省所有地区的数据进行汇总，由于数据集中不同年份的数据路段编号不尽相同，无法直接整体输入程序分析衰变规律，需要进行人工筛选数据。以路段名为唯一标识，通过区分是否养护和不同研究精度来对某省检测与养护数据进行数据融合。整理出 2012—2018 年某省相同路段编号的数据，共 5164 个路段，具体数据情况如表 4-8 所示。

某省及各片区路面数据汇总表　　表 4-8

某省五区划分	各州、市	每个州、市数据量	总　数　据
A 区	A-1	771	1344
	A-2	573	
B 区	B-1	205	681
	B-2	87	
	B-3	18	
	B-4	371	
C 区	C-1	271	1283
	C-2	379	
	C-3	240	

续上表

某省五区划分	各州、市	每个州、市数据量	总　数　据
C 区	C-4	192	1283
	C-5	203	
D 区	D-1	357	591
	D-2	234	
E 区	E-1	148	1265
	E-2	152	
	E-3	110	
	E-4	176	
	E-5	193	
	E-6	214	
	E-7	152	
	E-8	120	
全省			5164

其次，对技术等级、路面类型等指标进行量化，如表 4-9 所示。

指标量化表　　表 4-9

类别	技术等级量化			路面类型量化			养护历史量化	
量化前	一级公路	二级公路	三级公路	四级公路	水泥路面	沥青路面	养护次数	养护级别
量化后	1	2	3	4	0	1	2012 年到待测年份间真实养护次数(未养护时为0)	按照距离待预测年份的时间给出评分(评分 = 养护年份—2012)

为了观察变量的直观变化趋势，以某国道为例，绘制临近地区部分路段 PQI 的历年数据走势图，图 4-13 为临近地区有养护历史(2012—2018 年)的部分路段 PQI 数据走势，该路段于 2013 年大修后，路面性能指数明显提高，从 2014 年之后逐年路面状况逐年衰减。从图 4-13 的数值变化趋势来看，数据的增减具有一定规律，在一定范围内动态变化较小，因此建立时间序列的预测模型可行。

(2)数据质量提升

某省路面检测数据存在重复值、缺失值、异常值等一些不合理的数据，需要规范数据以便程序方便读取与分析。对检测数据和养护数据进行清洗和处理，采用 BP 神经网络对缺失值进行填充和异常值的修复。

对不同因子间的相关性进行分析，去除相关性极低的因子，保留相关性高的主成分因子。由于不同的特征变量都具有不同的度量单位，各特征变量的值域范围差别较大，直接使用原始数据值进行分析，数值较大的数据会遮盖数值较小的数据对目标变量的影响。因此，为了避免不同特征变量数据分布差异性导致的模型过拟合现象，必须对原始数据进行归一化操作，公式见式(4-1)。该方法把数据映射到0～1范围之内。

$$x^* = \frac{x - x_{min}}{x_{max} - x_{min}} \tag{4-1}$$

式中：x^*——归一化处理后数值；

x_{min}——x的最小值；

x_{max}——x的最大值。

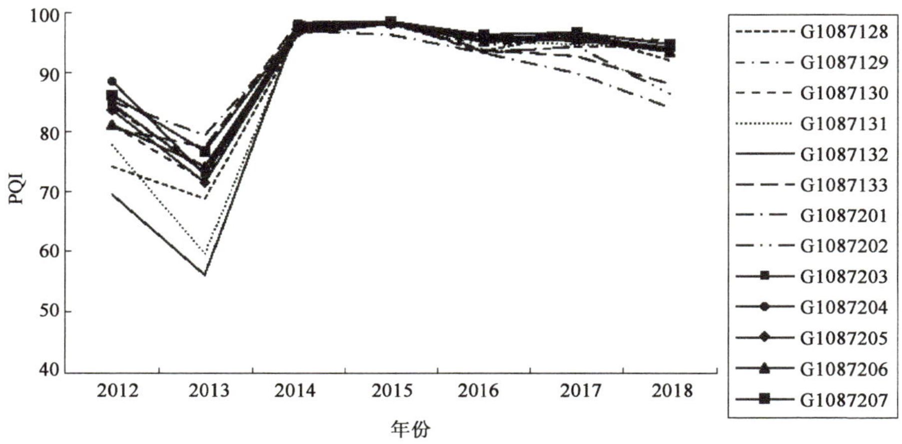

图4-13　临近地区有养护历史(2012—2018年)的部分地段PQI走势图

2)机器学习预测模型

使用3种模型对PQI进行预测,将某省路面检测与养护数据集的70%作为训练集,30%作为测试集,并采用交叉验证及网格搜索对各模型参数进行调整和优化,得到预测精度最高的模型并输出预测结果。为保证预测的精准性,且便于与真实路况值进行对比,本节所用3种机器学习方法(随机森林、LightGBM、XGBoost)预测时均进行第二年度的单年度预测。PQI预测技术路线如图4-14所示。

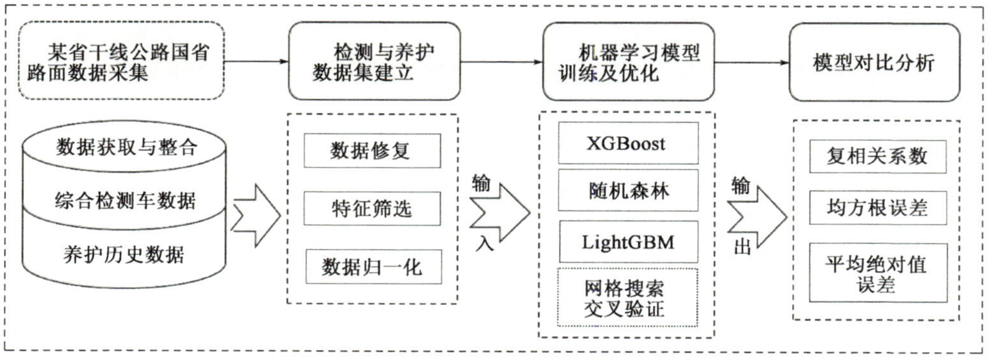

图4-14　PQI预测技术路线图

(1)基于随机森林的PQI预测

随机森林是在Bagging集成学习思想的基础上,利用多棵决策树对样本进行训练并预测的一种分类器算法。随机森林使用分类回归树算法(Classification and Regression Tree,CART)决策树作为弱学习器,在生成每棵树时随机地选出少数特征作为决策条件,并综合多棵决策树的预测结果输出,改善了决策树的归纳偏好产生的过拟合问题。

决策树的建立应考虑如何选择分类特征并依据所选特征对样本进行分类,信息增益被用来选择最优分类特征。定义所有样本 X 的信息熵为:

$$H(X) = -\sum_{k=1}^{n} p_k \log_2 p_k \tag{4-2}$$

式中:k——样本类别数;

p_k——该类样本占所有样本的比例。

如果根据特征 a 将所有样本 X 分割成 V 部分,那么利用特征 a 对样本集 X 进行分类所获得的"信息增益"为:

$$\mathrm{Gain}(D,a) = H(X) - \sum_{v=1}^{V} \frac{|X^v|}{|X|} H(X^v) \tag{4-3}$$

式中:X^v——X 依据特征 a 进行分类,分到 V 部分的所有样本。Gain(D,a)值越大,就说明利用特征 a 来进行分类后,样本的复杂度减小得越多,分类的结果越明显。随机森林参数表述、取值范围、最终参数值见表 4-10。

随机森林参数信息 表 4-10

参数名称	取值范围	参数解释	最终参数值
n_estimation	(1,200)	弱学习器迭代次数	87
max_depth	(1,50)	决策树最大深度	20
min_samples_split	(2,10)	内部节点再划分所需的最小样本数	2
min_samples_leafs	(1,10)	叶子节点最少样本数	1

(2)基于 LightGBM 的 PQI 预测

梯度提升是在不断迭代过程中,对模型不停增加子模型,同时保证最终的损失函数值在不断下降。GBDT 是一种梯度提升决策树,是由多个决策树组成,利用最速下降的近似方法,即利用损失函数的负梯度在当前模型的值作为回归提升树算法的残差的近似值,来拟合一个回归树。

假设每一个单独的子模型为 $f_i(x)$,复合模型为:

$$F_{\mathrm{m}}(x) = \partial_0 f_0(x) + \partial_1 f_1(x) + \cdots + \partial_{\mathrm{m}} f_{\mathrm{m}}(x) \tag{4-4}$$

式中:∂_i——第 i 个子模型的系数。

损失函数为复合模型 $F_{\mathrm{m}}(x)$ 与真实值的函数 $L[f_{\mathrm{m}}(x),Y]$,每一次对模型中添加新的子模型后,使得损失函数不断朝向 0 发展。

LightGBM 是一种基于 GBDT 的数据模型,是将弱学习器组合成强大学习器的集成学习算法。算法中使用回归树作为弱学习器,通过使用每个预测结果与目标值的残差作为下一个学习的目标,获得当前残差回归树,每个树都学习所有先前树的结论与残差,将多个决策树的结果加在一起作为最终预测输出。利用直方图算法对特征进行预排序,并利用节点展开方式进行树的构建,是一种高效、高精度、高性能的分类算法。

GBDT(梯度提升决策树)是经过多轮的迭代来不断提高学习器的性能。在 GBDT 的迭代中,假设前一轮得到的学习器是 $F_{t-1}(x_i)$,损失函数为 $L(y,F_{t-1}(x_i))$,那么本轮的目标就是找

到一个弱学习器 $h_t(x)$，来使得本轮的损失函数最小，式(4-5)表示本轮的损失函数：

$$h_t(x) = \arg\min_{h \in H} \sum L(y, F_{t-1}(x) + h(x)) \tag{4-5}$$

然后计算损失函数的负梯度，用于拟合本轮损失函数的近似值，损失函数的近似值可以表示为：

$$r_{ti} = -\frac{\partial L(y, F_{t-1}(x_i))}{\partial F_{t-1}(x_i)} \tag{4-6}$$

通常使用的是平方差来近似的拟合 $h_t(x)$：

$$h_t(x) = \arg\min_{h \in H} \sum (r_{ti} - h(x))^2 \tag{4-7}$$

最终得到了本轮的强学习器：

$$F_t(x) = h_t(x) + F_{t-1}(x) \tag{4-8}$$

由于 GBDT 的效率、准确性等特点成为一种被广泛应用于多个领域的算法，但是由于数据越来越多，越来越复杂。因为其计算复杂，处理大数据的时候计算开销非常大，难以在精度和效率之间达到一个比较好的平衡，而 LightGBM 这个模型的提出，不但降低了计算开销，提升了模型的计算效率，并且在维持较高计算效率的情形下还能得到较高的准确率。

LightGBM 主要在以下两个方面做出了改进：基于梯度的单边采样(Gradient-based One-Side Sampling，GOSS)和互补特征压缩(Exclusive Feature Bundling，EFB)。

①基于梯度的单边采样(GOSS)。根据信息增益的定义，那些具有大梯度的实例对于信息增益会做出更大的贡献，梯度小的样本进一步的学习对于改善结果的精度帮助并不是很大。因此，为了保持信息增益估计的准确性，对实例进行采样时应保留那些具有较大梯度的实例，并随机的选取一些小梯度的样本。通过运用 GOSS 算法，不当可以做到既不损失学习精度，又可以极大加快学习的速率。

②互补特征压缩(EFB)，是一种可以减少高维数据的特征数目并且使损失最小的一种算法。高维的数据通常是十分稀疏的，并且许多特征之间是互斥的，可以将这些特征合并起来。LightGBM 采用了直方图算法(Histogram)进行互斥特征的合并，其解决方法是将连续的属性值离散为 m 个整数，离散化的同时构造一个直方图，其宽度为 m，当进行数据的遍历时，就可以将离散化之后的值作为索引在直方图中累计统计量，然后可以根据直方图的离散值进行遍历来找到最优的切分点。通过这种方式避开了庞大无谓的计算量，进一步加强模型的性能。

LightGBM 算法参数表述、取值范围、最终参数值如表 4-11 所示。

LightGBM 参数信息 表 4-11

参数名称	取值范围	参数解释	最终参数值
learning_rate	0.01～0.3	学习率	0.2
max_bin	>0	feature 将存入的 bin 的最大数量	50
n_estimators	>0	迭代次数	700
bagging_fraction	0～1	每次迭代时用的数据比例	0.9
feature_fraction	0.5～0.9	每次迭代中随机选择一定比例的参数来建树	0.7

(3)基于 XGBoost 的 PQI 预测

XGBoost 是梯度提升树算法(Gradient Boosting Decision Tree，GBDT)的多线程实现，是由

传统机器学习分类回归树算法(CART)发展演变而来的一种高效率的机器学习算法。该算法的基本原理是叠加策略:固定已学习的部分,增加新树以弥补误差提升精度,即将多个CART串联,将原始训练集输入第1个回归树产生一个弱学习模型,收集弱学习模型对训练集数据产生的训练误差后,组成新的误差数据集作为新的训练数据,输入下一个回归树进行训练,产生新的误差数据集,以此循环直至目标函Ob_j小于期望阈值。XGBoost的原理决定了该算法具有多输入单输出的结构。

XGBoost的预测模型如式(4-9)所示:

$$\hat{y}_i = \sum_{k=1}^{K} f_k(x_i) \tag{4-9}$$

式中:K——树的总数;

f_k——第k棵树,并且代表样本x_i的预测结果$\hat{y}_i$。

任何机器学习的问题都可以从目标函数出发,目标函数主要由两部分组成:损失函数和正则项。XGBoost分类模型的目标函数见式(4-10):

$$J(f_k) = \sum_{i=1}^{n} L(y_i,\hat{y}_i) + \sum_{k=1}^{K} \Omega(f_k) \tag{4-10}$$

式中:$\sum_{i=1}^{n} L(y_i,\hat{y}_i)$——损失函数,用来描述模型拟合数据的程度;

$\sum_{k=1}^{K} \Omega(f_k)$——正则项,用来控制模型的复杂度。

在目标函数的参数学习过程中,XGBoost对其进行分解,先学习第一棵树,在第一棵树的基础上学习第二棵树,见式(4-11)~式(4-14):

$$\hat{y}_i^0 = \text{常数} \tag{4-11}$$

$$\hat{y}_i^1 = \hat{y}_i^0 + f_1(x_i) \tag{4-12}$$

$$\hat{y}_i^2 = \hat{y}_i^1 + f_2(x_i) \tag{4-13}$$

$$\hat{y}_i^k = \hat{y}_i^{k-1} + f_k(x_i) \tag{4-14}$$

对于第k次的目标函数见式(4-15):

$$J(f_k) = \sum_{i=1}^{n} L(y_i,\hat{y}_i^{(k-1)} + f_k(x_i)) + \Omega(f_k) \tag{4-15}$$

此时,需要寻找一棵能使目标函数最小的树f_k,然后迭代k次就可以训练得到k个学习器,XGBoost通过对损失函数进行泰勒展开来寻找树f_k。

根据二阶泰勒展开式(4-16):

$$f(x+\Delta x) \approx f(x) + f'(x)\Delta x + \frac{1}{2}f''(x)\Delta x^2 \tag{4-16}$$

对损失函数进行二阶泰勒展开,见式(4-17):

$$\sum_{i=1}^{n} L[y_i,\hat{y}_i^{(k-1)} + f_k(x_i)] = \sum_{i=1}^{n} [L(y_i,\hat{y}_i^{(k-1)}) + L'(y_i,\hat{y}_i^{(k-1)})f_k(x_i) + \frac{1}{2}L''(y_i,\hat{y}_i^{(k-1)})f_k^2(x_i)] \tag{4-17}$$

用 g_i 记为第 i 个样本损失函数的一阶导，h_i 记为第 i 个样本损失函数的二阶导，见式(4-18)和式(4-19)：

$$g_i = L'(y_i, \hat{y}_i^{(k-1)}) \tag{4-18}$$

$$h_i = L''(y_i, \hat{y}_i^{(k-1)}) \tag{4-19}$$

从而得到进化后的目标函数，见式(4-20)：

$$J(f_k) \approx \sum_{i=1}^{n} [L(y_i, \hat{y}_i^{(k-1)}) + g_i f_k(x_i) + \frac{1}{2} h_i f_k^2(x_i)] + \Omega(f_k) \tag{4-20}$$

一棵树可以通过一块区域和若干叶子节点进行表达，树的构建也是为了找到每个节点区域和叶子节点的值，即存在式(4-21)的映射关系：

$$f_k(x) = \omega_{q(x)} \tag{4-21}$$

式中：$q(x)$——叶子节点的编号；

ω——叶子节点的取值，对于任意样本 x，最后都会落在树的某叶子节点上，其值为 $\omega_{q(x)}$。

既然一棵树可以用叶子节点来表达，那么就可以对叶子节点值进行 L_2 正则化，正则项见式(4-22)：

$$\Omega(f_k) = \frac{1}{2} \lambda \sum_{j=1}^{T} \omega_j^2 + \gamma T \tag{4-22}$$

式中：T——叶子节点的个数；

ω_j——j 叶子节点的取值；

γ——控制叶子节点的个数；

λ——控制叶子节点的分数。

为了得到最小的目标函数，正则项也要小，即叶子节点个数 T 要小，此时树就简单。

用叶子节点表达目标函数过程见式(4-23)：

$$\begin{aligned} J(f_k) &= \sum_{i=1}^{n} [g_i f_k(x_i) + \frac{1}{2} h_i f_k^2(x_i)] + \Omega(f_k) \\ &= \sum_{i=1}^{n} [g_i \omega_{q(x_i)} + \frac{1}{2} h_i \omega_{q(x_i)}^2] + \frac{1}{2} \lambda \sum_{j=1}^{T} \omega_j^2 + \gamma T \\ &= \sum_{j=1}^{T} [(\sum_{i \in I_j} g_i) \omega_j + \frac{1}{2} (\sum_{i \in I_j} h_i) \omega_j^2] + \frac{1}{2} \lambda \sum_{j=1}^{T} \omega_j^2 + \gamma T \\ &= \sum_{j=1}^{T} [(\sum_{i \in I_j} g_i) \omega_j + \frac{1}{2} (\sum_{i \in I_j} h_i + \lambda) \omega_j^2] + \gamma T \end{aligned} \tag{4-23}$$

这里定义式(4-24)和式(4-25)：

$$G_j = \sum_{i \in I_j} g_i \tag{4-24}$$

$$H_j = \sum_{i \in I_j} h_i \tag{4-25}$$

从而将目标函数进一步简化,得到式(4-26):

$$J(f_k)=\sum_{j=1}^{T}\left[G_j\omega_j+\frac{1}{2}(H_j+\lambda)\omega_j^2\right]+\gamma T \tag{4-26}$$

对 ω 求偏导,见式(4-27):

$$\frac{\partial J(f_k)}{\partial\omega_j}=G_j+(H_j+\lambda)\omega_j \tag{4-27}$$

令偏导等于0,求解见式(4-28):

$$\omega_j=-\frac{G_j}{H_j+\lambda} \tag{4-28}$$

代回目标函数,得到叶子节点取值的表达式(4-29):

$$J(f_k)=-\frac{1}{2}\sum_{j=1}^{T}\frac{G_j^2}{H_j+\lambda}+\gamma T \tag{4-29}$$

目标函数的分析,是为了寻找 $f_k(x)$,即建树的过程,其中最关键的步骤是分裂准则的选择,XGBoost 的分裂准则是增益 Gain,见式(4-30):

$$\text{Gain}=\frac{1}{2}\left[\frac{G_L^2}{H_L^2+\lambda}+\frac{G_R^2}{H_R^2+\lambda}-\frac{(G_L+G_R)^2}{(H_L+H_R)^2+\lambda}\right]-\gamma \tag{4-30}$$

式中:$\frac{(G_L+G_R)^2}{(H_L+H_R)^2+\lambda}$——节点不分裂情况下的分数;

$\frac{G_L^2}{H_L^2+\lambda}$、$\frac{G_R^2}{H_R^2+\lambda}$——分裂之后左右叶子节点的分数。

利用 γ 可以控制树的复杂度,将 γ 作为阈值,当分数大于 γ 时才选择分裂,起到预剪枝的作用。

最后通过遍历特征所有取值,逐个尝试得到左右子节点的样本集合。

XGBoost 算法参数表述、取值范围、最终参数值如表4-12所示。

XGBoost 参数信息 表4-12

参数名称	取值范围	参数解释	最终参数值
learning_rate	0~1	学习率	0.2
max_depth	[1,∞]	树的最大深度	3
n_estimators	>0	最佳迭代次数	1500
subsample	0~1	训练集占比	0.8
min_child_weight	>0	最小样本权重和	1

3)某省路面技术状况指标预测结果与分析

为了验证本书所提出的方法能够预测路面性能 PQI 的逐年变化,本书采用2012—2018年某省路面的全国干线养护管理评价评定、养护历史等数据,考虑路面技术等级、路面类型、路面宽度、2012—2017年路面破损率(DR)、2012—2017年 PQI 等影响因素,研究2018年的路面性能 PQI 预测数据和实测数据的差别,比较上述3种方法在相同情况下路面性能 PQI 的性能预测数据。随机森林、LightGBM 模型和 XGBoost 模型 PQI 预测结果如图 4-15 所示,不同预测方法的精度对比如图 4-16 所示。

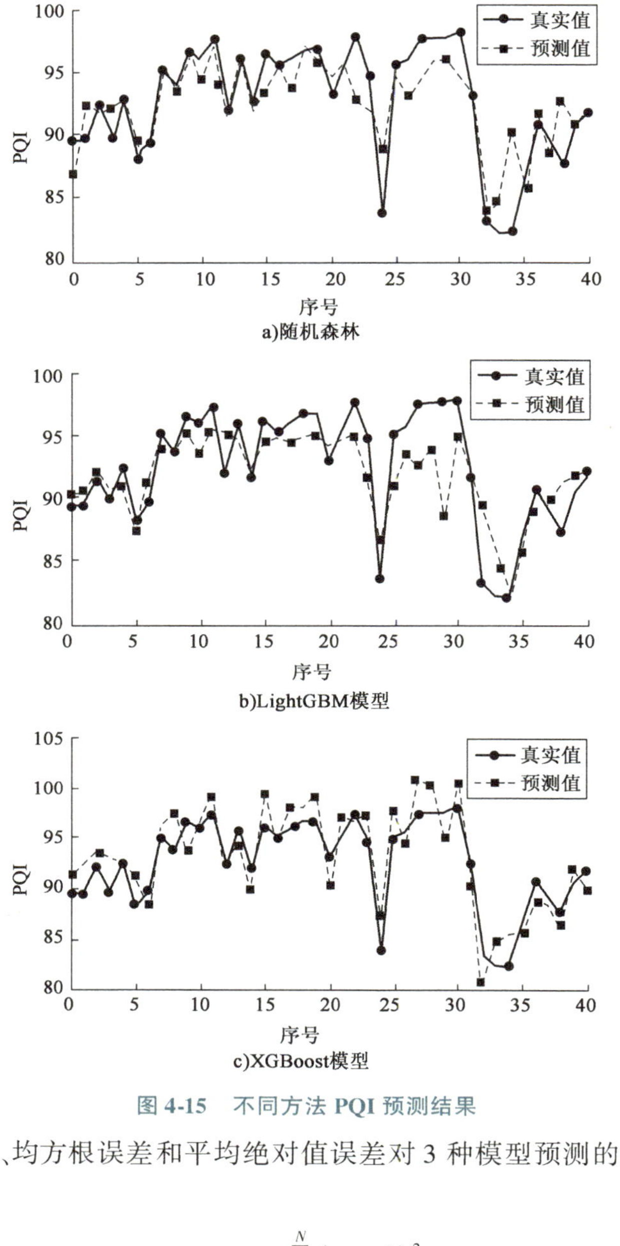

图 4-15　不同方法 PQI 预测结果

采用复相关系数、均方根误差和平均绝对值误差对 3 种模型预测的效果进行量化,公式如下。

$$R^2 = 1 - \frac{\sum_{i=1}^{N}(y_i - f_i)^2}{\sum_{i=1}^{N}(y_i - \bar{y})^2} \tag{4-31}$$

$$\mathrm{RMSE} = \sqrt{\frac{1}{N}\sum_{i=1}^{N}(y_i - f_i)^2} \tag{4-32}$$

$$\mathrm{MAE}=\frac{1}{N}\sum_{i=1}^{N}\left|(y_i-f_i)\right| \tag{4-33}$$

式中:f_i——预测值;

y_i——真实值;

$\bar{y}$——y_i的均值。

从图4-16可以看到,XGBoost模型和LightGBM模型能够较好地还原路面性能指标值随时间变化的趋势,预测值与实际值基本一致。其中XGBoost模型的预测效果最好,可为省级公路检测与养护工作规划提供理论依据。

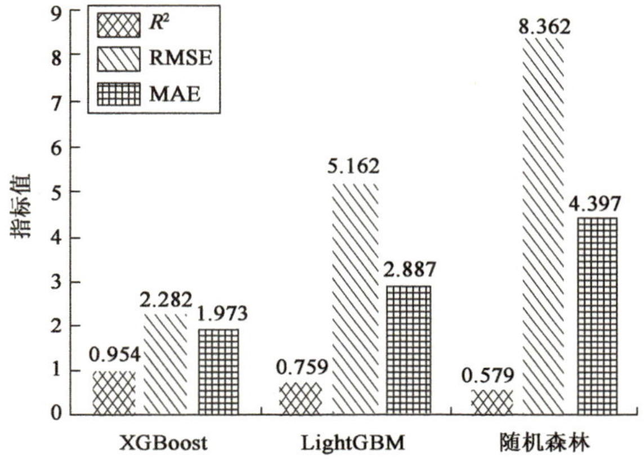

图4-16 3种模型预测结果对比

4)某省分区预测

某省在国民经济和社会发展规划纲要中提出五大经济区的概念。各经济区具有不同的发展目标和战略定位,在公路路面基础建设上也呈现不同的检测与养护规划,因此区分研究精度,主要分为全省数据和五大经济区域数据来建立机器学习模型,以完成某省路面性能预测与分析。考虑五个片区各自的路面检测数据,逐区建立预测模型,使得预测结果更贴合各区的实际路面状况。各区PQI预测结果如图4-17所示,五大经济区路面性能PQI的预测性能如表4-13所示。

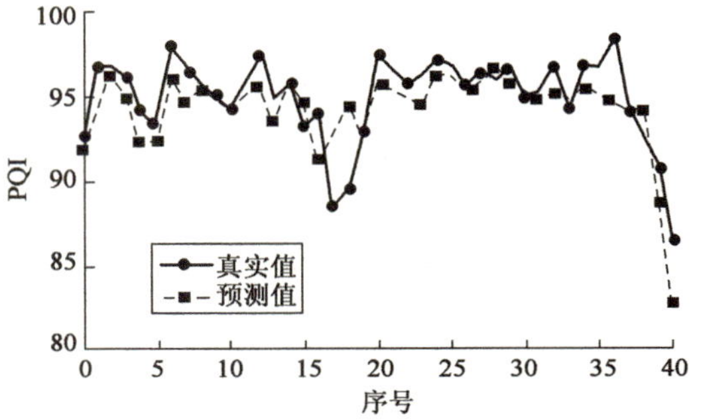

a)A区

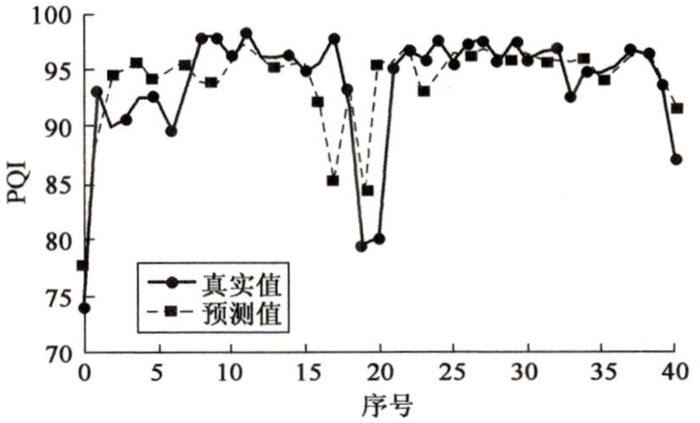

b)B区

图 4-17

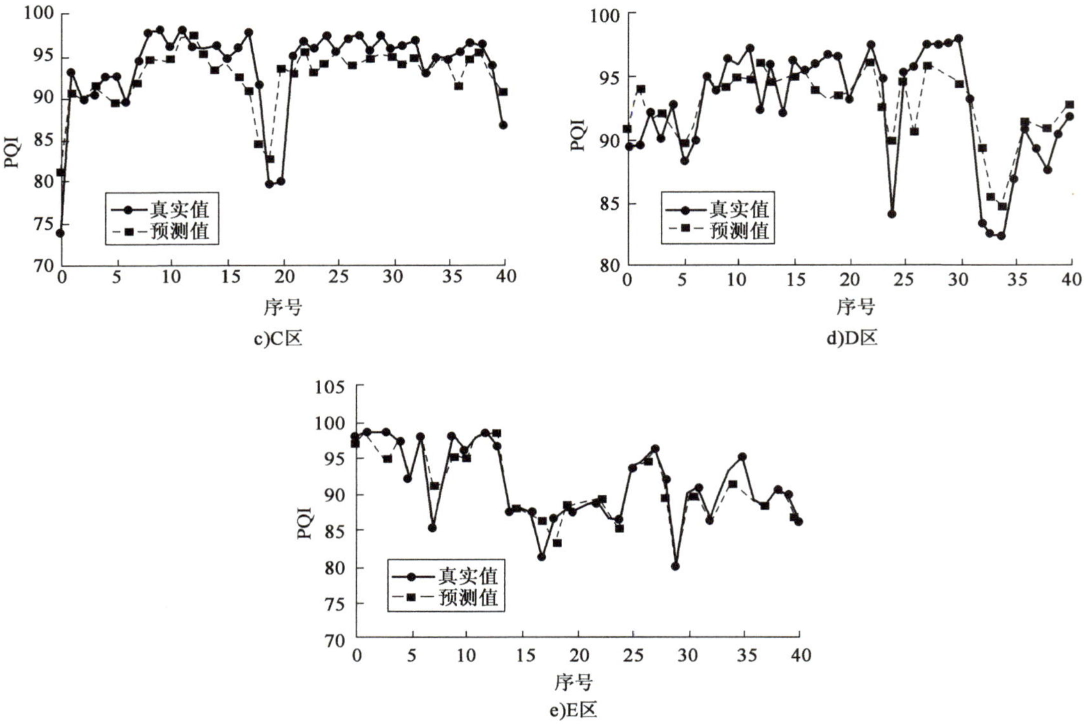

图 4-17　五大经济区路面性能 PQI 预测结果

五大经济区路面性能 PQI 预测性能　　表 4-13

指　　标	A 区	B 区	C 区	D 区	E 区
RMSE	4.589	4.401	4.455	4.153	5.195
MAE	3.034	2.651	2.795	1.638	3.117
R^2	0.637	0.702	0.666	0.777	0.818

从表4-13 的预测结果可以看出，B 区、D 区、E 区的 R^2 较高，其中 E 区的 R^2 达 0.8 以上，预测结果较准确，而 A 区的 R^2 较低，预测误差相对较大。五大经济区平均 R^2 达到 0.72，比整体运用 XGBoost 模型预测的 R^2 低 0.234。这是由于分区预测的样本数据量太小，难以达到大样本的要求，而机器学习模型在大样本支撑下预测效果较好。

4.1.4　基于养护历史修正的性能模型优化

4.1.3 节适合于省级模型分区预测。对于样本量有限的项目级预测，本节提出采用基于养护历史修正的性能模型优化技术。

概率型模型、人工网络模型的实际应用率低，无法排除养护历史影响。因此，本书采用应用最为广泛的经验法进行建模优化，建立一种基于养护历史修正的路面性能预测方法。通过对预测路线中的路段按照路面类型进行分类，并根据历史数据对路况明细进行修正，消除了养护历史对路面性能预测的影响,使得模型对路面性能的预测结果更符合实际衰减规律,从而为路段制订更为合理的养护计划。该方法基于路线历年的路况、交通量数据及养护历史数据,采用"模型分组、逐年累加排除养护历史影响、数据更新动态校正"的建模思路,得到一种基于未处治的历年实际路况数据、考虑交通量累计轴载影响的路面性能衰变模型。通过该方法建立的模型不仅可用于准确预测路面在未来年度的路况自然衰减指标,在进行路面养护规划及决策中可用于辅助计算预防性养护效益并判断最佳养护时机,同时在进行多年度规划时,基于准确预测的路况衰减值,将可以制订更科学合理的养护方案及计划,使路面养护资金预测合理。原路面性能模型具体优化流程如图4-18所示。

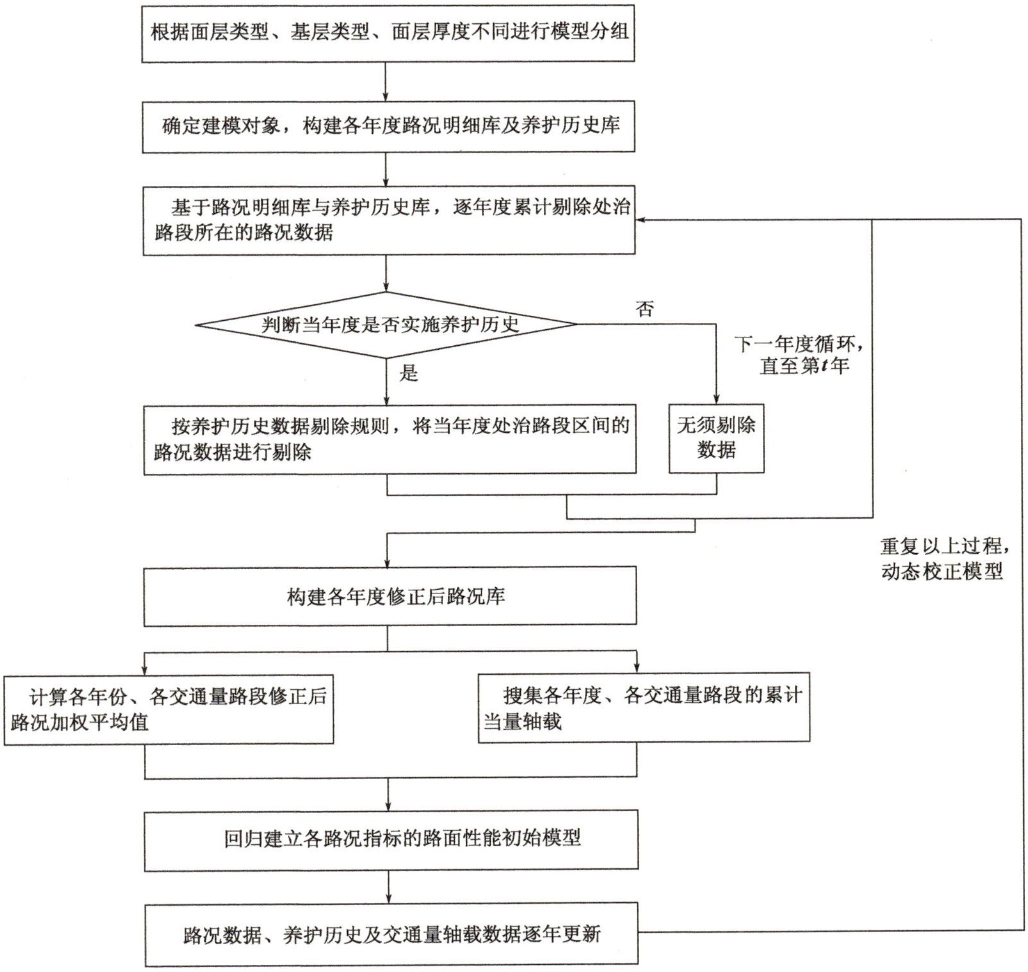

图4-18 原路面性能模型优化流程图

(1)模型分组

根据路线面层类型、基层类型及面层厚度的不同,建立路面性能模型组。

(2)构建路面性能明细库及养护历史库

假定路线的起点桩号为 X_0、终点桩号 X_n,根据需要确定路面性能指标建模对象为PPP,包括PQI、PCI、RDI、RQI、SRI等指标。路面性能数据年份为 A_k($k=1,2,\cdots,t$,要求 $t\geqslant2$),第 A_k 年度的路面性能数据形成的路面性能明细矩阵表示为：

$$\boldsymbol{X}_k = \begin{bmatrix} \text{PQI}_{kx_0} & \cdots & \text{PQI}_{kx_n} \\ \cdots & \cdots & \cdots \\ \text{PCI}_{kx_0} & \cdots & \text{PCI}_{kx_n} \end{bmatrix}$$

其中，矩阵内的路面性能指标为该路线需建模的路面性能指标，包括 PQI、PCI、RDI、RQI、SRI 或以上部分指标的组合。初始状态下，将全线所有路面性能明细路段标记为未处治路段。

路面性能指标是指通过建立性能模型曲线以预测未来变化趋势的路面技术状况指标，包括 PQI、PCI、RDI、RQI、SRI 等。路面性能数据年份指自通车年算起、包含每公里路面性能明细数据、交通量数据的各年份，为满足建模需要，要求数据年份≥2。未处治路段指路线自通车运营后未实施养护历史、保持原有路面结构的路段。

将实施养护历史的路段记为处治路段，第 A_k 年度所有处治路段的起终点桩号构成的养护历史矩阵表示为：

$$\boldsymbol{Y}_k = \begin{bmatrix} y_{k_1} & y_{k_2} \\ \cdots & \cdots \\ y_{k(n-1)} & y_{kn} \end{bmatrix}$$

矩阵第一列为起点桩号，第二列为终点桩号。

（3）在各模型组下，逐年度累加剔除处治路段的路面性能指标明细数据

基于历年的每公里路面性能数据（PQI、PCI、RDI、RQI、SRI），统计各年度处治路段与桩号区间信息，在各模型组所在的桩号区间内，按养护历史数据剔除规则，逐年度累加剔除处治路段的路面性能指标明细数据。假设某处治路段所在年度为 A_k，则需剔除该处治路段的所有年度集合为 $C=\{A_k, A_{k+1}, \cdots, t\}$。当后续年度的处治路段桩号范围与之后年度路段桩号有交叉或重复时，按“处治路段并集”处理。处治路段并集是指在对比不同年度处治路段范围时，将存在包含、交叉的路段，按路段实际最长桩号范围进行取值。存在包含或交叉的路段是指在不同年度多次实施养护的路段。

（4）构建修正后路面性能库

在各路面性能数据年份A_k内，按步骤（3）的规则剔除处治路段的路面性能数据，构成修正实施路段后的路面性能矩阵，第A_k年度修正后路面性能矩阵表示为：

$$\mathbf{XX}_k = \begin{bmatrix} \text{PQI}'_{kx_0} & \cdots & \text{PQI}'_{kx_n} \\ \cdots & \cdots & \cdots \\ \text{PCI}'_{kx_0} & \cdots & \text{PQI}'_{kx_n} \end{bmatrix} \quad (k=1,2,\cdots,t)$$

路面性能修正后矩阵中的路面性能数据是指基于路面性能明细矩阵、剔除当年度及之前年度处治路段路面性能指标后形成矩阵的路面性能数据，矩阵列数表示单个路面性能指标在剔除处治路段后的剩余明细数，矩阵行数表示拟建立模型的路面性能指标的数量。

（5）计算路线各年份对应各交通量路段的修正后路面性能指标加权平均值

交通量路段是指路线中具有不同交通流量特征的路段，一般以观测站、收费站或互通立交等作为路段的分界处。在不同模型分组下，分别统计各模型组区间路段内各交通量路段的各路面性能指标加权平均值。

$$PPP'_k = \frac{\sum_{i=1}^{i=n} PPP'_{kx_i} \times l_{kx_i}}{\sum_{i=1}^{i=n} l_{kx_i}} \tag{4-34}$$

式中：PPP'_k——第 k 年度某交通量路段的修正路面性能指标加权平均值，其中 PPP′包括 PQI、PCI、RDI、RQI、SRI 等指标；

PPP'_{kx_i}——第 k 年度对应 x_i 路段的路面性能指标；

l_{kx_i}——第 k 年度 PPP'_{kx_i} 指标的路段长度。

(6)回归建立路面性能衰变模型

搜集各年度各观测站路段的累计当量轴载。当 $t \geqslant 2$ 时，对应不同模型分组，采用回归统计软件，建立各观测站区间路段内，年累计当量轴载与修正路面性能指标加权平均值之间的相关关系及初始性能模型。初始性能模型是指基于现有路面性能数据、养护历史及交通量数据建立的各路面性能指标的性能模型。

由于性能模型指标随年累计当量轴载呈单调下降规律，因此，建模回归时仅选择单调下降函数的方程形式。

(7)基于数据更新的模型动态校正

建立初始性能模型后，后续在各年度根据路面性能数据、交通量数据及养护历史更新，重复以上步骤(1)~步骤(6)，扩大回归样本数，每年校正衰变方程，建立动态的路面性能模型。

4.1.5 原路面模型示例对比分析

1)优化模型示例

原路面模型优化步骤如下：

(1)模型分组

路面全线为沥青路面、半刚性基层，无须进行模型分组。

(2)构建路线路面性能库及养护历史库

①历年路面性能数据。

结合养护规划需要，某路线拟对 PQI、PCI 指标建立路面性能模型，因此，以下行方向为例，搜集项目自通车以来历年路面性能明细数据(PQI、PCI)，分别见表 4-14、表 4-15。

历年 PQI 明细数据　　表 4-14

路段桩号	2013 年	2014 年	2015 年	2016 年	2017 年
K85—K84	96.5	95.2	94.0	92.5	91.2
K84—K83	97.3	95.1	93.7	96.2	95.2
K83—K82	98.7	95.1	93.2	92.1	90.5
K82—K81	97.6	95.7	94.0	91.7	89.9
K81—K80	96.8	92.6	92.5	93.9	93.7
K80—K79	96.4	94.1	94.0	91.1	91.1

续上表

路段桩号	2013年	2014年	2015年	2016年	2017年
K79—K78	95.1	94.4	94.0	93.2	93.2
K78—K77	96.3	95.4	93.2	91.4	94.8
K77—K76	95.1	95.1	93.8	90.5	91.7
K76—K75	98.0	95.4	93.6	92.1	92.7
K75—K74	96.1	95.9	93.1	92.0	90.5
K74—K73	97.1	95.0	92.2	94.6	94.1
K73—K72	97.4	95.8	93.0	93.1	93.2
K72—K71	97.9	96.0	93.6	92.9	91.2
K71—K70	97.2	94.9	92.7	92.4	93.6
K70—K69	97.7	93.6	92.8	92.8	90.1
K69—K68	97.0	94.4	93.4	91.3	93.8
K68—K67	97.5	94.3	93.2	91.4	91.0
K67—K66	96.1	94.9	91.0	93.1	91.5
K66—K65	96.6	94.6	92.3	95.0	94.7
K65—K64	97.4	96.0	93.1	91.6	90.3
K64—K63	98.3	96.8	94.1	92.7	91.5
K63—K62	98.5	96.5	93.5	91.5	90.1
K62—K61	97.6	95.8	93.6	91.4	89.9
K61—K60	97.8	95.6	93.4	94.0	93.1
K59—K58	97.9	95.2	94.8	92.6	90.3
K58—K57	97.1	95.8	94.7	92.2	90.3
K57—K56	97.3	95.3	93.3	92.5	90.4
K56—K55	98.9	96.1	95.5	93.6	90.7

历年PCI明细数据 表4-15

路段桩号	2013年	2014年	2015年	2016年	2017年
K85—K84	96.8	94.8	92.8	90.6	88.7
K84—K83	96.1	95.1	92.4	98.3	96.8
K83—K82	98.0	96.5	94.5	92.1	90.8
K82—K81	97.8	96.8	93.8	92.2	90.5
K81—K80	97.6	94.6	92.6	96.4	94.6
K80—K79	98.5	95.5	92.7	90.6	87.6
K79—K78	97.0	96.7	96.7	94.8	93.5
K78—K77	98.5	97.5	94.4	92.4	96.5
K77—K76	97.1	97.1	94.5	92.8	90.4
K76—K75	98.0	94.0	93.0	91.8	90.5

续上表

路段桩号	2013年	2014年	2015年	2016年	2017年
K75—K74	97.5	95.5	92.5	91.9	89.8
K74—K73	94.4	95.4	93.2	96.9	95.6
K73—K72	96.5	94.5	93.5	95.8	92.0
K72—K71	97.3	96.3	95.4	93.7	92.1
K71—K70	96.7	94.7	89.4	95.4	92.5
K70—K69	96.5	95.5	94.2	93.1	91.3
K69—K68	96.7	93.7	93.7	91.2	97.4
K68—K67	96.5	95.5	94.2	91.4	90.5
K67—K66	98.4	96.4	92.3	90.2	87.3
K66—K65	99.2	95.2	92.5	97.0	97.8
K65—K64	98.0	95.3	91.2	95.1	95.5
K64—K63	97.0	94.3	94.3	91.3	93.5
K63—K62	98.2	94.2	93.8	91.2	89.4
K62—K61	97.3	95.3	94.3	89.1	85.6
K61—K60	96.8	95.8	93.5	91.8	89.7
K60—K59	97.8	94.8	94.8	92.9	90.9
K59—K58	97.9	95.9	93.2	91.0	89.5
K58—K57	99.1	98.1	97.5	95.5	93.4
K57—K56	99.6	97.6	95.6	93.0	90.2
K56—K55	99.4	97.4	95.4	92.4	89.4

②历年养护历史。

路段历年实施的养护历史见表4-16。

路段历年实施的养护历史　　表4-16

养护时间	处治路段	养护措施
2016.8	K84—K82+800	2cm超薄罩面
2016.8	K81—K80+100	2cm超薄罩面
2016.5	K74—K72+350	微表处
2016.5	K71—K70+490	微表处
2016.5	K66—K64+200	2cm超薄罩面
2017.6	K78—K77	微表处
2017.6	K69—K68	2cm超薄罩面

③在各模型组下，逐年度累加剔除处治路段的路面性能指标明细数据。

基于历年的路面性能数据明细及养护历史，按养护历史数据剔除规则，从第一个实施养护历史的年度起，对实施路段及路面性能数据进行逐年累加剔除，结果见表4-17、表4-18。其中，表中空格代表路面性能数据已剔除。

修正后 PQI 数据　　表 4-17

路段桩号	2013 年	2014 年	2015 年	2016 年	2017 年
K85—K84	96.5	95.2	94.0	92.5	91.2
K84—K83	97.3	95.1	93.7		
K83—K82	98.7	95.1	93.2	92.1	90.5
K82—K81	97.6	95.7	94.0	91.7	89.9
K81—K80	96.8	92.6	92.5		
K80—K79	96.4	94.1	94.0	91.1	91.1
K79—K78	95.1	94.4	94.0	93.2	93.2
K78—K77	96.3	95.4	93.2	91.4	
K77—K76	95.1	95.1	93.8	90.5	91.7
K76—K75	98.0	95.4	93.6	92.1	92.7
K75—K74	96.1	95.9	93.1	92.0	90.5
K74—K73	97.1	95.0	92.2		
K73—K72	97.4	95.8	93.0		
K72—K71	97.9	96.0	93.6	92.9	91.2
K71—K70	97.2	94.9	92.7		
K70—K69	97.7	93.6	92.8	92.8	90.1
K69—K68	97.0	94.4	93.4	91.3	
K68—K67	97.5	94.3	93.2	91.4	91.0
K67—K66	96.1	94.9	91.0		
K66—K65	96.6	94.6	92.3		
K65—K64	97.4	96.0	93.1	91.6	90.3
K64—K63	98.3	96.8	94.1	92.7	91.5
K63—K62	98.5	96.5	93.5	91.5	90.1
K62—K61	97.6	95.8	93.6	91.4	89.9
K61—K60	97.8	95.6	93.4	94.0	93.1
K60—K59	97.9	95.1	93.2	92.4	91.3
K59—K58	97.9	95.2	94.8	92.6	90.3
K58—K57	97.1	95.8	94.7	92.2	90.3
K57—K56	97.3	95.3	93.3	92.5	90.4
K56—K55	98.9	96.1	95.5	93.6	90.7

修正后 PCI 数据　　表 4-18

路段桩号	2013 年	2014 年	2015 年	2016 年	2017 年
K85—K84	96.8	94.8	92.8	90.6	88.7
K84—K83	96.1	95.1	92.4		
K83—K82	98.0	96.5	94.5	92.1	90.8
K82—K81	97.8	96.8	93.8	92.2	90.5
K81—K80	97.6	94.6	92.6		
K80—K79	98.5	95.5	92.7	90.6	87.6

续上表

路段桩号	2013 年	2014 年	2015 年	2016 年	2017 年
K79—K78	97.0	96.7	96.7	94.8	93.5
K78—K77	98.5	97.5	94.4	92.4	
K77—K76	97.1	97.1	94.5	92.8	90.4
K76—K75	98.0	94.0	93.0	91.8	90.5
K75—K74	97.5	95.5	92.5	91.9	89.8
K74—K73	94.4	95.4	93.2		
K73—K72	96.5	94.5	93.5		
K72—K71	97.3	96.3	95.4	93.7	92.1
K71—K70	96.7	94.7	89.4		
K70—K69	96.5	95.5	94.2	93.1	91.3
K69—K68	96.7	93.7	93.7	91.2	
K68—K67	96.5	95.5	94.2	91.4	90.5
K67—K66	98.4	96.4	92.3	90.2	87.3
K66—K65	99.2	95.2	92.5		
K65—K64	98.0	95.3	91.2		
K64—K63	97.0	94.3	94.3	91.3	93.5
K63—K62	98.2	94.2	93.8	91.2	89.4
K62—K61	97.3	95.3	94.3	89.1	85.6
K61—K60	96.8	95.8	93.5	91.8	89.7
K60—K59	97.8	94.8	94.8	92.9	90.9
K59—K58	97.9	95.9	93.2	91.0	89.5
K58—K57	99.1	98.1	97.5	95.5	93.4
K57—K56	99.6	97.6	95.6	93.0	90.2
K56—K55	99.4	97.4	95.4	92.4	89.4

④构建修正后路况库。

基于历年修正后的路面性能指标，构建各年度修正后路况库如下：

2013 年修正路况库 $\mathbf{XX}_{2013}=\begin{bmatrix}96.5 & 97.3 & \cdots & 98.9\\96.8 & 96.1 & \cdots & 99.4\end{bmatrix}$

2014 年修正路况库 $\mathbf{XX}_{2014}=\begin{bmatrix}95.2 & 95.1 & \cdots & 96.1\\94.8 & 95.1 & \cdots & 97.4\end{bmatrix}$

2015 年修正路况库 $\mathbf{XX}_{2015}=\begin{bmatrix}94.0 & 93.7 & \cdots & 95.5\\92.8 & 92.4 & \cdots & 95.4\end{bmatrix}$

2016 年修正路况库 $\mathbf{XX}_{2016}=\begin{bmatrix}92.5 & 92.1 & \cdots & 93.6\\90.6 & 92.1 & \cdots & 92.4\end{bmatrix}$

2017 年修正路况库 $\mathbf{XX}_{2017}=\begin{bmatrix}91.2 & 90.5 & \cdots & 90.7\\88.7 & 90.8 & \cdots & 89.4\end{bmatrix}$

⑤根据交通量观测路段区间，计算修正后路面性能指标算术加权平均值（地点 A、地点 B、地点 C、地点 D 和地点 E 组成的路段均为预测路线的观测路段）。

基于修正的历年路况明细，按算术加权平均方法计算各年度对应各观测路段的修正路面性能指标，结果见表 4-19、表 4-20。

修正后年度 PQI　表 4-19

观测路段	2013 年	2014 年	2015 年	2016 年	2017 年
地点 A—地点 B	97.5	95.8	93.6	92.1	90.2
地点 B—地点 C	96.4	95	93.2	92.7	91.7
地点 C—地点 D	97.9	95.2	93.1	91.1	90.1
地点 D—地点 E	98.3	96.4	94.9	92.2	89.8

修正后年度 PCI　表 4-20

观测路段	2013 年	2014 年	2015 年	2016 年	2017 年
地点 A—地点 B	96.7	94.9	93.6	91.8	91.3
地点 B—地点 C	97.4	94.4	92.9	92.34	90.65
地点 C—地点 D	97.4	95.5	92.8	91.8	90.7
地点 D—地点 E	97.8	95.6	94.1	92.7	90.9

⑥建立修正后路面性能指标与累计当量轴载关系，形成初始性能模型。

路线全线共设有 4 个观测站，搜集下行方向观测站路段的历年累计当量轴载，见表 4-21。

历年累计当量轴载　表 4-21

观测路段	观测区间	年累计当量轴载（万次）				
		2013 年	2014 年	2015 年	2016 年	2017 年
地点 A—地点 B	K85 +000—K73 +760	171.79	183.09	194.88	223.1	249.37
地点 B—地点 C	K73 +760—K68 +578	136.32	142.1	155.16	167.92	189.51
地点 C—地点 D	K68 +578—K62 +321	145.33	153.91	162.77	182.3	214.52
地点 D—地点 E	K62 +321 ~ K55 +000	136.98	145.59	151.65	173.98	206.36

⑦建立各观测路段年度修正路面性能指标与年累计当量轴载的回归关系，其中 x 为年累计当量轴载（万次），y 为路面性能指标（PQI 或 PCI），结果见表 4-22。各模型的曲线如图 4-19 ~ 图 4-22 所示。

路面性能模型（优化方法）　表 4-22

观测路段	路面性能指标模型	
	PCI	PQI
地点 A—地点 B	$y = 208.91x^{-0.151}$	$y = 272.07x^{-0.2}$
地点 B—地点 C	$y = 244.81x^{-0.19}$	$y = 194.71x^{-0.144}$
地点 C—地点 D	$y = 228.22x^{-0.174}$	$y = 228.22x^{-0.174}$
地点 D—地点 E	$y = 216.33x^{-0.164}$	$y = 216.33x^{-0.164}$

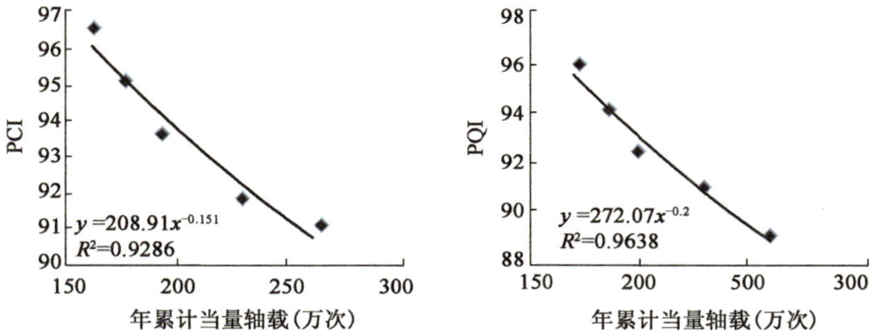

图 4-19　地点 A—地点 B 路面性能模型曲线

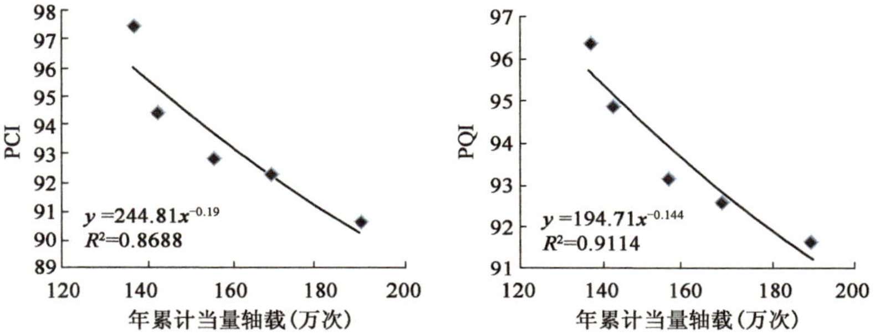

图 4-20　地点 B—地点 C 路面性能模型曲线

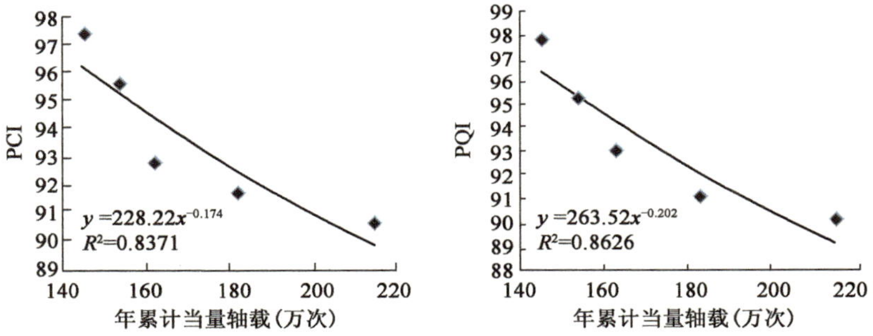

图 4-21　地点 C—地点 D 路面性能模型曲线

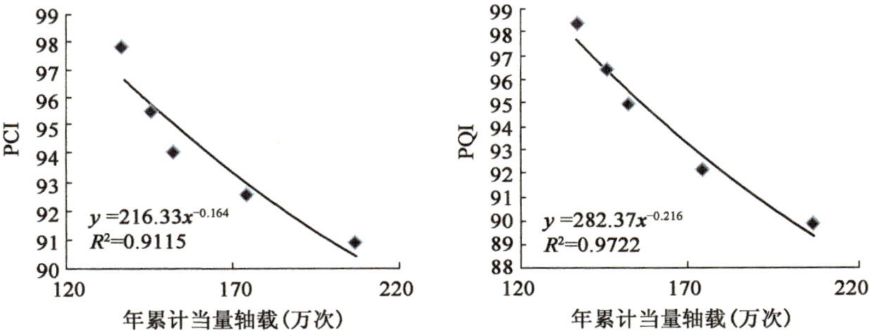

图 4-22　地点 D—地点 E 路面性能模型曲线

⑧根据年度更新数据动态校正性能模型。

由于该路线未采集新的路面性能数据，养护历史也未更新，因此无须进行模型动态校正。

2)传统模型示例

为便于对比，仍以4.1.5节的工程为例，传统建模步骤如下：

(1)构建路线路面性能库

搜集项目历年路况明细数据(PQI、PCI)如表4-23、表4-24所示，按路线里程加权平均，计算历年的路况指标如表4-23所示。

历年路面性能指标　　表4-23

路面性能指标	2013年	2014年	2015年	2016年	2017年
PQI	97.2	95.2	93.4	92.6	91.9
PCI	97.5	95.7	93.7	93.1	91.8

(2)回查最近大修年份

本工程通车于2013年3月，最近大修年份即2013年。

(3)建立各路面性能指标性能模型

建立各观测路段年度修正路面性能指标与路龄的回归关系，其中x为路龄(年)，y为路面性能指标(PQI或PCI)，结果见表4-24。传统方法路面性能模型曲线如图4-23所示。

路面性能模型(传统方法)　　表4-24

路面性能指标	路面性能模型	路面性能指标	路面性能模型
PCI	$y=97.203e^{-0.015x}$	PQI	$y=96.746e^{-0.014x}$

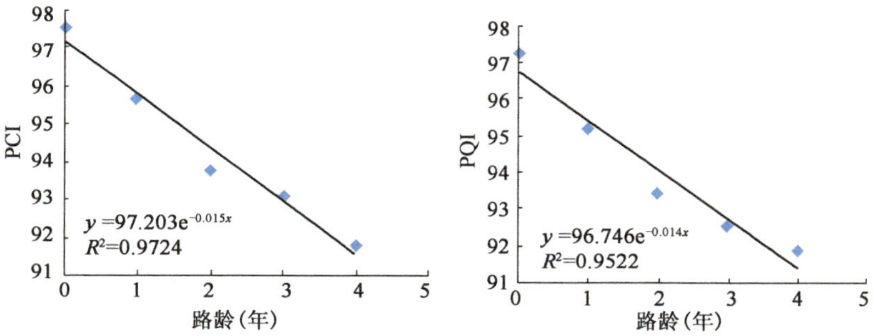

图4-23　传统方法路面性能模型曲线

3)两类模型示例对比

综合前文计算，对两种方法的原路面性能模型进行对比，同时基于性能模型结果，预测其对未来路面性能及养护决策的影响。

(1)两类模型对比

对比示例中路面性能指标的优化模型及传统模型，如表4-25、表4-26所示。

两类模型的 PQI 性能对比　　表 4-25

优化模型		传统模型
地点 A—地点 B	$y=272.07x^{-0.2}$	$y=96.746e^{-0.014x}$
地点 B—地点 C	$y=194.71x^{-0.144}$	
地点 C—地点 D	$y=263.52x^{-0.202}$	
地点 D—地点 E	$y=282.37x^{-0.216}$	

两种类模型的 PCI 性能对比　　表 4-26

优化模型		传统模型
地点 A—地点 B	$y=208.91x^{-0.151}$	$y=97.203e^{-0.015x}$
地点 B—地点 C	$y=244.81x^{-0.19}$	
地点 C—地点 D	$y=228.22x^{-0.174}$	
地点 D—地点 E	$y=216.33x^{-0.164}$	

优化模型中,路面性能模型反映的是年累计当量轴载与路面性能指标的关系,且根据交通量观测站的观测区间不同,建立了针对性的模型组。传统模型建立一路一模型,反映路龄与路况指标的关系。此外,优化模型中,X 表示的是年累计当量轴载;传统模型中 X 为路龄。

对比两类建模方法的特点,如表 4-27 所示。

两种建模方法综合对比　　表 4-27

对比方面	建模优化方法	传统建模方法
建模流程	(1)模型分组; (2)构建路线路况库及养护历史库; (3)构建修正后路况库; (4)建立修正后路况指标与各观测站累计当量轴载关系; (5)根据年度更新数据动态校正性能模型	(1)构建路线路况库; (2)回查最近大修年份; (3)建立各路况指标性能模型; (4)根据年度更新数据动态校正性能模型
模型特点	(1)一路 N 模型,即模型分组细化不同属性特征路段的性能衰变趋势; (2)考虑养护历史对路况指标的影响; (3)年累计当量轴载作为曲线横轴,直接反映交通量变化对性能的影响; (4)考虑模型的分组动态校正	(1)一路一模型,即同一路线路况指标统一采用一个模型,无路段针对性; (2)未考虑养护历史、交通量的影响; (3)考虑路况更新时的模型校正

(2)基于两类模型的路面性能指标预测

为了更好反映不同建模方式下的路面性能模型对路面养护决策的影响,基于已建立的两类模型,预测未来年度的路面性能指标,进而对未来的养护类型及养护方案进行初步判断。

①建立交通量分组模型。

由于优化模型条件下,模型反映的是年累计当量轴载与路面性能指标的关系,因而首先需要基于历年的年累计当量轴载建立各组别的年累计当量轴载模型,进而预测未来交通量,结果如表 4-28 所示。

年累计当量轴载模型 表 4-28

分组	年累计当量轴载预测模型
地点 A—地点 B	$y=3.3121x^2-0.3559x+169.08$
地点 B—地点 C	$y=2.2371x^2-0.2029x+134.2$
地点 C—地点 D	$y=4.1393x^2-8.1587x+150.71$
地点 D—地点 E	$y=4.5579x^2-10.632x+144.67$

②预测年累计当量轴载。

以 2018—2022 年为例，基于已建立的模型，预测这 5 年的年累计当量轴载，如表 4-29 所示。

各年度年累计当量轴载预测结果（万次） 表 4-29

年份	地点 A—地点 B	地点 B—地点 C	地点 C—地点 D	地点 D—地点 E
2018 年	286.18	213.51	250.77	244.96
2019 年	328.88	242.39	296.42	293.58
2020 年	378.21	275.74	350.36	351.32
2021 年	434.16	313.57	412.57	418.17
2022 年	496.73	355.87	483.05	494.14

③预测路况指标。

采用表 4-22、表 4-24 的两类模型，预测 2018—2022 的 PQI 及 PCI，结果如表 4-30、表 4-31 所示。

两种模型条件下 PCI 预测结果对比 表 4-30

预测年份	优化方法				传统方法
	地点 A—地点 B	地点 B—地点 C	地点 C—地点 D	地点 D—地点 E	
2018 年	88.9	88.4	87.3	91.8	88.8
2019 年	87.1	86.3	84.8	89.1	87.5
2020 年	85.3	84.2	82.3	86.5	86.2
2021 年	83.5	82.1	80.0	84.1	84.9
2022 年	81.8	80.2	77.9	81.8	83.7

两种模型条件下 PQI 预测结果对比 表 4-31

预测年份	优化方法				传统方法
	地点 A—地点 B	地点 B—地点 C	地点 C—地点 D	地点 D—地点 E	
2018 年	87.8	89.9	89.2	87.8	88.9
2019 年	85.4	88.3	86.7	85.2	87.7
2020 年	83.0	86.7	84.3	82.7	86.5
2021 年	80.8	85.1	82.0	80.4	85.3
2022 年	78.6	83.6	79.8	78.2	84.1

如图 4-24、图 4-25 所示，图中虚线为传统方法下的两个路面性能指标预测结果，实线为优化方法下对应 4 个观测站的预测结果。从图中可以明显看出，按传统方法预测，路况仅呈现一

种趋势;按优化方法进行分组预测,不同路段的路面性能指标呈现不同的衰变程度,在养护决策时具有更强的针对性。

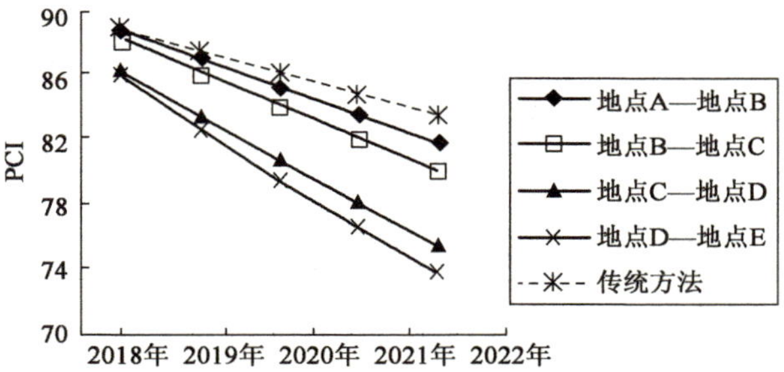

图 4-24 不同建模方法下 PCI 性能预测对比

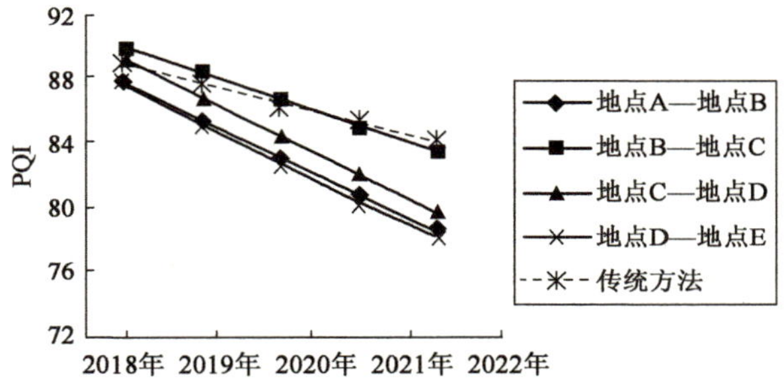

图 4-25 不同建模方法下 PQI 性能预测对比

④养护方案判别。

假定以 PQI 为养护触发指标,采用 PQI 在[88,92]预防养护触发条件进行判断,结果如表 4-32所示。优化方法针对不同路段区间,推荐在 2015 年、2016 年进行预防养护,传统方法则在 2017 年进行预防养护。

两种模型条件下 PQI 各年对比及建议方案　　表 4-32

年份	优化方法				传统方法
	地点 A—地点 B	地点 B—地点 C	地点 C—地点 D	地点 D—地点 E	
2013 年	97.5	96.4	97.9	98.3	97.2
2014 年	95.8	95	95.2	96.4	95.2
2015 年	93.6	93.2	93.1	94.9	93.4
2016 年	92.1	92.7	91.1	92.2	92.6
2017 年	90.2	91.7	90.1	89.8	91.9
2018 年	87.8	89.9	89.2	87.8	88.9
2019 年	85.4	88.3	86.7	85.2	87.7
2020 年	83.0	86.7	84.3	82.7	86.5
2021 年	80.8	85.1	82.0	80.4	85.3
2022 年	78.6	83.6	79.8	78.2	84.1

注:表中标底框所在年份为各方法及路段建议实施的预防养护年份。

由此可见，两种建模方法下，由于路况预测的程度及速率不同，实施预防养护的年度也有所不同，进而后续的规划期养护路段及养护方案、养护经费也有所不同。在优化建模条件下，由于性能模型反映了不断增长的交通量水平对路面性能指标的影响，性能预测更是根据不同交通量区间进行分段，因此，养护方案具有更好的区间及交通量针对性。

4.2 差异化公路养护管理分析探索

4.2.1 基于多维联动的养护措施库

1)必要性

公路养护工作包括养护检测、路况评定、养护决策、养护设计及养护施工。就某公路养护工程而言，养护四要素包括养护时间、养护路段、养护措施及养护费用。其中，公路养护措施是其中极为关键的属性，其直接决定公路养护费用投入及对病害的处治效果。传统公路养护措施制定主要存在以下不足：①忽略措施库的建立，实际实施主要依靠历史经验法判断，未根据不同的旧路状况进行针对性处理；②缺乏与养护工程的联动，养护措施库与后期实施工程相脱节，养护措施库未持续更新，导致不合适的养护措施仍然持续用于处治道路病害，道路状况无法得到改善、使用效果无法保证，进一步造成公路养护资金的严重浪费。当前，我国公路养护资金普遍不足，由于措施库的更新滞后，各阶段养护数据无法得到挖掘利用，养护管理水平未得到提升，造成“数据脱节—路况恶化—经费浪费”的恶性循环。

因此，在智能养护体系中，急需建立基于养护工程积累的养护措施库修正方法，根据公路养护作业特点建立初始措施库，持续不断搜集各类措施实施后的系列数据并进行反馈联动，形成更趋于真实养护需求的措施库，以节约公路养护经费，提升养护投入的产出效益。

2)修正步骤(图4-26)

(1)建立路面养护初始措施库

根据历史经验法，建立不同面层类型对应不同养护类型的初始养护措施库，具体包括面层类型、养护类型、原路面状况、原路面主要病害、原路面年累计当量轴载、养护措施、养护单价、使用寿命。其中，原路面主要病害仅在养护类型为预防养护时需要建立对应关系。

构建路面预防养护原路面状况矩阵表示为：

$$\mathbf{CO}_{\text{pin}} = \begin{bmatrix} \text{PQI}_{\text{upp1}} & \text{PQI}_{\text{lop1}} & \text{PCI}_{\text{upp1}} & \text{PCI}_{\text{lop1}} & \text{PRE}_1 & k_{11} & k_{12} & k_{13} \\ \vdots & \vdots & \vdots & \vdots & \vdots & \vdots & \vdots & \vdots \\ \text{PQI}_{\text{upp}n} & \text{PQI}_{\text{lop}n} & \text{PCI}_{\text{upp}n} & \text{PCI}_{\text{lop}n} & \text{PRE}_n & k_{n1} & k_{n2} & k_{n3} \end{bmatrix} \tag{4-35}$$

式中：$\text{PQI}_{\text{upp}i}$——适用措施PRE_i的原路面 PQI 上限值($i=1,2,\cdots,n$)；

$\text{PQI}_{\text{lop}i}$——适用措施PRE_i的原路面 PQI 下限值($i=1,2,\cdots,n$)；

$\text{PCI}_{\text{upp}i}$——适用措施PRE_i的原路面 PCI 上限值($i=1,2,\cdots,n$)；

PCI_{lopi}——适用措施PRE_i的原路面 PCI 下限值($i=1,2,\cdots,n$);

k_{i1}、k_{i2}、k_{i3}——对应措施PRE_i的 3 种原路面病害形式($i=1,2,\cdots,n$)。

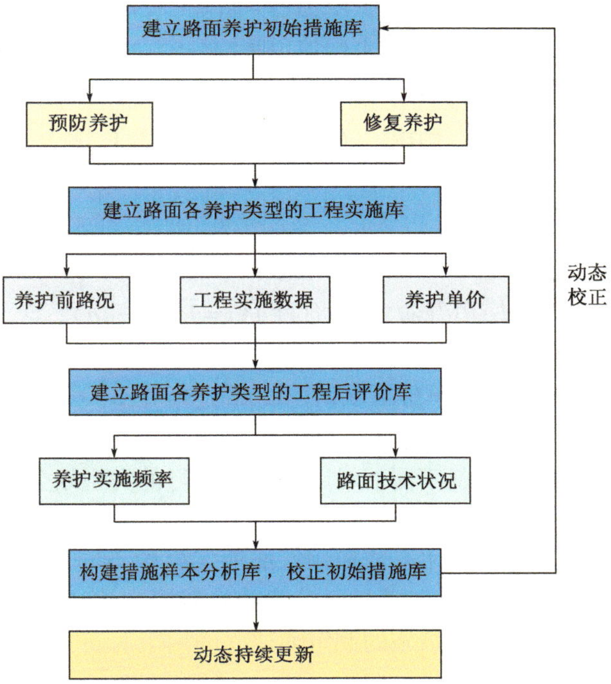

图 4-26 路面养护初始措施库修正流程图

构建路面修复养护原路面状况矩阵表示为:

$$\mathbf{CO}_{rein}=\begin{bmatrix} PQI_{upr1} & PQI_{lor1} & PCI_{upr1} & PCI_{lor1} & NE_{upr1} & NE_{lor1} & RE_1 \\ \vdots & \vdots & \vdots & \vdots & \vdots & \vdots & \vdots \\ PQI_{uprn} & PQI_{lorn} & PCI_{uprn} & PCI_{lorn} & NE_{uprn} & NE_{uprn} & RE_n \end{bmatrix} \tag{4-36}$$

式中:PQI_{upri}——适用措施RE_i的原路面 PQI 上限值($i=1,2,\cdots,n$);

PQI_{lori}——适用措施RE_i的原路面 PQI 下限值($i=1,2,\cdots,n$);

PCI_{upri}——适用措施RE_i的原路面 PCI 上限值($i=1,2,\cdots,n$);

PCI_{lori}——适用措施RE_i的原路面 PCI 下限值($i=1,2,\cdots,n$);

NE_{upri}——适用措施RE_i的原路面年累计当量轴载上限值($i=1,2,\cdots,n$);

NE_{lori}——适用措施RE_i的原路面年累计当量轴载下限值($i=1,2,\cdots,n$)。

在原路面状况矩阵构建的基础上,构建各养护类型、各养护措施的措施库。

构建路面预防养护措施库矩阵表示为:

$$\mathbf{ME}_{pin}=\begin{bmatrix} PRE_1 & P_{upp1} & P_{lop1} & V_{upp1} & V_{lop1} & \\ \vdots & \vdots & \vdots & \vdots & \vdots & \vdots \\ PRE_n & P_{uppn} & P_{lopn} & V_{uppn} & V_{lopn} & \end{bmatrix} \tag{4-37}$$

式中：P_{uppi}——适用养护措施PRE_i的使用寿命上限值（$i=1,2,\cdots,n$）；

P_{lopi}——适用措施PRE_i的使用寿命下限值（$i=1,2,\cdots,n$）；

V_{uppi}——适用措施PRE_i的养护单价下限值（$i=1,2,\cdots,n$）；

V_{lopi}——适用措施PRE_i的养护单价下限值（$i=1,2,\cdots,n$）。

构建路面修复措施库矩阵表示为：

$$\mathbf{ME}_{rein}=\begin{bmatrix} RE_1 & P_{upr1} & P_{lor1} & V_{upr1} & V_{lor1} \\ \vdots & \vdots & \vdots & \vdots & \vdots \\ RE_n & P_{uprn} & P_{lorn} & V_{uprn} & V_{lorn} \end{bmatrix} \tag{4-38}$$

式中：P_{upri}——适用措施RE_i的使用寿命上限值（年）（$i=1,2,\cdots,n$）；

P_{lori}——适用措施RE_i的使用寿命下限值（年）（$i=1,2,\cdots,n$）；

V_{upri}——适用措施RE_i的养护单价下限值（元/m^2）（$i=1,2,\cdots,n$）；

V_{lori}——适用措施RE_i的养护单价下限值（元/m^2）（$i=1,2,\cdots,n$）。

面层类型是指因路面铺面材料不同而对路面面层进行的类型划分，包括沥青路面、水泥路面、砂石路面。

养护类型是指为改善公路服务水平或使用性能而实施的不同规模的养护工程，包括日常养护、预防养护、修复养护。其中，修复养护又分为中修养护、大修养护。

措施库是指为指导养护决策中措施的制定而建立的用于明确不同养护类型及不同措施适用性的专家库。

（2）建立路面各养护类型的工程实施库

搜集管养范围内各路线通车至今路面实施各类养护类型的工程实施数据，包括养护类型、养护措施、实施时间、实施路段（行车方向、起点桩号、终点桩号）、原路面状况、原路面病害、原路面交通量、养护单价，构建路面不同养护类型、不同措施的工程实施库。其中，原路面交通量在实施修复养护时需要采集。

以预防养护为例，构建措施PRE_1的养护工程实施矩阵表示为：

$$\mathbf{ENG}_{PRE_1}=\begin{bmatrix} t_{p1} & dir_{p1} & x_{p11} & x_{p12} & PQI_{p1} & PCI_{p1} & V_{p1} & k_{p1} & k_{p2} & k_{p3} \\ \vdots & \vdots & \vdots & \vdots & \vdots & \vdots & \vdots & \vdots & \vdots & \vdots \\ t_{pm} & dir_{pm} & x_{pm1} & x_{pm2} & PQI_{pm} & PCI_{pm} & V_{pm} & k_{pm1} & k_{pm2} & k_{pm3} \end{bmatrix} \tag{4-39}$$

式中：t_{pi}——措施 PRE_i的实施时间，精确到年月（$i=1,2,\cdots,m$）；

dir_{pi}——实施措施 PRE_i对应t_{pi}的行车方向（$i=1,2,\cdots,m$）；

x_{pi1}——实施措施 PRE_i对应t_{pi}的起点桩号（$i=1,2,\cdots,m$）；

x_{pi2}——实施措施 PRE_i对应 t_{pi}的终点桩号（$i=1,2,\cdots,m$）；

PQI_{pi}——实施措施 PRE_i对应t_{pi}之前的原路面 PQI（$i=1,2,\cdots,m$）；

PCI_{pi}——实施措施 PRE_i对应t_{pi}之前的原路面 PCI（$i=1,2,\cdots,m$）；

V_{pi}——实施措施 PRE_i对应 t_{pi}的养护单价（元/m^2）（$i=1,2,\cdots,m$）；

k_{pi1}、k_{pi2}、k_{pi3}——对应措施 PRE_i的三种原路面病害形式（$i=1,2,\cdots,m$）。

原路面主要病害选择以单位公里的病害面积进行排序选择。

参照表4-33,对于计算单位为面积的病害,单位公里各病害面积按下式计算:

$$S_{\mathrm{unx}i}=\frac{w_i\times S_i}{l_{\mathrm{sec}i}} \tag{4-40}$$

式中:$S_{\mathrm{unx}i}$——病害 i 的单位公里病害面积(m^2);

w_i——病害 i 的权重,按表4-33取值;

S_i——养护工程实施路段范围内病害 i 的面积;

$l_{\mathrm{sec}i}$——养护工程实施路段长度。

参照表4-33,对于计算单位为长度的病害,单位公里各病害面积按下式计算:

$$S_{\mathrm{unx}k}=\frac{w_k\times W_k\times l_k}{l_{\mathrm{sec}k}} \tag{4-41}$$

式中:W_k——对应病害 k 的影响宽度(m);

l_k——对应病害 k 的长度(m);

其余符号含义同式(4-39)。

不同面层类型病害及损坏权重表　　表4-33

面层类型	损坏名称	损坏程度	权重 w_i	计算参数/单位
沥青路面	龟裂	轻	0.6	面积/m^2
		中	0.8	
		重	1	
	块状裂缝	轻	0.6	面积/m^2
		重	0.8	
	纵向裂缝	轻	0.6	长度/m (影响宽度:0.2m)
		重	1	
	横向裂缝	轻	0.6	长度/m (影响宽度:0.2m)
		重	1	
	坑槽	轻	0.8	面积/m^2
		重	1	
	松散	轻	0.6	面积/m^2
		重	1	
	沉陷	轻	0.6	面积/m^2
		重	1	
	车辙	轻	0.6	长度/m (影响宽度:0.2m)
		重	1	
	波浪拥包	轻	0.6	面积/m^2
		重	1	
	泛油		0.2	面积/m^2
	修补		0.1	面积/m^2

续上表

面层类型	损坏名称	损坏程度	权重 w_i	计算参数/单位
水泥路面	破碎板	轻	0.8	面积/m²
		重	1	
	裂缝	轻	0.6	长度/m（影响宽度:1m）
		中	0.8	
		重	1	
	板角断裂	轻	0.6	面积/m²
		中	0.8	
		重	1	
	错台	轻	0.6	长度/m（影响宽度:1m）
		重	1	
	唧泥		1	长度/m（影响宽度:1m）
	边角剥落	轻	0.6	长度/m（影响宽度:1m）
		中	0.8	
		重	1	
	接缝料损坏	轻	0.4	长度/m（影响宽度:1m）
		重	0.6	
	坑洞		1	面积/m²
	拱起		1	面积/m²
	露骨		0.3	面积/m²
	修补		0.1	面积/m²
砂石路面	路拱不适		0.1	长度/m（影响宽度:3m）
	沉陷		0.8	面积/m²
	波浪搓板		1	面积/m²
	车辙		1	长度/m（影响宽度:0.4m）
	坑槽		1	面积/m²
	露骨		0.8	面积/m²

以修复养护为例，构建措施RE_1的养护工程实施矩阵表示为：

$$\mathbf{ENG}_{RE_1}=\begin{bmatrix} t_{r1} & \mathrm{dir}_{r1} & x_{r11} & x_{r12} & \mathrm{PQI}_{r1} & \mathrm{PCI}_{r1} & \mathrm{NE}_{r1} & V_{r1} \\ \vdots & \vdots & \vdots & \vdots & \vdots & \vdots & \vdots & \vdots \\ t_{rw} & \mathrm{dir}_{rw} & x_{rw1} & x_{rw2} & \mathrm{PQI}_{rw} & \mathrm{PCI}_{rw} & \mathrm{NE}_{rw} & V_{rm} \end{bmatrix}$$

式中：t_{ri}——措施RE_i的实施时间，精确到年月（$i=1,2,\cdots,w$）；

dir_{ri}——实施措施RE_i对应t_{ri}的行车方向（$i=1,2,\cdots,w$）；

x_{ri1}——实施措施RE_i对应t_{ri}的起点桩号($i=1,2,\cdots,w$);

x_{ri2}——实施措施RE_i对应t_{ri}的终点桩号($i=1,2,\cdots,w$);

PQI_{ri}——实施措施RE_i对应t_{ri}之前的原路面 PQI($i=1,2,\cdots,w$);

PCI_{ri}——实施措施RE_i对应t_{ri}之前的原路面 PCI($i=1,2,\cdots,w$);

NE_{ri}——实施措施RE_i对应t_{ri}之前的原路面年累计当量轴载(百万次)($i=1,2,\cdots,w$);

V_{ri}——实施措施RE_i对应t_{ri}的养护单价(元/m^2)($i=1,2,\cdots,w$)。

(3)建立路面各类养护类型的工程后评价库,统计不同类型不同养护措施的养护周期及养护频率

搜集路面实施各养护类型对应措施的工程后评价数据,包括养护实施频率、路面技术状况,构建路面不同养护类型不同措施的工程后评价库。

假定某路段在t_{p1}(年月),dir_{p1}(行车方向)实施了预防养护中的PRE_1措施,实施起终点分别为x_{p11}、x_{p12}。持续跟踪采集该路段的养护后路面技术状况,直至其实施下一次养护工程(预防养护、修复养护)。假定该路段(或与该路段有交叉或重叠路段)下次实施养护的时间为t_{pn1},实施方向dir_{p1},实施起终点分别为x_{pn11}、x_{pn12}。两次养护间采集的路面技术状况评定数据组成路面状况后评价矩阵,表示为:

$$\boldsymbol{P}_{p1,Pn1}=\begin{bmatrix} PQI_{p_1+1} & PQI_{p_1+2} & \cdots & PQI_{P_{n1}} \\ PCI_{p_1+1} & PCI_{p_1+2} & \cdots & PCI_{P_{n1}} \end{bmatrix}$$

计算该路段的养护实施频率$T_{p1,Pn1}=t_{pn1}-t_{p1}$,其作为该措施的跟踪使用寿命样本之一,记为$N_{pre1}$。

跟踪使用寿命是指基于真实的养护工程观测数据而反推的措施使用寿命。

(4)构建措施样本分析库,校正初始措施库

重复采集不同养护类型各养护措施的养护后评价数据,将同一措施的养护前后数据汇总,构建措施样本分析库。

对预防养护,以措施 PRE_i为例,构建措施样本分析库:

$$\mathbf{ANA}_{pi}=\begin{bmatrix} PQI_{p1} & PCI_{p1} & k_{11} & k_{12} & k_{13} & PQI_{P_{n1}} & PCI_{P_{n1}} & V_{p1} & P_{p1} \\ \vdots & \vdots & \vdots & \vdots & \vdots & \vdots & \vdots & \vdots & \vdots \\ PQI_{P_n} & PCI_{pn} & k_{n1} & k_{n2} & k_{n3} & PQI_{P_{nn}} & PCI_{P_{nn}} & V_{P_n} & P_{P_n} \end{bmatrix} \tag{4-42}$$

从 $\mathbf{ANA}_{pi}$中选择原路面技术状况极值PQI_{maxi}、PQI_{mini}、PCI_{maxi}、PCI_{mini},与该措施的初始措施库中的原路面技术状况上下限值进行对比,从$\{PQI_{maxi},PQI_{uppi}\}$中选择较大值作为措施 PRE_i修正后原路面 PQI 上限 PQI'_{upp1},从$\{PQI_{mini},PQI_{lopi}\}$中选择较小值作为措施 PRE_i修正后原路面 PQI 下限 PQI'_{lopi},从$\{PCI_{maxi},PCI_{uppi}\}$中选择较大值作为措施 PRE_i修正后原路面 PCI 上限 PCI'_{upp1},从$\{PCI_{mini},PCI_{lopi}\}$中选择较小值作为措施 PRE_i修正后原路面 PCI 下限 PCI'_{lopi}。

从原路面病害矩阵$\begin{bmatrix} k_{11} & k_{12} & k_{13} \\ \vdots & \vdots & \vdots \\ k_{n1} & k_{n2} & k_{n3} \end{bmatrix}$中按病害形式、病害面积进行排序,选出出现频次较高且病害面积前三的三种病害形式作为措施 PRE_i修正后的措施 PRE_i对应的原路面主要病害k'_{i1}、k'_{i2}、k'_{i3}。

从原路面使用寿命向量$\{P_{\mathrm{p}_1},\cdots,P_{\mathrm{p}_n}\}$中选择最大值作为修正后措施使用寿命上限$P'_{\mathrm{upp}i}$，从原路面使用寿命向量$\{P_{\mathrm{p}_1},\cdots,P_{\mathrm{p}_n}\}$中选择最小值作为措施 PRE_i 修正后措施使用寿命下限$P'_{\mathrm{lop}i}$。

从原路面养护单价向量$\{V_{\mathrm{p}_1},\cdots,V_{\mathrm{p}_n}\}$中选择最大值作为修正后措施养护单价上限$V'_{\mathrm{upp}i}$，从原路面使用寿命向量$\{V_{\mathrm{p}_1},\cdots,V_{\mathrm{p}_n}\}$中选择最小值作为措施 PRE_i 修正后措施养护单价下限$V'_{\mathrm{lop}i}$。

由此构成措施 PRE_i 的修正后养护措施向量$\mathbf{AA}_{\mathrm{PRE}i}=\{\mathrm{PQI}'_{\mathrm{upp1}},\mathrm{PQI}'_{\mathrm{lop}i},\mathrm{PCI}'_{\mathrm{upp1}},\mathrm{PCI}'_{\mathrm{lop}i},k'_{i1},k'_{i2},k'_{i3},P'_{\mathrm{upp}i},P'_{\mathrm{lop}i},V'_{\mathrm{upp}i},V'_{\mathrm{lop}i}\}$。

对修复养护，以措施 RE_i 为例，构建样本分析库表示为：

$$\mathbf{ANA}_{ri}=\begin{bmatrix}\mathrm{PQI}_{\mathrm{r}_1} & \mathrm{PCI}_{\mathrm{r}1} & \mathrm{PQI}_{\mathrm{r}_{n1}} & \mathrm{PCI}_{\mathrm{r}_{n1}} & \mathrm{NE}_{\mathrm{r}1} & V_{\mathrm{r}_1} & P_{\mathrm{r}_1}\\ \vdots & \vdots & \vdots & \vdots & \vdots & \vdots & \vdots\\ \mathrm{PQI}_{\mathrm{r}_n} & \mathrm{PCI}_{\mathrm{r}n} & \mathrm{PQI}_{\mathrm{r}_{nn}} & \mathrm{PCI}_{\mathrm{r}_{nn}} & \mathrm{NE}_{\mathrm{r}n} & V_{\mathrm{r}_n} & P_{\mathrm{r}_n}\end{bmatrix} \tag{4-43}$$

从 $\mathbf{ANA}_{ri}$ 中选择原路面技术状况极值$\mathrm{PQI}_{\mathrm{max}i}$、$\mathrm{PQI}_{\mathrm{min}i}$、$\mathrm{PCI}_{\mathrm{max}i}$、$\mathrm{PCI}_{\mathrm{min}i}$，与该措施的初始措施库中的原路面技术状况上下限值进行对比，从$\{\mathrm{PQI}_{\mathrm{max}i},\mathrm{PQI}_{\mathrm{upr}i}\}$中选择较大值作为措施$\mathrm{RE}_i$修正后原路面 PQI 上限$\mathrm{PQI}'_{\mathrm{upr1}}$，从$\{\mathrm{PQI}_{\mathrm{min}i},\mathrm{PQI}_{\mathrm{lor}i}\}$中选择较小值作为措施$\mathrm{RE}_i$修正后原路面 PQI 下限$\mathrm{PQI}'_{\mathrm{lor}i}$，从$\{\mathrm{PCI}_{\mathrm{max}i},\mathrm{PCI}_{\mathrm{upr}i}\}$中选择较大值作为措施 RE_i 修正后原路面 PCI 上限$\mathrm{PCI}'_{\mathrm{upr1}}$，从$\{\mathrm{PCI}_{\mathrm{min}i},\mathrm{PCI}_{\mathrm{lor}i}\}$中选择较小值作为措施$\mathrm{RE}_i$修正后原路面 PCI 下限$\mathrm{PCI}'_{\mathrm{lor}i}$。

从原路面年累计当量轴载向量$\{\mathrm{NE}_{\mathrm{r}_1},\cdots,\mathrm{NE}_{\mathrm{r}_n}\}$中选择最大值作为修正后年累计当量轴载上限$\mathrm{NE}'_{\mathrm{upr}i}$，从原路面年累计当量轴载向量$\{\mathrm{NE}_{\mathrm{r}_1},\cdots,\mathrm{NE}_{\mathrm{r}_n}\}$中选择最小值作为措施$\mathrm{RE}_i$修正后措施年累计当量轴载下限$\mathrm{NE}'_{\mathrm{lor}i}$。

从原路面使用寿命向量$\{P_{\mathrm{r}_1},\cdots,P_{\mathrm{r}_n}\}$中选择最大值作为修正后措施使用寿命上限$P'_{\mathrm{upr}i}$，从原路面使用寿命向量$\{P_{\mathrm{r}_1},\cdots,P_{\mathrm{r}_n}\}$中选择最小值作为措施$\mathrm{RE}_i$修正后措施使用寿命下限$P'_{\mathrm{lor}i}$。

从原路面养护单价向量$\{V_{\mathrm{p}_1},\cdots,V_{\mathrm{p}_n}\}$中选择最大值作为修正后措施养护单价上限$V'_{\mathrm{upp}i}$，从原路面使用寿命向量$\{V_{\mathrm{p}_1},\cdots,V_{\mathrm{p}_n}\}$中选择最小值作为措施$\mathrm{RE}_i$修正后措施养护单价下限$V'_{\mathrm{lor}i}$。

由此构成措施RE_i的修正后养护措施向量：

$$\mathbf{AA}_{\mathrm{RE}i}=\{\mathrm{PQI}'_{\mathrm{upr1}},\mathrm{PQI}'_{\mathrm{lor}i},\mathrm{PCI}'_{\mathrm{upr1}},\mathrm{PCI}'_{\mathrm{lor}i},\mathrm{NE}'_{\mathrm{upr1}},\mathrm{NE}'_{\mathrm{lor1}},P'_{\mathrm{upp}i},P'_{\mathrm{lop}i},V'_{\mathrm{upp}i},V'_{\mathrm{lop}i}\}$$

(5)持续搜集数据，动态更新路面养护措施库

每年持续搜集更新工程实施库、工程后评价库、样本分析库，重复步骤(2)～步骤(4)，不断建立更新具有不同地区特色的各类养护措施库。

3)应用案例

某管养单位管理一条高速公路，路线编号为 G1，起点桩号 K20+000，终点桩号 K55+000，通车于 2013 年 5 月，以预防养护为例，基于养护工程数据修正路面预防养护措施库。

(1)建立路面养护初始措施库

路线全线为沥青路面，当地常用的预防养护措施为微表处、同步薄层罩面。

构建路面预防养护原路面状况矩阵表示为：

$$\mathbf{CO}_{\mathrm{pin}}=\begin{bmatrix}90 & 85 & 90 & 85 & \text{微表处} & \text{轻度横缝} & \text{轻度龟裂} & \text{轻度纵缝}\\ 90 & 80 & 90 & 80 & \text{同步薄层罩面} & \text{中度横缝} & \text{中度纵缝} & \text{轻度坑槽}\end{bmatrix} \tag{4-44}$$

在原路面状况矩阵构建基础上，构建两种预防养护措施的措施库。

构建路面预防养护措施库矩阵，表示为：

$$\mathbf{ME}_{\text{pin}}=\begin{bmatrix}\text{微表处} & 2 & 4 & 18 & 23\\ \text{同步薄层罩面} & 3 & 5 & 45 & 55\end{bmatrix} \tag{4-45}$$

（2）建立路面预防养护工程实施库

搜集G1自通车至2018年底的预防养护工程数据，累计实施4次预防养护，养护工程数据如表4-34所示，原路面病害数据如表4-35所示，养护前路况数据如表4-36所示。

养护工程数据　　表4-34

序号	实施时间	行车方向	起点桩号	终点桩号	养护措施
1	2014.5	上行	K21+500	K21+750	微表处
2	2014.5	下行	K23+300	K23+500	微表处
3	2015.6	上行	K36+150	K36+370	同步薄层罩面
4	2017.7	下行	K21+500	K21+800	同步薄层罩面

原路面病害数据　　表4-35

损坏名称	损坏程度	权重	病害数量				路段病害数量				单位公里病害			
			1	2	3	4	1	2	3	4	1	2	3	4
龟裂	轻	0.6	35	15	45	58	2	9	27	34.8	8.00	45.00	122.73	116.00
	中	0.8	5	23	17	22	4	18.4	13.6	17.6	16.00	92.00	61.82	58.67
	重	1	0	10	0	0	0	10	0	0	0.00	50.00	0.00	0.00
块状裂缝	轻	0.6	35	22	38	25	8	13.2	22.8	5	32.00	66.00	103.64	16.67
	重	0.8	10	9	22	0	8	7.2	17.6	0	32.00	36.00	80.00	0.00
纵向裂缝	轻	0.6	74	99	290	225	44.4	59.4	174	7	177.60	297.00	790.91	23.33
	重	1	5	17	35	5	5	17	35	5	20.00	85.00	159.09	16.67
横向裂缝	轻	0.6	247	341	343	355	247	204.6	205.8	213	988.00	1023.00	935.45	710.00
	重	1	15	28	32	89	15	10	32	89	60.00	50.00	145.45	296.67
坑槽	轻	0.8	49	2.5	3.5	17	39.2	2	2.8	12	156.80	10.00	12.73	40.00
	重	1	25	0	0	78.7	25	0	0	78.7	100.00	0.00	0.00	262.33
松散	轻	0.6	4	18	3.5	17	2.4	10.8	2.1	10.2	9.60	54.00	9.55	34.00
	重	1	15	8	19	2	15	8	19	2	60.00	40.00	86.36	6.67
沉陷	轻	0.6	0	0	0	10	0	0	0	6	0.00	0.00	0.00	20.00
	重	1	0	0	0	0	0	0	0	0	0.00	0.00	0.00	0.00
车辙	轻	0.6	11	10	25	35	6.6	6	15	21	26.40	30.00	68.18	70.00
	重	1	0	0	0	0	0	0	0	0	0.00	0.00	0.00	0.00
波浪拥包	轻	0.6	0	0	0	10	0	0	0	6	0.00	0.00	0.00	20.00
	重	1	0	0	0	0	0	0	0	0	0.00	0.00	0.00	0.00
泛油		0.2	20	4	25	15	4	0.8	5	3	16.00	4.00	22.73	10.00
修补		0.1	187	235	18	350	18.7	23.5	1.8	35	74.80	117.50	8.18	116.67

养护前路况数据　　表 4-36

序　号	原路面状况	
	PCI	PQI
1	89.4	85.2
2	87.8	84.2
3	86.7	85.1
4	87.4	86.4

由表 4-35 可知，对应 4 次预防养护的主要病害形式如表 4-37 所示。

原路面主要病害　　表 4-37

序　号	原路面 3 种主要病害	养护措施
1	轻度纵缝、轻度横缝、轻度坑槽	微表处
2	轻度纵缝、轻度横缝、修补	微表处
3	轻度纵缝、重度纵缝、轻度横缝	同步薄层罩面
4	轻度横缝、重度横缝、轻度坑槽	同步薄层罩面

(3)建立路面预防养护工程后评价库

在养护工程实施后，每年持续搜集各预防养护工程的路面性能数据，4 个养护工程的各年路面性能数据如表 4-38、表 4-39 所示。

微表处措施后评价数据　　表 4-38

养护前后对比		序号 1(微表处)		序号 2(微表处)	
		PQI	PCI	PQI	PCI
养护前		89.4	85.2	87.8	84.2
养护后	0	95.8	96	95.5	97.2
	1	93	93	94.5	96
	2	91	91.5	90.5	85
	3	87.2	81.5	87.1	77.1
	4	86.5	81.3	—	—

同步薄层罩面措施后评价数据　　表 4-39

养护前后对比		序号 3(同步薄层罩面)		序号 4(同步薄层罩面)	
		PQI	PCI	PQI	PCI
养护前		86.7	85.1	87.4	86.4
养护后	0	96	97	96.5	97.8
	1	93	94	93.4	94.7
	2	92.1	92.1	—	—

由表 4-38、表 4-39 可知，序号 1(微表处)实施桩号与序号 4(同步薄层罩面)实施桩号重叠，说明该路段在经过一段时间运营后，再次实施养护，则微表处的使用寿命 $N_{微表处}=2.25$ 年。

(4)构建措施样本分析库，校正初始措施库

对微表处而言，构建措施样本分析库：

$$\mathbf{ANA}_{\mathrm{p1}}=\begin{bmatrix} 89.4 & 85.2 & \text{轻度纵缝} & \text{轻度横缝} & \text{轻度坑槽} & 95.8 & 96.0 & 23 & 2.25 \\ 87.8 & 84.2 & \text{轻度纵缝} & \text{轻度横缝} & \text{修补} & 95.5 & 97.2 & 22 & — \end{bmatrix}$$

将 $\mathbf{ANA}_{\mathrm{p1}}$ 与路面预防养护原路面状况矩阵 $\mathbf{ME}_{\mathrm{pin}}$ 各项措施库参数进行比较，由于 $87.8\in[85,90]$，$84.2\in[85,90]$，因此不对微表处措施的原路面性能指标 PQI、PCI 上下限进行修正。

将 $\mathbf{ANA}_{\mathrm{p1}}$ 与路面预防养护措施库矩阵 $\mathbf{ME}_{\mathrm{pin}}$ 的 3 种主要路面病害进行比较知，主要病害形式“轻度纵缝、轻度横缝”一致，由表 4-35 可知，轻度坑槽的单位公里病害面积大于修补的单位公里病害面积，因此选择轻度坑槽为第三种主要病害形式，则微表处适用的原路面 3 种主要病害形式修正为轻度纵缝、轻度横缝、轻度坑槽。

将 $\mathbf{ANA}_{\mathrm{p1}}$ 与路面预防养护措施库矩阵 $\mathbf{ME}_{\mathrm{pin}}$ 的使用寿命上下限进行比较可知，微表处的跟踪使用寿命 $2.25\in[2,4]$，不对微表处的使用寿命区间进行修正。

将 $\mathbf{ANA}_{\mathrm{p1}}$ 与路面预防养护措施库矩阵 $\mathbf{ME}_{\mathrm{pin}}$ 的养护单价上下限进行比较可知，微表处的养护单价 $23\in[18,23]$、$22\in[18,23]$，不对微表处的养护单价区间进行修正。

由此构成微表处的修正后养护措施向量 $\mathbf{AA}_{\mathrm{PRE1}}$ = {85,90,85,90,轻度纵缝,轻度横缝,轻度坑槽,2,4,18,23}。

(5)持续搜集数据，动态更新路面养护措施库

4 个预防养护工程实施至今尚无新的养护工程，无须更新路面养护措施库。

4)小结

综上所述，本场景以道路养护中最重要的分项工程——路面工程为切入点，以建立符合工程实际的养护措施库为目的，将传统依靠经验建立的路面养护措施库与实际的养护工程及后评价过程相联动，建立“养护决策—养护施工—养护后评价”闭合联动，形成基于真实数据修正、养护决策优化、养护预算合理的良性循环。同时，本场景建立的路面养护措施库区分不同养护类型(预防养护、修复养护)，根据养护类型的不同建立具有实际指导性的适用性修正准则，明确各类措施适用的原路面状况、交通量轴载、养护单价及养护寿命，真正将养护各阶段数据进行有机联动，使养护措施更加科学、合理、有针对性，以修正后的养护措施库进行辅助养护决策，使公路养护方案及养护预算与实际更加贴近，趋于准确。

4.2.2 区域养护专家库

1)必要性

不同地区的气候、环境特征必然导致不同区域的路面病害特征、养护措施、性能变化趋势有所不同。传统养护基本不考虑不同地区的差异化养护需求，由此制定出的养护方案不具有针对性。

现有公路资产管理子系统之间大多独立运行，缺乏数据之间的深度挖掘与利用；不同分项工程之间的数据没有交互，形成“信息孤岛”。实际上，公路各分项的养护管理之间是相互联动、有机构成的。某一分项的病害产生，并不只是单纯由该分项的原因导致的，而是一个需要综合公路系统进行全局分析。随着数据采集手段的不断进步，形成了海量多元异构大数据。建立基于机器自学习、数据深度挖掘的算法和模型，形成适合不同地区的公路养护决策体系、模型库、决策库，对提升公路管养水平极为必要。如图 4-27 所示，即在养护各阶段所采集的数

据，让数据在平台各模块中活起来，从时间、空间维度建立不同阶段数据的纵横向联系，形成一个不断更新的区域性养护智库，深度服务于养护科学决策及养护精细化管理。

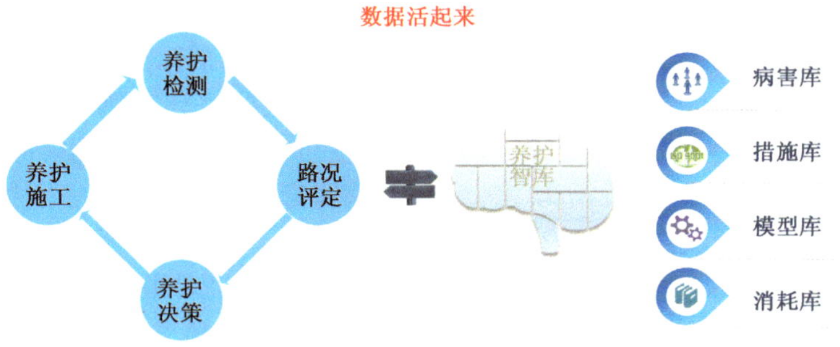

图 4-27　养护智库分析示意图

养护智库具体包括病害库、措施库、模型库、消耗库。

(1)病害库：记录各类路产在日常养护过程中的病害集合。

(2)措施库：记录各类路产对应不同养护类型、不同病害的养护措施集合。

(3)模型库：用于辅助公路养护决策的各类性能模型及决策模型。

(4)消耗库：对应不同养护类型、实施单位工程量不同养护措施所需消耗的人员、材料及机械集合。

2)分析场景

(1)基于机器学习的专家库完善

联动公路各分项工程从检测、评价、决策到养护工程实施的全过程数据，不断积累全链条的寿命周期数据。基于养护工程的具体实施及性能跟踪、后评价，联动工程实施前的旧路状况、气候环境、交通水平，不断完善修正措施库与病害库，建立适用于不同交通荷载等级、不同气候条件及旧路状况的养护措施库，如图 4-28 所示。

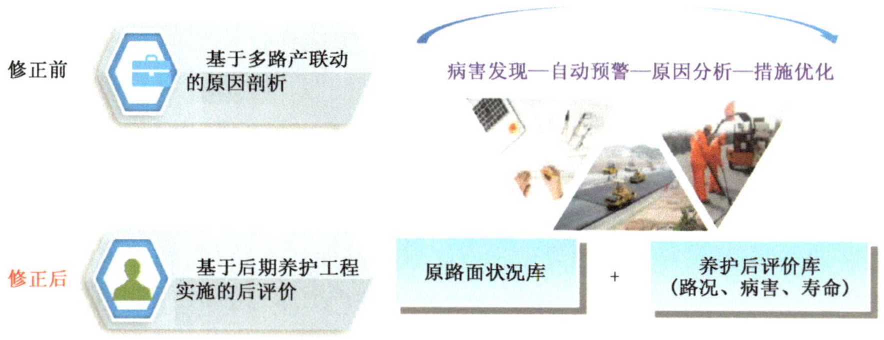

图 4-28　多方联动的措施库修正

(2)养护工程标准化

基于各分项、各类养护工程的实施及人、机、料数据跟踪，运用大数据分析手段，建立各类养护作业的标准化消耗清单、人员机械配置需求，同时修正养护定额库，如图 4-29 所示。

(3)基于多方联动的原因剖析及措施修正

如图 4-30 所示，基于不断积累的养护历史，自动筛选出高频养护路段并进行预警，尤其是同一措施频繁实施且路况仍未改善路段。联动不同分项积累的动态检测数据进行综合分析，自动修正养护方案。在结合相关数据库基础上，能够通过实时、离线两种方式给出原因分析，并给出损坏修复最佳建议。

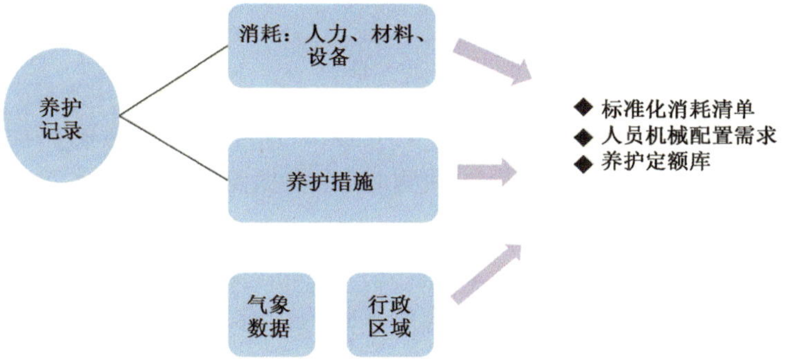

图 4-29　养护消耗库、定额库建立示意图

图 4-30　病害原因剖析示意图

(4)养护效益宏观分析

如图 4-31 所示，根据全国养护经费的宏观经验及内蒙古地区的实际情况，结合高等级公路的养护质量要求，利用大数据分析与建模手段，分析养护经费的使用效率，找出经费待优化的使用环节、场景，充分利用历史投入养护经费、路况 PQI 等数据，分析投入产出效益，分析每提升/维持 1 个单位路面性能数据百分比与养护投入之间的宏观关系。

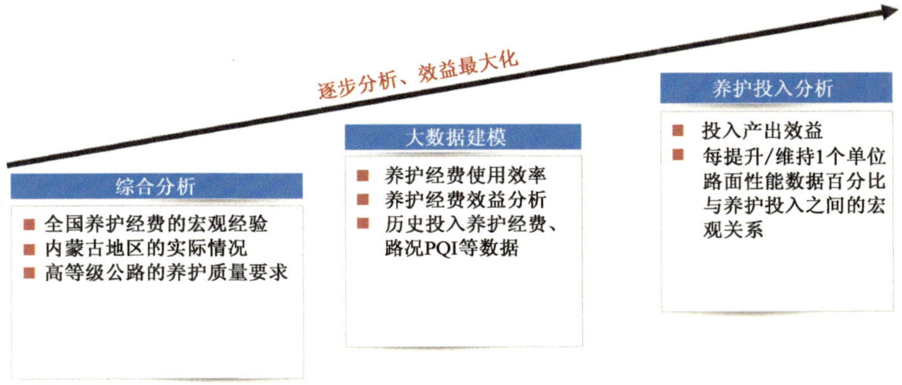

图 4-31　养护效益分析示意图

4.3 本章小结

(1)按路面性能模型服务的路面结构类型不同,将用于养护决策的路面性能模型分为原路面模型、养护后模型。各年度路面性能预测时,应根据路段的养护类型选择相匹配的模型类型。

(2)原路面模型建模数据库由基础库及修正库组成。其中,基础库包括基础数据库、多维动态路面性能库、交通量轴载库,主要用于构建基础的性能模型;修正库包括养护历史库,主要服务于模型优化。

(3)基于机器学习的省级路面性能模型预测步骤主要包括检测数据及养护历史获取及预处理、数据质量提升、模型参数优化、模型结果输出。

(4)采用3种机器学习方法对PQI进行预测,需采用交叉验证及网格搜索对各模型参数进行调整和优化,得到预测精度最高的模型并输出预测结果。

(5)以某省为例,比较随机森林、LightGBM模型和XGBoost模型等3种方法在相同情况下路面性能PQI的性能预测,表明XGBoost模型和LightGBM模型能够较好地还原路面性能指标值随时间变化的趋势,预测值与实际值基本一致,且XGBoost模型的预测效果最佳,可以为公路检测与养护工作规划提供理论依据。

(6)以某省五个分区为例对比3种机器学习方法的PQI预测结果,发现受分区预测样本数量影响,五大区域平均R^2达到0.72,比整体运用XGBoost模型预测的R^2低0.234。

(7)各维度预测模型分别适用于养护决策的不同需求,其中省级预测模型用于预估全省路面性能平均发展水平及趋势,为省内路面养护效果提供基准;片区级预测模型在考虑片区差异化因素的前提下建立,可为不同片区路面全寿命周期养护效益评价确定效益面积提供依据。

(8)建立了一种基于养护历史修正的路面性能预测方法。该方法基于路线历年的路况、交通量数据及养护历史数据,采用“模型分组、逐年累加排除养护历史影响、数据更新动态校正”的建模思路,得到一种基于未处治的历年实际路面性能数据、考虑交通量累计轴载影响的路面性能衰变模型。

以浙江某高速公路为例,进行原路面模型优化与传统建模方法的示例对比,深入分析两种建模方式对养护决策的影响。原路面模型建模优化方法建立了一路N模型,采用模型分组理念细化不同路段特征的路况变化趋势,考虑养护历史、年累计当量轴载的影响,优化后模型较传统方法建立的模型更具有路段针对性,路况预测更科学、合理。

(9)提出基于多维联动的养护措施库修正流程及详细步骤,将传统依靠经验建立的路面养护措施库与实际的养护工程及后评价过程相联动,区分不同养护类型(预防养护、修复养护),根据养护类型的不同建立具有实际指导性的适用性修正准则,明确各类措施适用的原路面状况、交通量轴载、养护单价及养护寿命,建立“养护决策—养护施工—养护后评价”闭合联动,形成基于真实数据修正、养护决策优化、养护预算合理的良性循环。以某路线为例进行全流程修正示范。

(10)为解决传统公路养护方案针对性差、无动态联动的问题,根据公路养护管理需要,需结合养护全周期数据建立差异化养护专家库,包括病害库、措施库、模型库、消耗库。同时提出四大分析场景思路,包括基于机器学习的专家库完善、养护工程标准化、基于多方联动的原因剖析及措施修正、养护效益宏观分析。

第5章

CHAPTER 5

公路综合养护管理平台开发及应用

随着国家“互联网+”战略的实施,养护信息化已成为整个行业势不可挡的发展趋势。目前已开发的公路养护管理平台不在少数,但真正能将数据充分挖掘利用、真正指导养护管理的几乎为空白。本章从实际应用的角度,自主开发融合多维数据挖掘及成套养护决策优化的公路养护综合管理平台,研究各关键技术在平台中的实现,为养护管理单位提供科学、有效、合理的决策方案。

5.1 平台框架

5.1.1 平台定位及框架

1)建设原则

(1)先进性

在系统结构和技术应用上体现系统的先进性,搭建的系统是一个多功能的平台,通过合理的功能模块和逻辑结构的划分,使之能方便拆分组合,适应多种应用;充分运用互联网的优势,实现 Browser/Server 的技术架构,满足用户的需求。

(2)安全性

系统设计成一个授权访问平台,任何用户要使用系统的数据和通信服务,都要经过系统授权,未经授权的用户无法使用系统。同时系统要设计足够“健壮”,防止恶意攻击和偷窃数据。

(3)高效率及稳定性

要求对系统的访问效率要足够高,主要包括较快的地图调出速度和较快的网页刷新速度。同时系统要能支持多用户的同时访问,避免因系统某一环节的瓶颈造成整个系统访问效率低下。系统应具备很好的容错能力,对错误及时进行响应。

(4)标准化

系统建设遵循交通运输部数据元采集规范和质量标准,系统设计严格遵循有关国家、地方标准和有关行业标准。

(5)兼容性

系统中采用的硬件平台、软件平台、网络协议等符合开放系统的标准,并能够与其他系统实现互联。在总体设计中,采用开放式的体系结构,使系统易于扩充,使相对独立的分系统易于进行组合调整。有适应外界环境变化的能力,即在外界环境改变时,系统可以不做修改或仅做少量修改就能在新环境下运行。同时系统建立开放式数据接口,支持其他厂商工程应用软件在网络化工程管理系统中运行。

(6)可扩充性

系统的建设,必须遵循开放、兼容和可互联的原则。系统开发中保持系统结构模块化,软件平台积木式组装,保证系统具有较长的生命力和扩展能力,满足将来系统升级的需求。

(7)利旧性

在建设中充分利用现有的信息资源、软硬件及网络基础设施、机房等场所，对现有资源利用最大化，充分保护既有的信息化投资，充分利用已有的一期平台及各类数据，按照资源整合、“一数一源”的方式构建数据库，同时充分借鉴原有的系统功能，依托现代化信息技术进行改进、完善和提升，从而以最小的代价得到最大的效益。

(8)易实施

系统的设计要能较好地划分各子系统，便于分步、分期实施，同时要充分考虑系统的可行性，使各系统便于实施。

2)平台定位

公路综合养护管理平台将全面贯彻智能养护新理念，突破传统养护管理数据利用率低、管理粗放的问题，引入全时空概念，以数据为根本，在空间上以公路路产为主线、时间上以养护全周期进行贯通，让数据开口“说话”，构建养护管理规范化、养护决策科学化、养护作业标准化、业务交互协同化、统计分析自动化、综合展示多样化的管理平台，最终实现对省(自治区、直辖市)级层面公路养护的精准化、差异化管理。

3)目标用户

自主开发一套融合大数据挖掘技术的公路综合养护管理平台(以下简称“公路养护平台”)，为各类公路养护管理单位提供公路养护管理全周期服务。具体的目标用户包括以下两类。

(1)项目级用户：管理单条路线的管理机构。

(2)网级用户：管理一定区域内多条路线的管理机构。

4)技术框架

公路养护平台的技术架构主要通过 J2EE 平台及 GIS 技术平台进行构建，采用模块化、构件化、面向对象的设计开发模式、基于 SOA 的技术架构 N 层结构的技术体系，支持大数据技术(Hadoop)契合保险应用。

公路养护平台总体技术架构如图 5-1 所示。

总体上看，公路养护平台可分 5 个逻辑层次：

(1)采集层。采集层是数据源层的基础。一是与不同设备及系统实现无缝对接，如各类路况检测设备、检测车辆、交通量观测站等。二是通过人工采集的方式采集数据。

(2)数据源层。数据源是整个平台的基础。各类基本数据、外部数据等通过数据交换系统，按照统一的数据标准进行数据整理、合并、清洗，形成以基础信息数据库、道路养护数据库和养护决策数据库为三大核心的数据资源池。

(3)数据管理层。基于数据源，按照道路养护管理的具体业务，构建数据管理层。数据管理层由基础数据模块、路况评定模块、养护决策模块等共同组成。

(4)展示层。通过数据源和数据管理层各系统的数据整合、分析，最终结果将通过计算机(PC)、平板电脑、手机 App 的方式，以表格、图片、柱状图、折线图、饼状图、电子地图等多种形式进行直观的展示。

(5)用户层。平台用户包括项目级用户、网级用户、有养护决策需求的用户等。根据各角色不同的需求，开放与之权限对应的功能和数据。

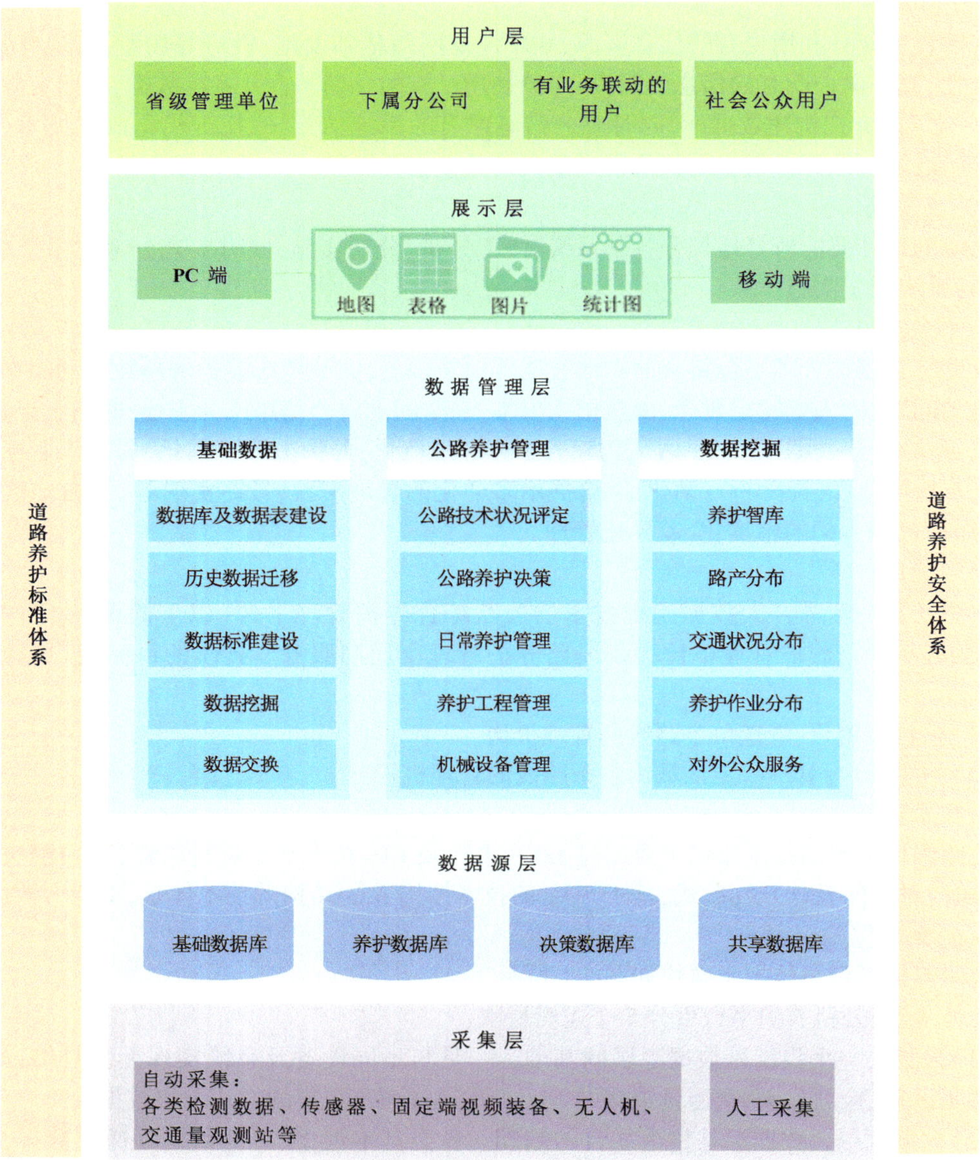

图 5-1　公路养护平台总体技术架构

5）网络框架

（1）访问层

访问层负责客户端海量长/短连接的管理，以 TCP/HTTP 等方式建立与客户端通信的加密通道，保证数据合法性、正确性校验。用户通过 Web 访问系统，可支持外网或虚拟专用网络（VPN）内网方式访问。

（2）网络层

网络层介于访问层和数据处理层之间，管理网络中的数据通信，提供最基本的端到端的数据传送服务。在网络层上部署有防火墙、交换机、LVS 负载均衡等。防火墙依照特定的规则，允许或限制传输数据的通过。交换机负责完成信息交换功能。LVS 负载均衡负责扩展网络设备和服务器的负载、带宽、增加吞吐量。

(3)服务器组

基于对养护业务资源及数据的分类整理,应用统一的建设规范和数据交换标准,保证各类数据在各模块间实现共享、交换。服务器组包括基础数据库、路况评定业务数据库、养护决策业务数据库。

(4)数据层

数据层包括数据库、缓存系统和文件系统。参照数据建模方法对信息资源进行规划设计,对各领域的数据、管理方式和服务方式进行逻辑结构上的划分,为各类应用系统建设提供各类基础数据支持,提升数据标准化程度。

5.1.2 开发及运行方式

公路养护平台采用 B/S(Browser/Server,浏览器/服务器模式)结构开发,采用 JAVA 开发编程,服务器端可实现云端部署。B/S 架构的最大优势在于可随时在有网络的条件下,通过浏览器实现对系统的操作和业务应用,客户端零安装、零维护,系统的扩展性强。

通过交换机和防火墙访问互联网,用户单位需要通过互联网对服务器进行访问。网络部署架构如图 5-2 所示。

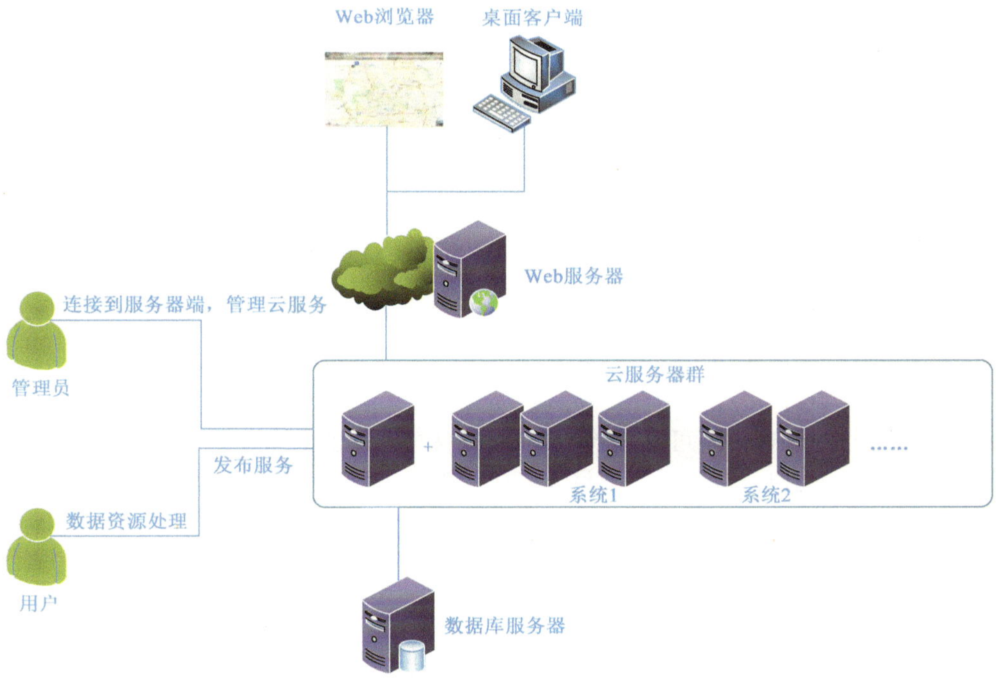

图 5-2　网络部署架构

5.1.3 数据库设计

1)数据分类和构成

公路养护平台数据包括道路基本数据和养护业务数据。数据类型包括道路基本信息、道路检测信息、技术状况评定信息、养护历史信息、养护决策信息、统计报表信息等。

以大型关系数据库为依托,利用面向对象的技术,建立公路信息资源整合综合数据库,主要包括 GIS 基础数据库和公路资产数据库两大部分。其中,GIS 基础数据库包含基础地理数据、定位数据、图片数据;公路资产数据库是公路养护业务的依据和成果。

在公路养护决策及管理业务中,涉及各类多源数据,其不仅包括常规的关系型属性数据,同时涵盖其他各类格式的数据。例如,矢量数据和栅格数据(地理空间数据)、检测设备输出数据(.r 格式等)、多媒体数据(影像图片)。传统的关系数据库无法对多源异构数据进行存储及管理,为了高效集成各种类型及来源的数据形式,需要对数据进行清洗及交换。系统在数据库中对各类数据进行唯一性编号,以批次方式对动态数据进行管理,建立各数据之间、数据文件与道路资产属性、动态数据之间的关联关系,借助公路养护平台实现多源数据整合、集成,构建一个基于统一标准的数据池。

2)GIS 数据库设计

GIS 数据库包括属性数据、图形数据。属性数据为各类对象的特征属性等数据,图形数据为各类对象的矢量化格栅数据。

公路养护平台涉及两类 GIS 图层,具体如表 5-1 所示。

GIS 图层分类　　表 5-1

图层名称	用　途	内　容
底图图层	地图背景	路产静态属性
工作图层	与管理平台相关的业务展望	动态数据、决策数据、养护工程管理数据

公路养护平台工作图层以显示动态数据为主,因此 GIS 属性数据库的设计采用关联数据库方式,即建立对象数据库与工作图层属性数据库的关系,图层对象同步至数据库。

3)关系数据库设计

数据库管理软件应选用高可靠、高伸缩、高稳定、高性能的大型关系数据库软件,以保障数据交换与共享安全、稳定、快速运行,满足未来建管养管理的业务扩展需求。

5.1.4 数据流向

数据是整个平台的基础,其流转过程即为整个平台的业务流转过程。以公路养护数据为例,说明数据全生命周期流转过程,如图 5-3 所示。

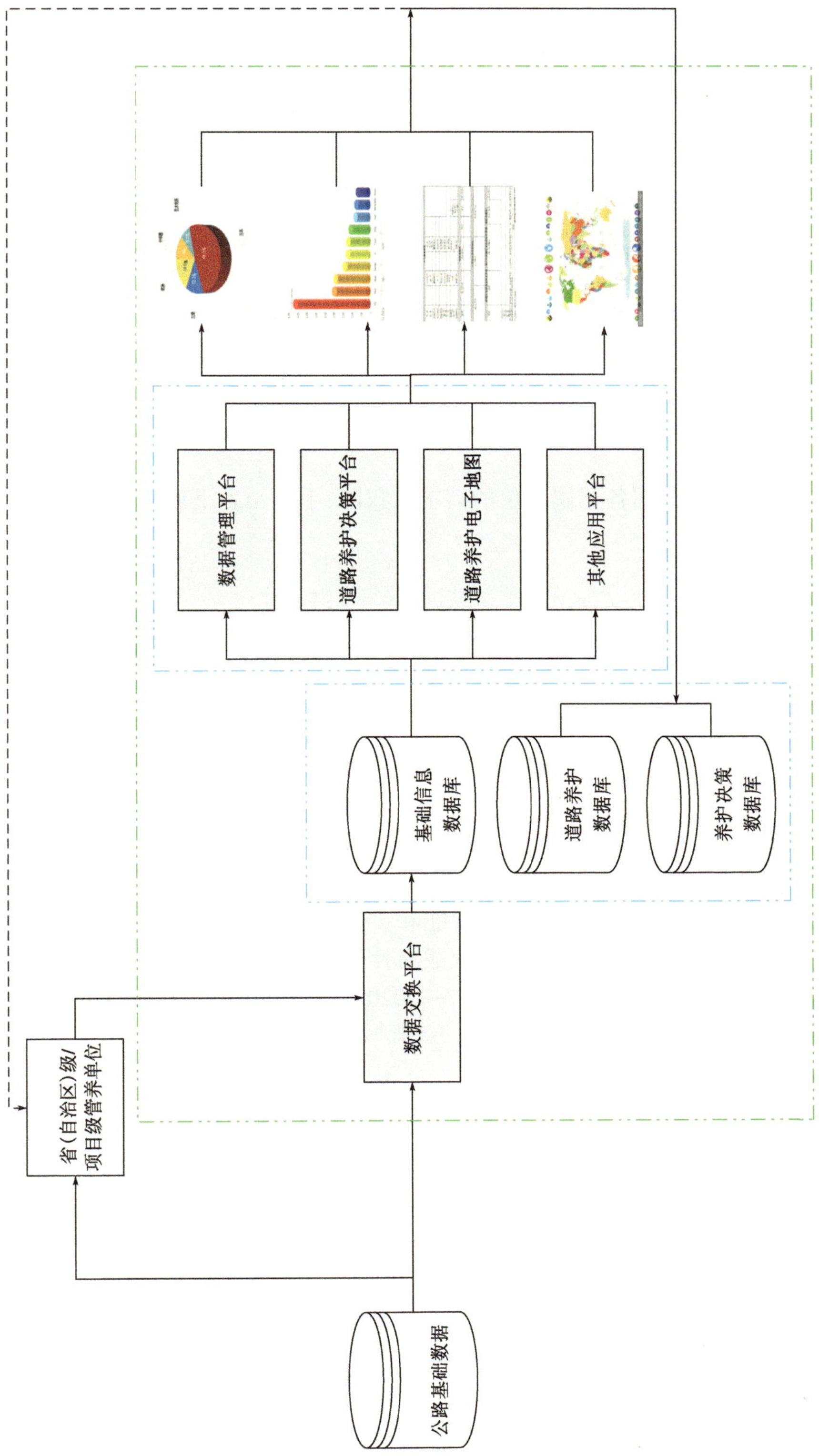

图5-3 公路养护数据流转示意图

数据流转图说明：

(1)通过前端传感器、人工录入等方式形成的各类公路基础数据、影像数据，上传至所属省(自治区)级或项目级管养单位。另一方面，根据各省(自治区)属公路局及数据采集设备的实际情况，在可直接传输的情况下，数据直接通过公路养护平台开放的数据接口上传至本平台。若不能直接上传，可通过省(自治区)属公路局按照公路养护平台发布的数据标准，将数据整理后通过数据接口上传至本平台。数据交换系统将按照预先约定好的数据规则，对数据装载、清洗、字典替换等过程配置相应的数据抽取任务，将符合业务规则的数据入库到基础信息数据库，隔离不符合业务规则的数据。

(2)形成的基础信息数据库中的数据，与其他数据库中的数据一同作为数据管理子平台、道路养护电子地图、道路养护决策子平台的数据支撑，形成统计、分析、决策结果，以图表、地图等方式进行展示。

(3)形成的相关统计、分析、决策结果又作为道路养护数据库或养护决策数据库的一条记录入库。

(4)形成的相关结果根据各下属单位的需求及权限，下发至各下属单位，做到数据共享。

5.2 网级平台应用

5.2.1 内蒙古高等级公路建设开发有限责任公司养护管理平台

1)开发背景

我国已将发展大数据提高到国家战略高度，习近平总书记高度重视大数据发展。党的十九大报告指出，要推动互联网、大数据、人工智能和实体经济深度融合。内蒙古自治区党委、政府坚定不移地把大数据、云计算产业作为培育战略性新兴产业的主攻方向。有关重大工程建设，《内蒙古自治区大数据发展总体规划(2017—2020 年)》中明确提出“智慧交通大数据创新应用工程”，即利用公路、水路、民航、铁路、轨道、邮政、通信、气象、人口、土地等数据资源，建成综合交通服务大数据系统。

2019 年金秋，中共中央、国务院印发《交通强国建设纲要》，为我国未来的公路交通建设提出了发展目标。为了向着建设“现代交通 +”、重塑交通时空形态的目标努力，内蒙古高等级公路建设开发有限责任公司(简称“内蒙古高路公司”)与时俱进，地企联合，开发了基于大数据分析挖掘技术、互联互通的公路综合养护管理“一平台”，形成了基于高分遥感的自治区养护管理决策“一张图”。

2)用户需求

(1)省(自治区)级用户需求

省(自治区)级用户是指内蒙古高路公司，其需求包括以下几个方面：

①以资产为中心的全业务管理需求。

针对内蒙古高路公司管辖的各类资产——路基、路面、桥梁、隧道、沿线设施，建立以资产为核心、以业务为驱动的养护全过程管理体系，实现各类资产基础数据采集、检测评定、养护决策、日常养护、养护工程、设备管理、人员管理、作业安全及应急管理，深入挖掘各类资产的业务数据联动，实时掌握各类资产的养护进程，建立贯穿全过程的养护管理。

②数据互联互通的需要。

省(自治区)级用户需要接入已有公路资产管理系统、桥梁健康监测系统及相关养护业务系统，掌握所辖公路网路基、路面、桥梁、隧道、沿线设施等基础数据及相应的养护数据，按照实际需求实现管辖范围内公路网管养数据的汇聚、分析和处理，并实现对各类上报和共享信息数据质量的审核与评价。

③路网技术状况管理的需要。

省(自治区)级用户需要对公路网路基、路面、桥梁、隧道等进行监测和监管，对桥隧进行健康安全监测与监管，这是当前以及今后公路养护管理的重点工作。需要建立针对路面、桥梁和隧道的数据管理工具，实现基础信息、检测信息、技术状况评价等信息的查询、统计等功能。

④综合分析可视化的需要。

需要通过一个可视化平台实现多种养护信息综合可视化，包括路线、路面、桥梁、隧道等公路资产基础数据的可视化。实现以地理信息系统为基础，融合高清图像、路面图像、桥隧构造物图像等信息，综合展示公路资产的基础数据、监测数据、评价数据、决策数据、预警数据、养护管理数据等各类信息。

⑤综合养护投资决策的需要。

用户需要根据内蒙古地区的养护资金及养护目标要求，制订公路养护投资年度计划及中长期养护规划。养护决策需要依据当前行业标准或者成熟技术，选择使用预测模型、资金需求分析模型、养护投资效益分析模型。同时，养护投资决策应在实践过程中得到有效反馈，并动态更新模型参数，建立适合内蒙古地区的修正模型库，实现养护投资决策水平的优化和提升。

⑥数据共享流程规范化和制度化的需要。

用户需要规范化省(自治区)级平台的数据报送指标体系，更好地实现省(自治区)级平台与下游数据共享与交换。在现有国家及行业标准的基础上，建设统一的公路资产养护管理信息化制度及管理体系，涵盖系统日常运行、数据报送、数据质量、数据集成、数据发布、安全保密等各方面内容，支持公路资产状况的统计分析，满足各类报表的实际需求。

(2)下游用户需求

下游用户是指内蒙古高路公司下属的分公司、养护所及与其有养护业务往来的单位，其需求包括以下几个方面：

①信息系统建设标准需求。

下游用户在开展公路养护资产管理方面缺乏行业内的指导，需要本项目在实施过程中建立系统的技术要求和相应的标准，供下游用户建设统一的公路综合养护管理平台。

②定制养护报表的需求。

定制各类养护工程管理中的报表，实时各相关业务单位联动，减少人工干预。

③提高数据交换效率的需求。

提供更加高效和先进的数据交换方式，有效减少数据上报过程中的差错，提高数据交换的效率。

3)项目范围

(1)管理范围

涵盖内蒙古高路公司路网路基、路面、桥梁、隧道、沿线设施(以下简称"五大路产")等公路基础设施,实施包含路产公路技术状况检测及评价、公路网养护需求、公路网养护项目投资决策、公路网养护工程管理、日常管理及资源管理、应急管理、综合养护展示等一系列管理活动。

(2)用户范围

定位为省(自治区)级系统,主要用户为内蒙古高路公司。下属分公司及有业务联动的用户根据配套的数据报送管理办法和数据管理体系的相关要求。通过平台报送相关数据;并可根据权限分配查看相应的数据和模型。

(3)业务范围

根据内蒙古高路公司的职能及内蒙古公路网的养护管理需求,本项目的业务范围界定为:以五大路产为载体,实现各资产从检测评定—养护决策—日常管理—养护管理—应急管理—安全管理的全过程流程闭合,满足内蒙古地区路况监测、养护项目投资决策、养护工程管理、日常管理、资源管理、应急管理等业务管理和公众出行服务需求。

(4)数据范围

数据范围涵盖高路公司路网路基、路面、桥梁、隧道、沿线设施等主要公路资产的基础数据、检测数据、评价数据、决策数据、养护工程数据、图像及视频数据,从时间维度上包括历史数据、现状数据和未来需求数据等。通过内蒙古公路综合养护管理平台的应用,形成覆盖全区、包含多年数据的内蒙古高路公司路网动态数据库。

4)建设内容

项目建设内容包含"两个平台""公路养护管理模块"及其搭载的"十大业务系统""一个终端"(图 5-4)。

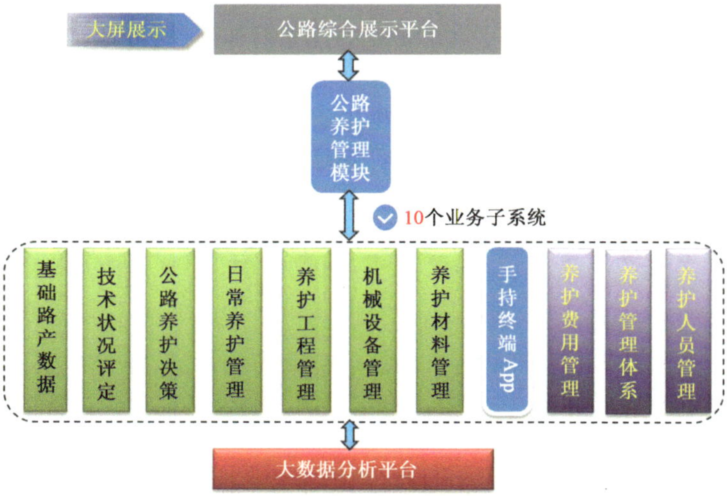

图 5-4 项目建设内容

5）平台亮点

“一图一平台”突破了九大技术难题：

（1）统一全区数据标准，实现纵横向数据共享及业务贯通

为解决传统养护管理存在的信息孤岛、重复采集、数据脱节等问题，项目着眼于“顶层设计”，以“一图一平台”为核心，“一模块、八系统、一终端”构成养护决策应用生态，在省（自治区）级层面统一全区数据共享标准，各模块实时共享、互联互通，与大数据分析平台、公路综合养护展示平台进行数据交互及展示联动，有效解决了传统养护管理的信息孤岛、重复采集、数据脱节问题，实现全区公路养护数据资源标准化（图5-5）。

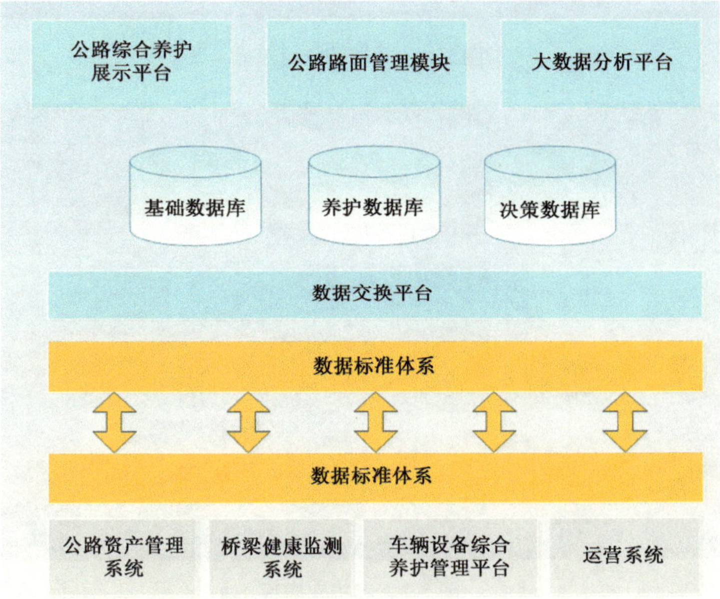

图5-5 养护数据资源标准化

（2）建立以路产及单元为主线的养护全周期管理体系

传统养护管理以公里作为单元精度，未建立基于“单元”的养护全周期数据管理，数据利用率低，管理较为粗放。公路养护平台利用高分遥感影像，对全区路产进行统计评估，将其划分为百米级分析单元，如图5-6所示，记录各单元从初始、路况发展、养护干预及养护后评价的各阶段数据，形成单元的养护健康档案，为大数据分析提供精准的数据支撑，最终形成基础数据、检测评定、养护决策、日常养护、养护工程的全周期、溯源式管理体系。

（3）首次引入大数据分析技术与养护效益概念，提出具有区域特色的“五库、一分析”

为解决内蒙古地区工程师数量不足、人员素质高低不平、资源调配不均衡的问题，公路养护平台融合大数据挖掘技术，基于历年养护全周期大数据积累及机器自学习，建立不断优化的单元库、病害库、模型库、方案库、消耗库，形成具有内蒙古地区特色的差异化养护专家库，如图5-7所示，提升全区养护作业标准化水平和养护决策的科学性，最大限度优化养护资源配置。同时，引入“养护效益”（图5-8）概念，为辅助养护决策提供直接的投资参考。

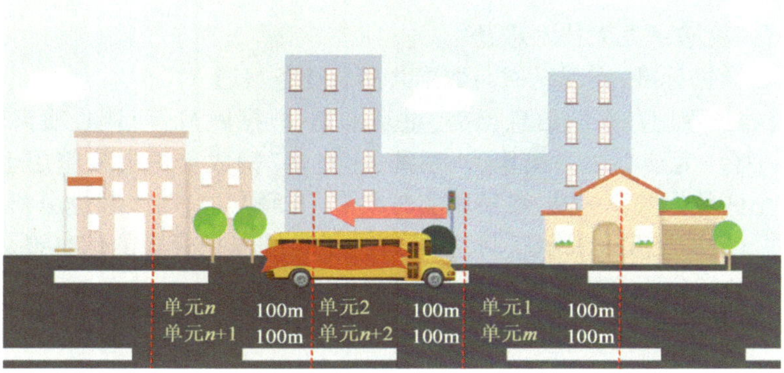

图 5-6　百米级分析单元

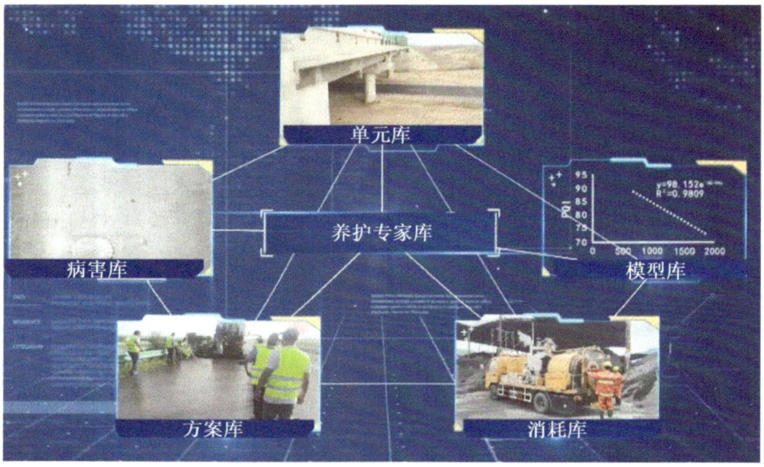

图 5-7　养护专家库

图 5-8　养护效益示意图

(4)打破交互壁垒,实现养护管理全流程与办公自动化(OA)审批深度融合

传统业务平台最大的问题在于 OA 系统与业务系统分离,各自为政,养护管理溯源性差;公路养护平台开创性地在日常养护、养护工程、应急工程、养护材料管理中,成套融合了内蒙古

高路公司各类养护管理制度，实现养护管理在线多层级审批、业务数据采集、成套报表生成为一体的全功能养护业务闭合式管理（图5-9），真正实现了养护管理跨区域、跨专业、跨部门的高效业务联动。

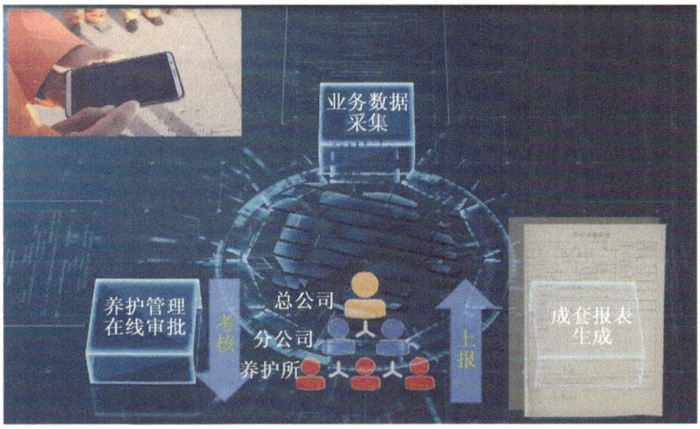

图5-9 养护业务闭合式管理

（5）首创手持终端现场病害智能检测

养护巡查工作投入量大、对安全作业要求高。为解决传统巡查效率低、人员素质参差不齐带来的病害误判问题，公路养护平台配套开发了用于现场数据采集的手持终端App，国内首创在App中嵌入路面病害自动识别技术。如图5-10所示，巡查人员现场发现病害后，通过内置的路面损坏识别算法，自动判别病害类型并将结果返回终端，识别准确率超过90%，以算法的科学性，逐步取代人员判断的主观性，真正实现了巡查数据的高效、准确采集。

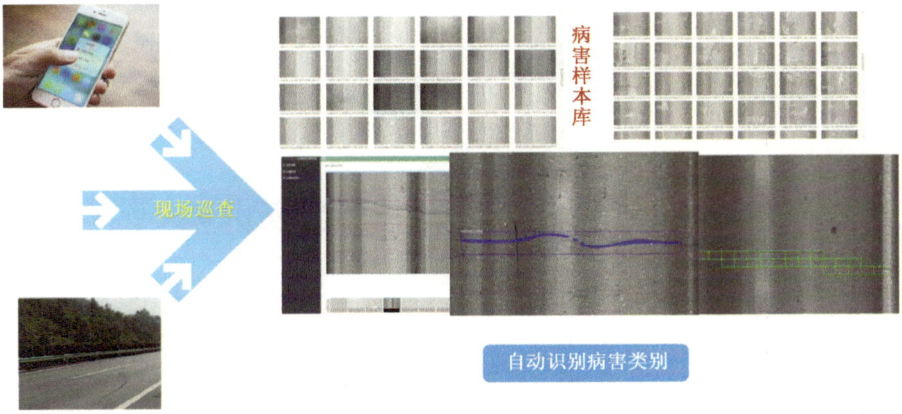

图5-10 手持终端现场病害自动识别

（6）基于人、机、料的日常养护精细化管理

养护资源能否合理配置直接关系到养护管理效率。传统养护资源调配多依赖线下沟通，响应效率低，资源未得到最优分配。如图5-11所示，公路养护平台基于物联网技术，以业务驱动为主线，将日常养护系列作业清单与人员、物资、设备等资源调用实时在线联动，形成闭合流

程及精细化管理。同时，结合日常养护管理需求，建立巡查频率库、修补时限库，自动进行日常养护作业规范化预警提醒。

图 5-11　日常养护精细化管理

（7）全面引入主动养护理念，构建科学的路面养护决策体系

如图 5-12 所示，公路养护平台全面引入路面预防养护成套技术，化被动为主动，弥补了传统管理系统中预防养护规划缺失的短板。决策基础数据与大数据深度融合，而且可根据决策者的管理需求，进行不同约束条件的决策优选，保证决策结果的准确性、科学性，把宝贵的养护资金分配到最需要的路产单元。

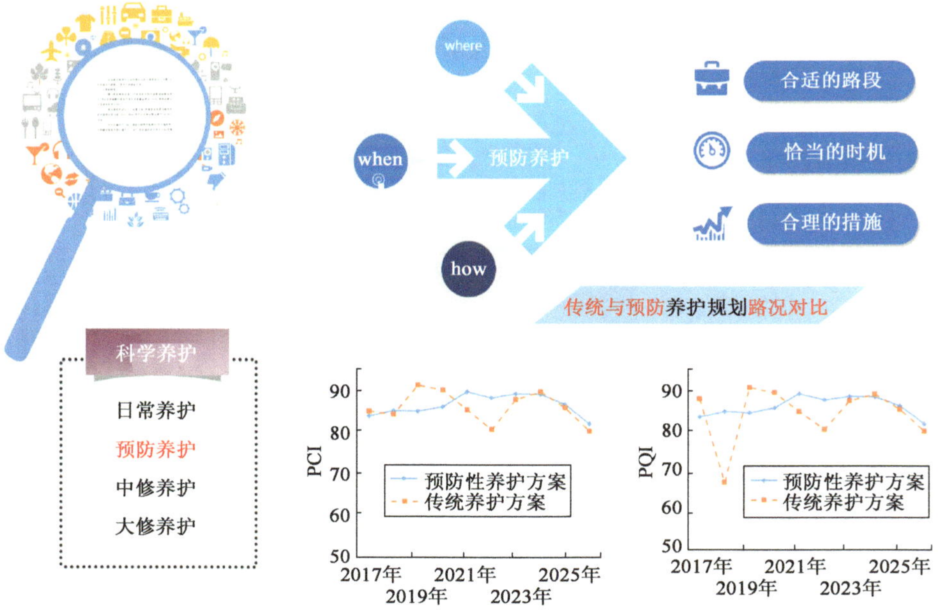

图 5-12　传统养护与预防养护理念示意图

（8）溯源式养护费用闭合管理

在当前养护经费普遍不足的情况下，对养护经费的投入、来源、使用进行精细化管理极为

必要。为解决传统养护管理中经费管理溯源性差、与业务结合度弱的问题,公路养护平台针对性开发了各养护业务的费用管理联动模块,通过对比各分公司年初拨付与实际花费情况,统计并掌握资金使用效率,实现养护经费与养护业务的闭环式、溯源式管理,也为后续统筹资金分配提供科学依据,如图 5-13 所示。

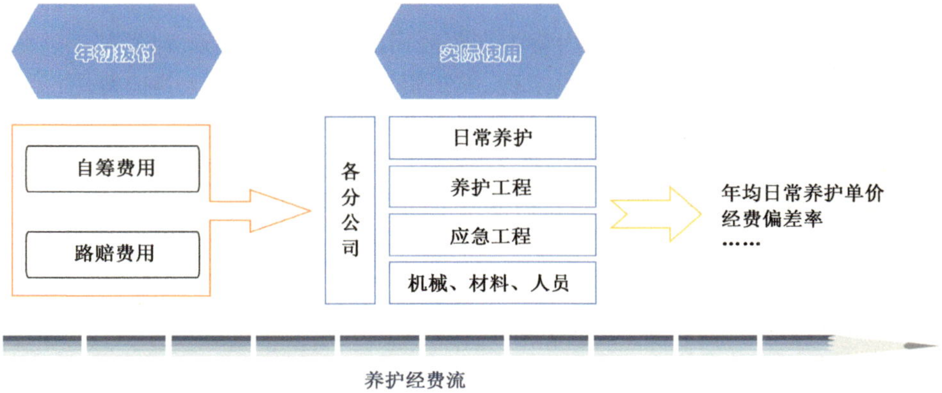

图 5-13 养护经费管理示意图

(9)匹配关注需求,打造分层级综合展示平台

为弥补传统养护管理统计滞后、可视性差的问题,专项打造了全国领先的综合展示平台,并根据用户层级分为内蒙古高路公司级、分公司级,极大满足了不同层级的实时、精准管理需求。

内蒙古高路公司级着眼于区域级决策与管理,供总公司使用,重点展示内蒙古自治区全区的养护费用组成、养护效益分析、养护资源分布、大数据分析库及对外公众服务,对下属分公司与养护相关的各项工作进行纵横向对比与考核,全面把控区域路产养护工作。

分公司级重点整合辖区路产单元的动态数据,包括公路技术状况、养护资源分布、App 使用活跃度、养护管理工作。

公路养护平台的建设为内蒙古自治区公路管养提供了标准化的科学决策体系,通过全寿命周期大数据挖掘测算,实现了养护模式"让数据开口说话,化被动为主动,变粗放为精细"的根本性转变。

6)基于区域特征的大数据分析应用

通过公路养护平台的建设,将实现养护管理规范化、养护决策科学化、养护作业标准化、业务交互协同化、统计分析自动化、综合展示多样化,最终实现对内蒙古自治区全区的公路养护精准化、差异化管理。

内蒙古自治区地域辽阔,因此,大数据分析模块也是着重从内蒙古地区的区域化特征着手进行数据分析与挖掘。

(1)内蒙古气候特征分析

从气候特征上看,内蒙古属于典型的中温带季风气候,寒暑变化剧烈。冬季漫长而寒冷,多数地区冷季长达 5 个月到半年之久。1 月份最冷,月平均气温从南向北由 -10℃ 递减到 -32℃。夏季温热而短暂,多数地区仅有 1 ~ 2 个月,部分地区无夏季。最热月份在 7 月,最高气温为 36 ~ 43℃。

全区温度分布由大兴安岭向东南、西南递增。

年降水量的分布与气温相反,大部地区降水稀少,且集中于夏季。

全区不同的气候、环境、降雨特征必然使不同区域的路面病害特征、养护措施、性能变化趋势有所不同,因此,大数据分析平台将紧密结合养护差异化的目标来进行设计和开发。

(2)大数据分析基础

公路养护平台的业务范围涵盖了内蒙古高路公司的所有养护业务,包括基础建库、数据采集、养护业务(日常养护、养护工程、应急工程、养护资源)、养护后评价(养护费用、后续检测评定、养护实施)。在养护各阶段采集数据,让数据在平台各模块中“活”起来,从时间、空间维度建立不同阶段数据的纵横向联系,形成一个不断更新的内蒙古地区养护智库,服务于养护科学决策及养护精细化管理,充分响应智能养护体系中的管理新理念。

(3)分析应用场景

①路面性能模型分析。

由第 4 章 4.1.1 节介绍可知,路面性能衰变模型正是决定养护决策准确性的重要影响因素。从模型对象类型来看,路面性能衰变模型分为原路面模型与养护后模型。原路面模型对应旧路路况的变化规律,养护后模型对应道路在采用不同养护后的路况变化情况。

传统的性能模型主要建立路龄与路面技术状况的关系,忽略了气候环境、交通量、养护历史等属性的影响。尤其对于养护后模型,由于缺乏对后续养护工程数据的跟踪采集,模型校正基本无从谈起。

本场景拟综合考虑气候、交通量、养护后评价等因素,采用机器自学习方法进行模型优化校正,最终建立满足不同规划与决策需求的自适应模型库。

②单位信用评价。

随着养护市场化改革不断深化,面对规模日益庞大的养护工作,如何从海量单位中优选履约信誉好的单位是管养单位面临的一大难点。如图 5-14 所示,本场景主要根据工程难易度、各单位历史在工程中的评分等级,使用熵权法(EW)和层次分析法(AHP)多目标决策对各单位进行综合评分,最终形成三类单位(设计单位、监理单位及施工单位)的信誉单位库。

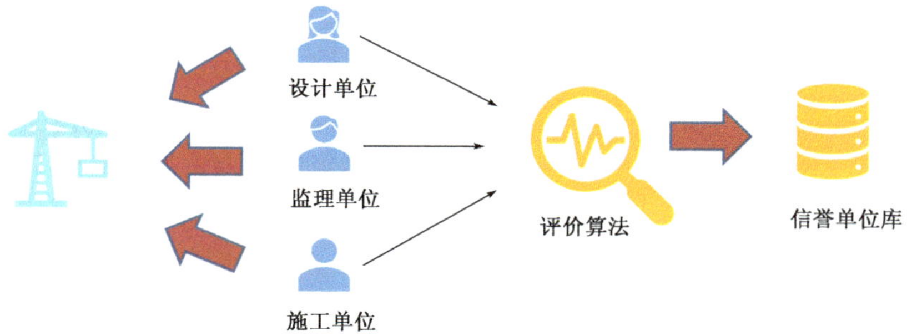

图 5-14　信誉单位库建立示意图

③机械设备使用分析。

机械设备使用分析:根据不同的养护业务场景下各机械设备使用量、使用时长,结合维修保养周期与设备平均使用年限,利用贝叶斯概率模型及相关的结果检测模型,分析出损坏概率。可据此进一步分析出养护机械设备维修需求、未来设备购置需求类型/数量。机械设备使用分析界面如图5-15所示。

图5-15 机械设备使用分析界面

5.2.2 甘肃"互联网+"养护管理平台

1)开发背景

为贯彻落实《国务院关于积极推进"互联网+"行动的指导意见》(国发〔2015〕40号)和《甘肃省人民政府关于印发甘肃省深入推进"互联网+"行动实施方案的通知》(甘政发〔2015〕97号)和《关于印发〈甘肃省"互联网+"交通行动推进方案〉的通知》(甘交技术〔2016〕30号)要求,本项目积极探索甘肃省道路养护和服务新模式,加快推进新一代信息技术与公路行业的深度融合和创新发展,构建安全、高效、稳定的综合交通公路体系,形成甘肃智慧公路新业态,提升数据管理水平和科学决策能力。

在经济全球化和全球信息化相互促进、加速发展的大背景下,信息化发展程度已经成为衡量管理效率和服务水平的重要指标。加快信息化建设,是努力实践交通强国战略、实现社会主义现代化的必然要求。公路交通行业作为国民经济和社会发展的基础行业,对促进经济的腾飞和社会进步起着举足轻重的作用。只有充分利用信息化技术提升公路管理水平,才能实现公路建设与养护管理的快速发展。

甘肃省公路管理局目前初步建立了公路信息化基础设施,形成了公路管理局信息化应用体系,但与甘肃省交通信息化建设目标和公路养护的需求仍有很大差距,仍然存在与省属公路管理局相关养护系统数据对接困难、监管缺失、无可视化平台、养护智能决策能力不足等问题。随着大数据、云技术等先进技术的逐渐成熟,公路智能化养护决策掀起新的一波发展热潮。新技术的发展推动了政府机构对道路养护数据资源的重视与应用,全国各省份陆续启动了智能化养护决策系统的建设工作,搭建了相应的数据平台与软件平台。

基于互联网技术、云平台技术、GPS技术、GIS技术、物联网技术等,结合实际业务需求,中咨集团作为承建单位，建立基于“互联网＋”及大数据的综合信息管理平台框架及其相关建设规划，在此基础上以新的方式开发区别于现有系统、功能完善的“互联网＋”公路养护管理平台，为公路养护管理提供新的解决方案。

项目建设成果能够满足省（自治区）级公路养护业务需求，改善公路养护领域信息化管理中存在的“数据采集手段落后、无统一数据标准、管理手段单一、报表任务繁重、决策机制不完善、可视化水平低”等现状，满足公路养护工作中不同部门之间对快速、实时数据的交流与共享需求。

2）建设目标

本工程为面向甘肃省全省的道路养护管理平台（简称“养护平台”），能够统一接入各省属公路管理局的相关系统，实现养护数据的有效融合，利用大数据分析手段，为省属公路管理局提供养护决策支持。项目具体建设目标如图5-16所示。

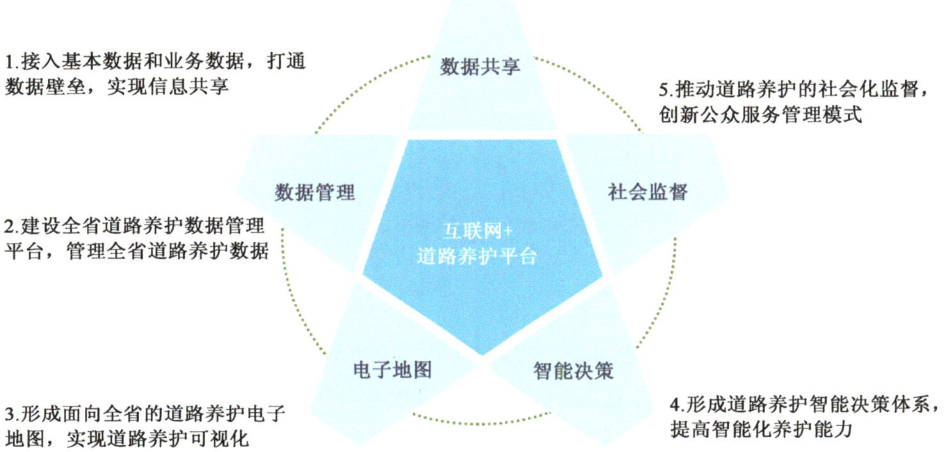

图5-16 项目建设目标

（1）完成基本数据和高优先级业务数据的接入，实现信息共享、道路养护数据及时更新，形成道路养护数据开放共享环境。

（2）建设全省道路养护数据管理平台，对全省范围内的道路养护数据进行管理，包括养护路段、养护单位、养护结果评定等相关内容。

（3）形成面向全省的道路养护电子地图图层（纯数据层，可移植）。在底图的基础上，新建道路养护数据，通过颜色、形状等方式对不同养护路段、不同养护内容进行区分和查询。道路养护电子地图支持地图搜索和快速统计功能，是实现道路养护可视化的有效途径。

（4）形成道路养护智能决策体系，基于历史数据变化趋势，结合环境、地理、费用等诸多因素，达到道路检查智能决策、道路养护智能决策、养护效果分析等目标，提高智能化养护能力。

（5）利用互联网平台，推动道路养护的社会化监督，创新公众服务管理模式。将养护路段、养护工序、养护材料等内容纳入互联网考评体系，让公众对养护过程进行评价监督，通过大众参与来促进行业服务水平的提升。

3）用户需求

甘肃“互联网＋”养护管理平台系统总体用户需求如图5-17所示。

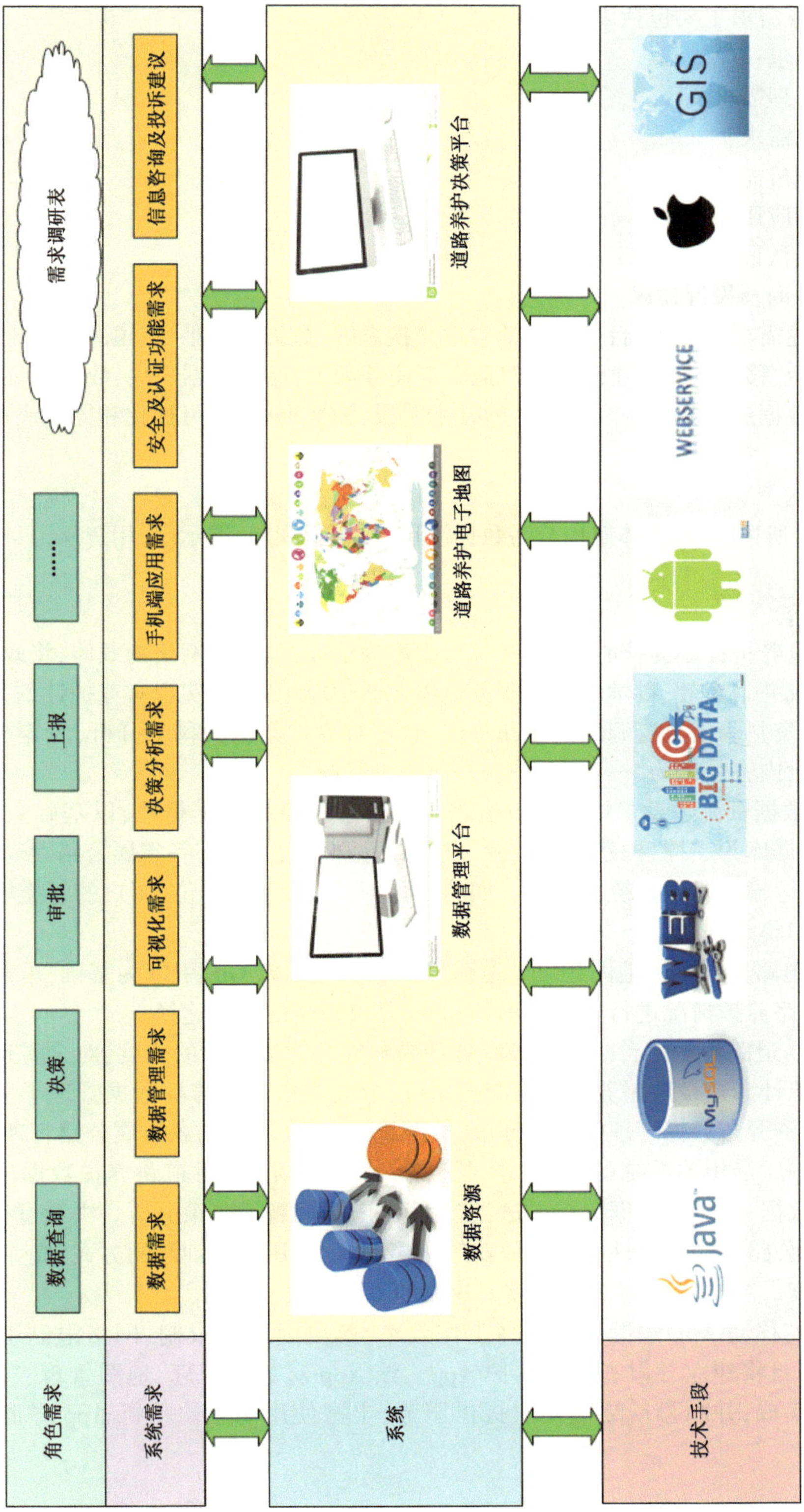

图5-17 系统总体用户需求结构图

系统的业务需求主要包括以下内容：

(1)数据需求；

(2)数据管理需求；

(3)可视化需求；

(4)决策分析需求；

(5)手机端应用需求；

(6)安全及认证功能需求；

(7)信息咨询及投诉建议。

为实现上述需求，养护平台建设包括数据交换系统、数据管理平台、道路养护电子地图、道路养护决策平台、移动 App。建设内容覆盖全部业务需求，通过数据采集、数据处理、数据分析等过程将业务数据进行整合。利用先进的技术手段，为数据管理、可视化和养护决策提供系统支持。

4)总体架构

如 5.1.1 节所述，项目总体架构分为数据源层、数据管理层、展示层、用户层，具体如图 5-18 所示。

5)建设内容

养护平台以养护计划为核心，基础资源数据库为依托，信息化网络为载体，将政府机构、各养护单位连接成一个高效、科学的养护业务整体。通过应用系统，实现对养护计划、基础数据、养护过程、工程资料等信息资源的共享和管理，通过对养护数据的科学分析，为养护决策提供支持。项目建设内容总结为“一库、一图、一平台、一终端”。

(1)一库：数据资源建设。规范全省道路养护信息化系统数据格式，以基础数据库、养护数据库、决策数据库为支撑，构建数据资源。按照统一标准，实现与各省属公路管理局、省公路管理局、省交通运输厅相关系统的对接。如图 5-19 所示，将不同单位、用户的各类零散数据按统一标准进行归集。

(2)一图：道路养护电子地图建设。道路养护电子地图以 GIS 引擎为基础，承载道路养护图层，能够对道路养护情况进行分类显示和标注，是可视化的重要途径。

(3)一平台：道路养护平台。从省公路管理局和省交通运输厅的角度，对全省道路养护数据进行管理和统计。建设道路养护数据交换系统，形成整个道路养护数据管理子平台建设的基础，承接数据资源与数据管理的关键环节，按照统一标准，实现与各省属公路管理局、省交通局及省交通运输厅等相关系统的对接；建设道路养护管理系统，对道路养护数据进行综合管理。基于历史数据，利用大数据分析方法，实现道路养护的智能决策分析。决策过程综合考虑公路技术状况、公路交通重要性、资金、效益等诸多因素，利用数据训练的方式，提炼模型参数，提升曲线拟合度。图 5-20 所示为根据需要建设的不同模块。

(4)一终端：移动 App 建设。为提高工作效率，解决因场地限制、网络限制引起的工作滞后问题，本项目将建立甘肃省道路养护 App。该 App 对数据管理、地图管理、决策管理等内容进行有效集成，并向移动终端用户提供服务，丰富使用场景。手机 App 界面如图 5-21 所示。

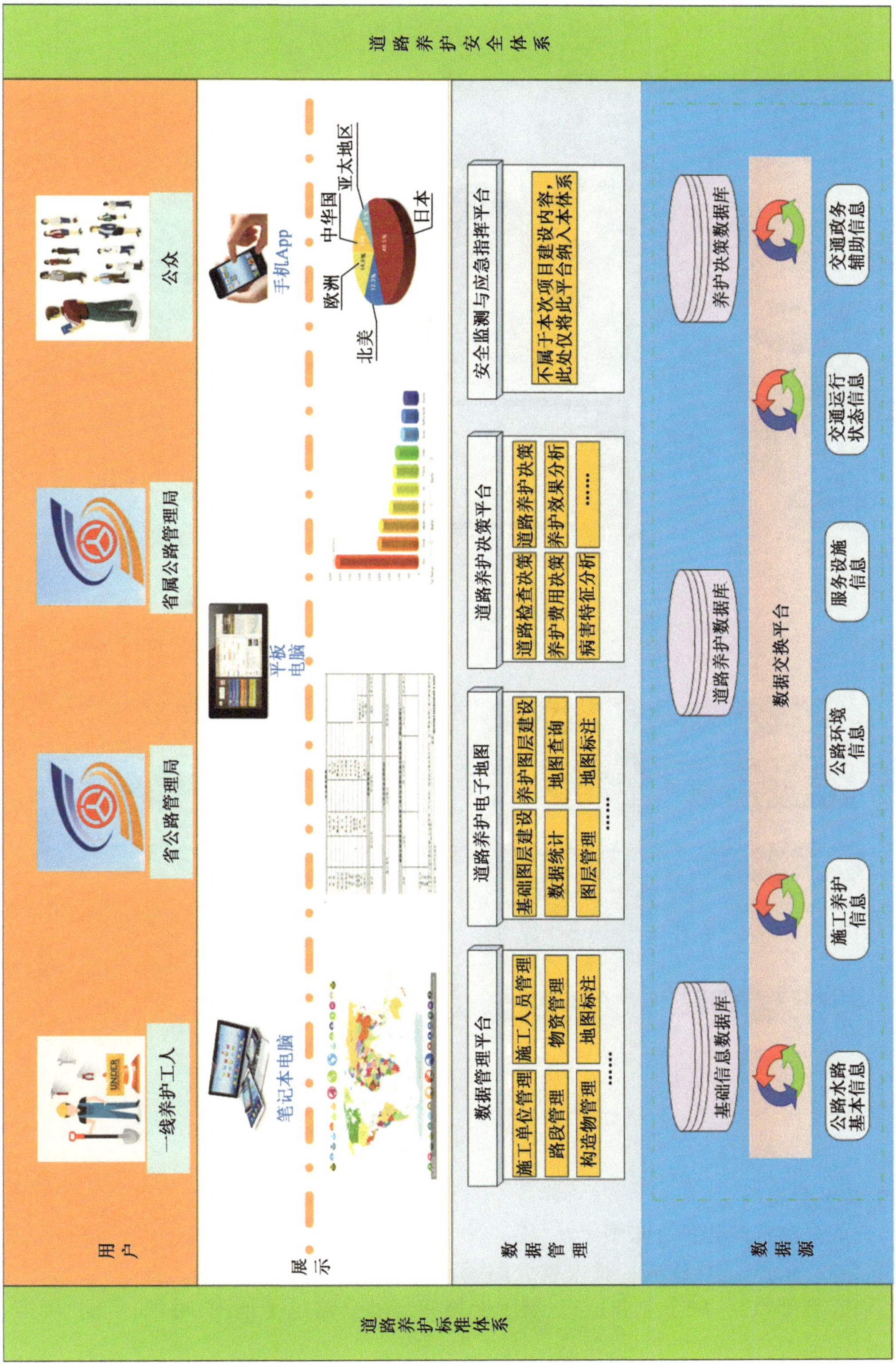

图5-18 项目总体架构图

图 5-19　统一数据库

图 5-20　一平台 *N* 模块

6）养护平台亮点

（1）建成公路资产养护一张图

如图 5-22 所示，项目建成了甘肃省公路资产养护一张图，各类公路全资产数据在地图上汇聚，集成基础数据、融合业务信息、展示网络状态的公路电子地图，可视、可测、可控、可感知。

图 5-21 手持 App 界面图

图 5-22 公路资产一张图

(2)基于数据云计算,将气象数据与养护管理相融合

针对交通路网区域的雨、雪、雾、凝冰、横风、路面温度、沙尘暴等恶劣天气状况,进行大数据云计算等,将气象数据转换输出为精准的路网天气预报。将高速公路沿线气象监测数据,展示在 GIS 地图上,能够提前预测重点路段、桥梁、长大纵坡、弯道及隧道出入口等复杂危险路段的天气情况,通过养护平台及 App 提前预警,使道路更安全、更畅通,保障驾乘人员、道路养护人员的生命和财产安全,如图 5-23 所示。

(3)多源数据辅助运营监测

养护平台全面接入甘肃省路网中心、各分局高速公路及普通干线的监控视频,并在 GIS 地图上实时显示监控画面,如图 5-24 所示。一张图并行接入了无人机采集视频,查看道路运行状况,辅助重点路段及桥隧监测。

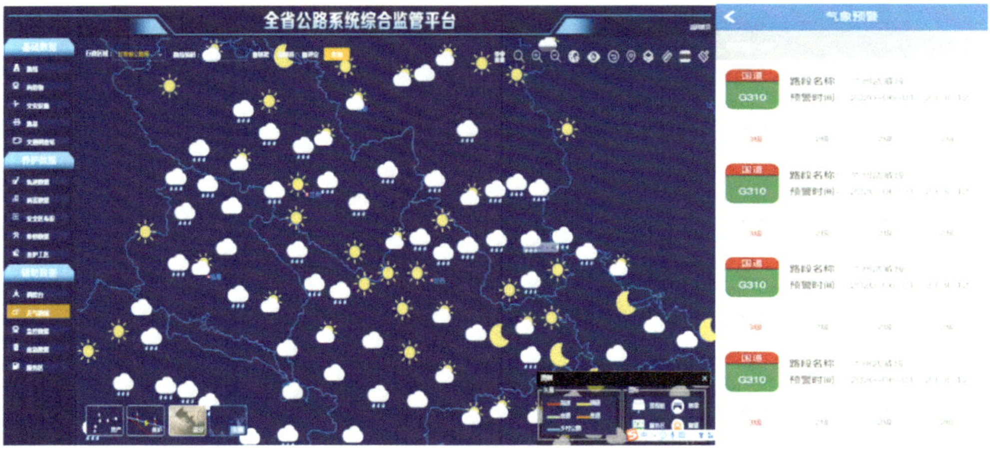

图 5-23　气象与养护相结合

图 5-24　多源数据接入与辅助监控

5.3　本章小结

(1)公路养护平台建设原则为先进性、安全性、高效率及稳定性、标准化、兼容性、可扩充性、易实施。平台定位服务于项目级用户及网级用户，技术架构通过 J2EE 平台及 GIS 技术平台进行构建，采用模块化、构件化、面向对象的设计开发模式、基于 SOA 的技术架构 N 层结构的技术体系；网络框架分为访问层、网络层、服务器组及数据层。

(2)以大型关系数据库为依托，利用面向对象的技术，建立公路信息资源整合综合数据库，包括 GIS 基础数据库和公路资产数据库。

(3)以内蒙古自治区及甘肃省两大网级公路养护管理平台为例,介绍智能养护体系及理念在平台中的实施及应用,平台运行稳定,用户反馈良好。

(4)内蒙古高路公司养护管理平台紧扣以资产为中心的全业务管理、数据互联互通需求,建设“两个平台”“公路养护管理模块”及其搭载的“十大应用系统”“一个终端”,实现各类资产基础数据采集、检测评定、养护决策、日常养护、养护工程、设备管理、人员管理、作业安全及应急管理,深入挖掘各类资产的业务联动数据,实时掌握各类资产的养护进程,建立贯穿全过程的养护管理。

(5)针对现有养护管理及平台存在不足,内蒙古高路公司养护管理平台呈现九大亮点:统一全区数据标准,实现纵横向数据共享及业务贯通;建立以路产及单元为主线的养护全周期管理体系;首次引入大数据分析技术与养护效益概念,提出具有区域特色的“五库、一分析”;打破交互壁垒,实现养护管理全流程与 OA 审批深度融合;首创手持终端现场病害智能检测;基于人、机、料的日常养护精细化管理;全面引入主动养护理念,构建科学的路面养护决策体系;溯源式养护费用闭合管理;匹配关注需求,打造分层级综合展示平台。

(6)甘肃“互联网+”养护管理平台为面向甘肃省全省的道路养护平台,能够统一接入各省属公路管理局的相关系统,实现养护数据的有效融合,利用大数据分析手段,为省公路管理局提供养护决策支持。项目建设内容为“一库、一图、一平台、一终端”。平台以养护计划为核心,基础资源数据库为依托,信息化网络为载体,将政府机构、各养护单位连接成一个高效、科学的养护业务整体。通过应用系统,实现对养护计划、基础数据、养护过程、工程资料等信息资源的共享和管理,通过对养护数据的科学分析,为养护决策提供支持,充分响应智能养护新理念。

(7)甘肃“互联网+”养护管理平台尝试融合传统数据采集来源,突破三大亮点:建成公路资产养护一张图;基于数据云计算,将气象数据与养护管理相融合;多源数据辅助运营监测。

附录

CHAPTER

附录1 现场手持终端病害识别测试结果

(1)第一轮测试结果

第一轮病害识别测试结果见附表1-1。

第一轮病害识别测试结果　　附表1-1

照片序号	预期结果	实际识别结果	识别正确性	病害照片
1	横向裂缝	横向裂缝	正确	
2	横向裂缝	横向裂缝	正确	

续上表

照片序号	预期结果	实际识别结果	识别正确性	病害照片
3	横向裂缝	横向裂缝	正确	
4	横向裂缝	横向裂缝	正确	
5	横向裂缝	横向裂缝	正确	

续上表

照片序号	预期结果	实际识别结果	识别正确性	病害照片
6	横向裂缝	横向裂缝	正确	
7	横向裂缝	横向裂缝	正确	
8	横向裂缝	横向裂缝	正确	

续上表

照片序号	预期结果	实际识别结果	识别正确性	病害照片
9	横向裂缝	横向裂缝	正确	
10	横向裂缝	横向裂缝	正确	
11	横向裂缝	横向裂缝	正确	

续上表

照片序号	预期结果	实际识别结果	识别正确性	病害照片
12	纵向裂缝	纵向裂缝	正确	
13	纵向裂缝	纵向裂缝	正确	
14	坑槽	坑槽	正确	

续上表

照片序号	预期结果	实际识别结果	识别正确性	病害照片
15	坑槽	坑槽	正确	
16	纵向裂缝	纵向裂缝	正确	
17	纵向裂缝	纵向裂缝	正确	

续上表

照片序号	预期结果	实际识别结果	识别正确性	病害照片
18	坑槽	坑槽	正确	
19	坑槽	坑槽	正确	
20	纵向裂缝	纵向裂缝	正确	

续上表

照片序号	预期结果	实际识别结果	识别正确性	病害照片
21	坑槽	坑槽	正确	
22	纵向裂缝	纵向裂缝	正确	
23	纵向裂缝	纵向裂缝	正确	

续上表

照片序号	预期结果	实际识别结果	识别正确性	病害照片
24	纵向裂缝	纵向裂缝	正确	
25	纵向裂缝	纵向裂缝	正确	
26	横向裂缝	横向裂缝	正确	

续上表

照片序号	预期结果	实际识别结果	识别正确性	病害照片
27	横向裂缝	横向裂缝	正确	
28	坑槽	坑槽	正确	
29	横向裂缝	龟裂	错误	

续上表

照片序号	预期结果	实际识别结果	识别正确性	病害照片
30	横向裂缝	无	错误	
31	纵向裂缝	龟裂	错误	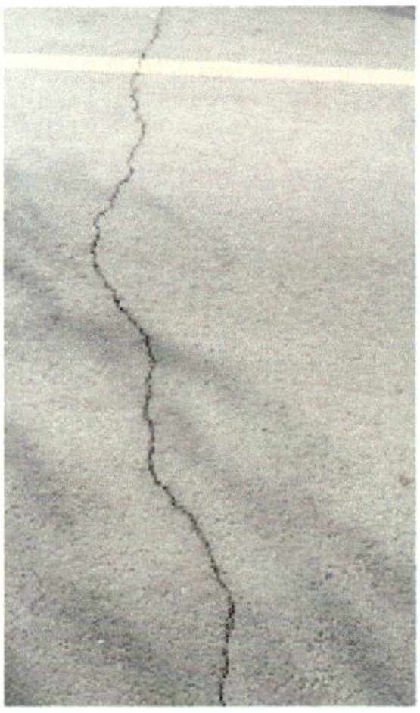
32	坑槽	坑槽	正确	

续上表

照片序号	预期结果	实际识别结果	识别正确性	病害照片
33	纵向裂缝	纵向裂缝	正确	
34	坑槽	坑槽	正确	
35	纵向裂缝	纵向裂缝	正确	

续上表

照片序号	预期结果	实际识别结果	识别正确性	病害照片
36	龟裂	龟裂	正确	
37	横向裂缝	横向裂缝	正确	
38	纵向裂缝	纵向裂缝	正确	

续上表

照片序号	预期结果	实际识别结果	识别正确性	病害照片
39	纵向裂缝	纵向裂缝	正确	
40	坑槽	坑槽	正确	
41	坑槽	坑槽	正确	

续上表

照片序号	预期结果	实际识别结果	识别正确性	病害照片
42	坑槽	坑槽	正确	
43	龟裂	龟裂	正确	
44	龟裂	龟裂	正确	

续上表

照片序号	预期结果	实际识别结果	识别正确性	病害照片
45	龟裂	龟裂	正确	
46	龟裂	龟裂	正确	
47	龟裂	龟裂	正确	

续上表

照片序号	预期结果	实际识别结果	识别正确性	病害照片
48	龟裂	龟裂	正确	
49	龟裂	龟裂	正确	
50	龟裂	纵向裂缝	错误	

续上表

照片序号	预期结果	实际识别结果	识别正确性	病害照片
51	龟裂	龟裂	正确	
52	龟裂	龟裂	正确	
53	龟裂	龟裂	正确	

续上表

照片序号	预期结果	实际识别结果	识别正确性	病害照片
54	龟裂	龟裂	正确	
55	龟裂	龟裂	正确	
56	龟裂	龟裂	正确	

续上表

照片序号	预期结果	实际识别结果	识别正确性	病害照片
57	龟裂	龟裂	正确	
58	龟裂	龟裂	正确	
59	龟裂	龟裂	正确	

续上表

照片序号	预期结果	实际识别结果	识别正确性	病害照片
60	龟裂	龟裂	正确	
61	龟裂	龟裂	正确	
62	坑槽	坑槽	正确	

续上表

照片序号	预期结果	实际识别结果	识别正确性	病害照片
63	龟裂	龟裂	正确	
64	龟裂	龟裂	正确	
65	龟裂	龟裂	正确	

续上表

照片序号	预期结果	实际识别结果	识别正确性	病害照片
66	龟裂	龟裂	正确	
67	龟裂	龟裂	正确	
68	坑槽	坑槽	正确	

续上表

照片序号	预期结果	实际识别结果	识别正确性	病害照片
69	龟裂	龟裂	正确	
70	龟裂	龟裂	正确	
71	龟裂	龟裂	正确	

续上表

照片序号	预期结果	实际识别结果	识别正确性	病害照片
72	龟裂	龟裂	正确	
73	龟裂	龟裂	正确	
74	龟裂	龟裂	正确	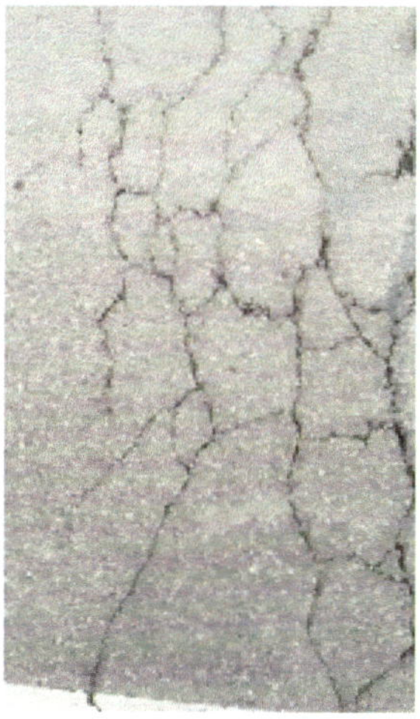

续上表

照片序号	预期结果	实际识别结果	识别正确性	病害照片
75	龟裂	龟裂	正确	
76	龟裂	龟裂	正确	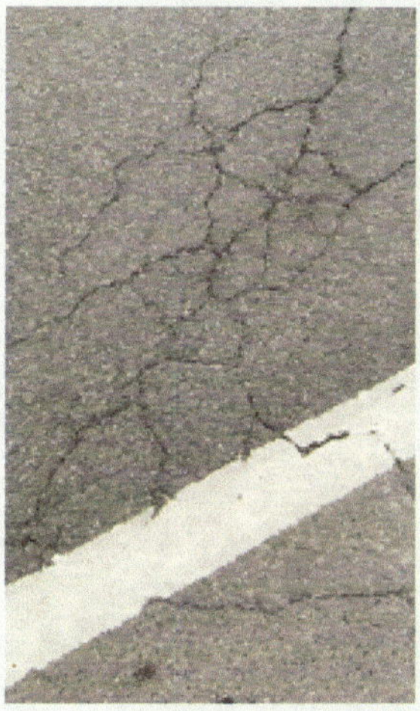
77	龟裂	龟裂	正确	

续上表

照片序号	预期结果	实际识别结果	识别正确性	病害照片
78	龟裂	龟裂	正确	
79	纵向裂缝	纵向裂缝	正确	
80	坑槽	坑槽	正确	

续上表

照片序号	预期结果	实际识别结果	识别正确性	病害照片
81	坑槽	坑槽	正确	
82	龟裂	龟裂	正确	
83	坑槽	坑槽	正确	

续上表

照片序号	预期结果	实际识别结果	识别正确性	病害照片
84	纵向裂缝	纵向裂缝	正确	
85	坑槽	坑槽	正确	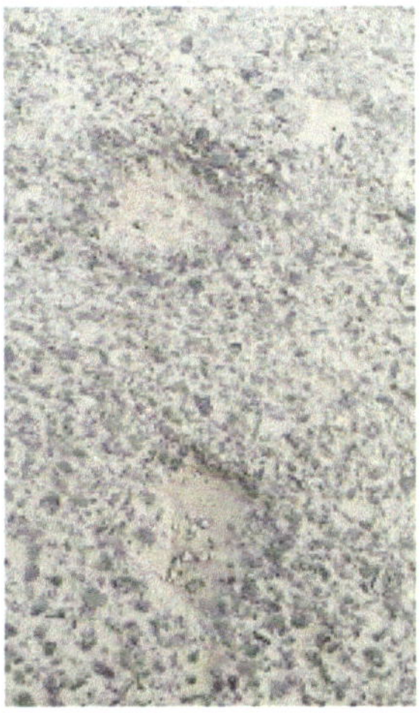
86	坑槽	坑槽	正确	

续上表

照片序号	预期结果	实际识别结果	识别正确性	病害照片
87	坑槽	坑槽	正确	
88	横向裂缝	横向裂缝	正确	
89	纵向裂缝	纵向裂缝	正确	

续上表

照片序号	预期结果	实际识别结果	识别正确性	病害照片
90	横向裂缝	横向裂缝	正确	
91	横向裂缝	纵向裂缝	错误	

总数	91	正确识别数	86	识别正确率	94.5%

(2)第二轮测试结果

第二轮病害识别测试结果见附表1-2。

第二轮病害识别测试结果

附表 1-2

照片序号	预期结果	实际识别结果	识别正确性	病害照片
1	横向裂缝	横向裂缝	正确	
2	横向裂缝	横向裂缝	正确	
3	坑槽	坑槽	正确	

续上表

照片序号	预期结果	实际识别结果	识别正确性	病害照片
4	龟裂	无	错误	
5	龟裂	龟裂	正确	
6	龟裂	龟裂	正确	

续上表

照片序号	预期结果	实际识别结果	识别正确性	病害照片
7	龟裂	龟裂	正确	
8	龟裂	龟裂	正确	
9	纵向裂缝	纵向裂缝	正确	

续上表

照片序号	预期结果	实际识别结果	识别正确性	病害照片
10	横向裂缝	横向裂缝	正确	
11	横向裂缝	横向裂缝	正确	
12	横向裂缝	龟裂	错误	

续上表

照片序号	预期结果	实际识别结果	识别正确性	病害照片
13	纵向裂缝	纵向裂缝	正确	
14	纵向裂缝	龟裂	错误	
15	纵向裂缝	纵向裂缝	正确	

续上表

照片序号	预期结果	实际识别结果	识别正确性	病害照片
16	龟裂	龟裂	正确	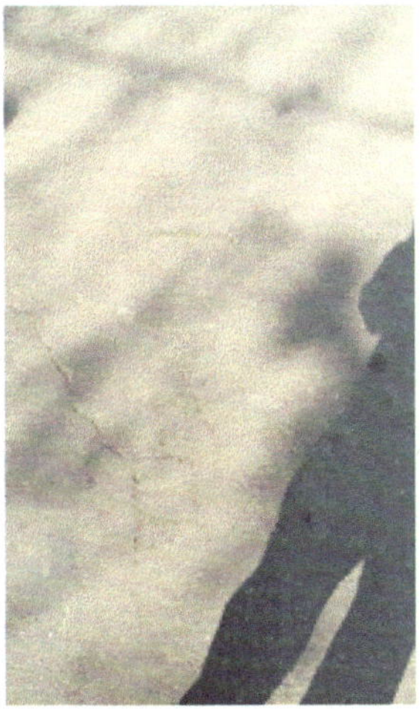
17	龟裂	龟裂	正确	
18	龟裂	龟裂	正确	

续上表

照片序号	预期结果	实际识别结果	识别正确性	病害照片
19	横向裂缝	横向裂缝	正确	
20	龟裂	无	错误	
21	横向裂缝	横向裂缝	正确	

续上表

照片序号	预期结果	实际识别结果	识别正确性	病害照片
22	横向裂缝	横向裂缝	正确	
23	纵向裂缝	纵向裂缝	正确	
24	龟裂	龟裂	正确	

续上表

照片序号	预期结果	实际识别结果	识别正确性	病害照片
25	龟裂	龟裂	正确	
26	龟裂	龟裂	正确	
27	龟裂	无	错误	

续上表

照片序号	预期结果	实际识别结果	识别正确性	病害照片
28	龟裂	龟裂	正确	
29	龟裂	龟裂	正确	
30	龟裂	龟裂	正确	

续上表

照片序号	预期结果	实际识别结果	识别正确性	病害照片
31	纵向裂缝	龟裂	错误	
32	龟裂	坑槽	错误	
33	龟裂	龟裂	正确	

续上表

照片序号	预期结果	实际识别结果	识别正确性	病害照片
34	龟裂	龟裂	正确	
35	横向裂缝	横向裂缝	正确	
36	纵向裂缝	龟裂	错误	

续上表

照片序号	预期结果	实际识别结果	识别正确性	病害照片
37	纵向裂缝	纵向裂缝	正确	
38	纵向裂缝	纵向裂缝	正确	
39	纵向裂缝	纵向裂缝	正确	

续上表

照片序号	预期结果	实际识别结果	识别正确性	病害照片
40	横向裂缝	横向裂缝	正确	
41	龟裂	龟裂	正确	
42	龟裂	龟裂	正确	

续上表

照片序号	预期结果	实际识别结果	识别正确性	病害照片
43	坑槽	坑槽	正确	
44	坑槽	坑槽	正确	
45	纵向裂缝	纵向裂缝	正确	

续上表

照片序号	预期结果	实际识别结果	识别正确性	病害照片
46	横向裂缝	横向裂缝	正确	
47	坑槽	坑槽	正确	
48	纵向裂缝	龟裂	错误	

续上表

照片序号	预期结果	实际识别结果	识别正确性	病害照片
49	纵向裂缝	纵向裂缝	正确	
50	纵向裂缝	纵向裂缝	正确	
51	横向裂缝	横向裂缝	正确	

续上表

照片序号	预期结果	实际识别结果	识别正确性	病害照片
52	坑槽	坑槽	正确	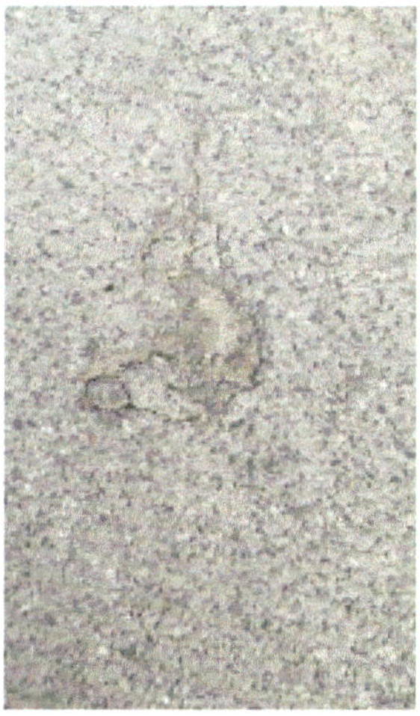
53	坑槽	坑槽	正确	
54	坑槽	坑槽	正确	

续上表

照片序号	预期结果	实际识别结果	识别正确性	病害照片
55	纵向裂缝	纵向裂缝	正确	
56	横向裂缝	横向裂缝	正确	
57	横向裂缝	横向裂缝	正确	

续上表

照片序号	预期结果	实际识别结果	识别正确性	病害照片
58	纵向裂缝	龟裂	错误	
59	坑槽	坑槽	正确	
60	横向裂缝	无	错误	

续上表

照片序号	预期结果	实际识别结果	识别正确性	病害照片
61	横向裂缝	横向裂缝	正确	
62	纵向裂缝	龟裂	错误	
63	横向裂缝	横向裂缝	正确	

续上表

照片序号	预期结果	实际识别结果	识别正确性	病害照片
64	横向裂缝	横向裂缝	正确	
65	纵向裂缝	纵向裂缝	正确	
66	纵向裂缝	纵向裂缝	正确	

续上表

照片序号	预期结果	实际识别结果	识别正确性	病害照片
67	横向裂缝	横向裂缝	正确	
68	纵向裂缝	龟裂	错误	
69	纵向裂缝	纵向裂缝	正确	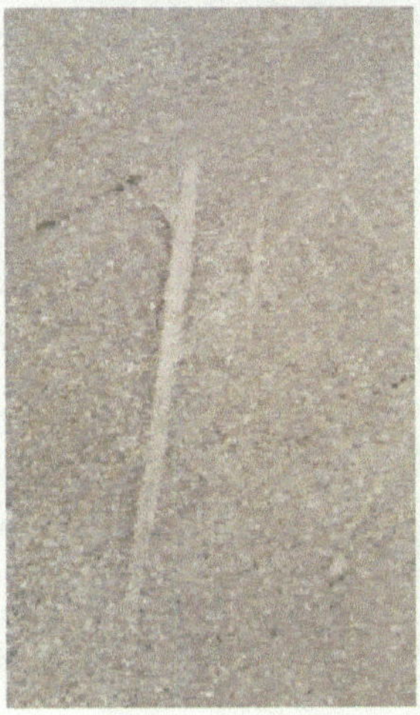

续上表

照片序号	预期结果	实际识别结果	识别正确性	病害照片
70	坑槽	坑槽	正确	
71	无	无	正确	
72	龟裂	龟裂	正确	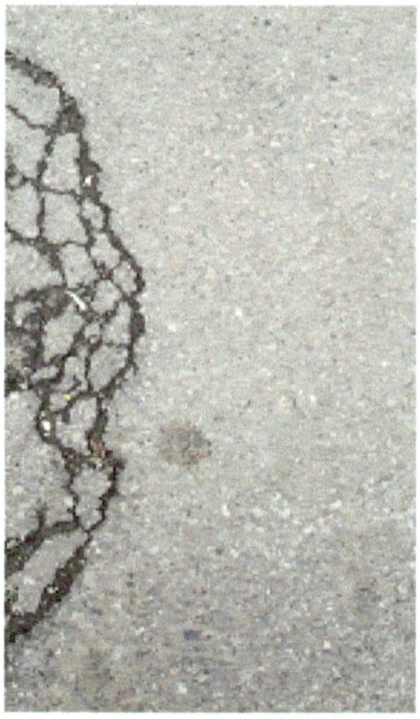

续上表

照片序号	预期结果	实际识别结果	识别正确性	病害照片
73	坑槽	坑槽	正确	
74	纵向裂缝	纵向裂缝	正确	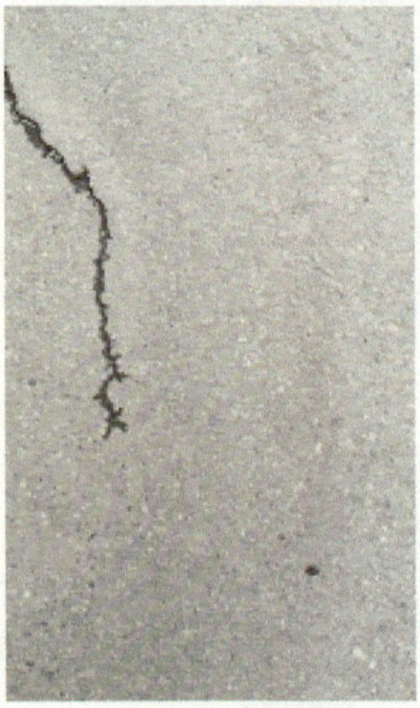
75	坑槽	坑槽	正确	

续上表

照片序号	预期结果	实际识别结果	识别正确性	病害照片
76	横向裂缝	横向裂缝	正确	
77	坑槽	坑槽	正确	
78	无	无	正确	

续上表

照片序号	预期结果	实际识别结果	识别正确性	病害照片
79	纵向裂缝	纵向裂缝	正确	
80	无	无	正确	
81	横向裂缝	横向裂缝	正确	

续上表

照片序号	预期结果	实际识别结果	识别正确性	病害照片
82	纵向裂缝	纵向裂缝	正确	
83	纵向裂缝	纵向裂缝	正确	
84	横向裂缝	横向裂缝	正确	

续上表

照片序号	预期结果	实际识别结果	识别正确性	病害照片
85	纵向裂缝	纵向裂缝	正确	
86	横向裂缝	横向裂缝	正确	
87	坑槽	坑槽	正确	

续上表

照片序号	预期结果	实际识别结果	识别正确性	病害照片
88	龟裂	龟裂	正确	
89	纵向裂缝	纵向裂缝	正确	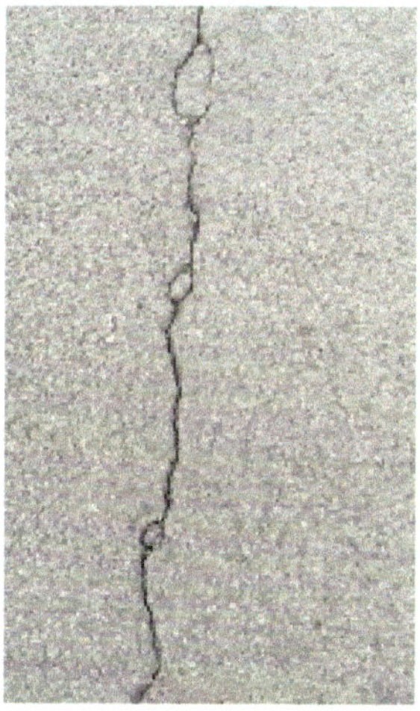
90	纵向裂缝	纵向裂缝	正确	

续上表

照片序号	预期结果	实际识别结果	识别正确性	病害照片
91	横向裂缝	横向裂缝	正确	
92	龟裂	龟裂	正确	
93	纵向裂缝	纵向裂缝	正确	

续上表

照片序号	预期结果	实际识别结果	识别正确性	病害照片
94	横向裂缝	横向裂缝	正确	
95	横向裂缝	横向裂缝	正确	
96	横向裂缝	横向裂缝	正确	

续上表

照片序号	预期结果	实际识别结果	识别正确性	病害照片
97	纵向裂缝	纵向裂缝	正确	
98	龟裂	龟裂	正确	
总数	98	正确识别数	85	识别正确率 86.7%

附录2 不同条件路面性能评定结果对比

(1)情况1:PCI≥(RQI+RDI+SRI)/3

情况1的路面性能明细及PQI计算结果见附表2-1。

路面性能明细及**PQI**计算结果[PCI≥(RQI+RDI+SRI)/3的情况] 附表2-1

起点桩号	终点桩号	PCI	RQI	RDI	SRI	平均值	0.8平均值	0.5平均值	PQI(地方标准)	PQI(现行标准)
K1+000	K2+000	95.26	93.28	90.23	85.79	89.77	71.81	44.88	92.77	92.77
K2+000	K3+000	98.56	95.20	89.80	93.56	92.85	74.28	46.43	95.40	95.40
K3+000	K4+000	93.84	94.96	90.38	92.51	92.62	74.09	46.31	93.64	93.64
K4+000	K5+000	93.55	95.89	90.14	90.13	92.05	73.64	46.03	93.63	93.63
K5+000	K6+000	92.90	94.59	89.96	91.67	92.07	73.66	46.04	93.01	93.01
K6+000	K7+000	92.13	94.67	89.64	89.34	91.22	72.97	45.61	92.49	92.49
K7+000	K8+000	92.10	93.94	90.31	90.80	91.68	73.35	45.84	92.44	92.44
K8+000	K9+000	95.92	95.27	90.72	93.26	93.08	74.47	46.54	94.61	94.61
K9+000	K10+000	89.21	94.02	89.80	92.15	91.99	73.59	46.00	91.52	91.52
K10+000	K11+000	94.42	94.40	89.47	90.86	91.58	73.26	45.79	93.31	93.31
K11+000	K12+000	94.69	94.49	89.99	87.38	90.62	72.50	45.31	93.17	93.17
K12+000	K13+000	97.93	95.29	91.88	89.72	92.30	73.84	46.15	95.15	95.15
K13+000	K14+000	94.94	95.96	90.71	91.02	92.56	74.05	46.28	94.32	94.32
K14+000	K15+000	96.39	95.94	89.64	90.41	92.00	73.60	46.00	94.60	94.60
K15+000	K16+000	93.59	95.53	89.17	88.14	90.95	72.76	45.47	93.16	93.16
K16+000	K17+000	93.91	95.87	89.19	91.32	92.13	73.70	46.06	93.73	93.73
K17+000	K18+000	93.62	95.32	91.60	89.81	92.24	73.79	46.12	93.62	93.62
K18+000	K19+000	93.62	93.98	89.74	91.84	91.85	73.48	45.93	93.00	93.00
K19+000	K20+000	96.64	95.49	91.54	88.74	91.92	73.54	45.96	94.63	94.63
K20+000	K21+000	96.28	95.20	90.51	90.59	92.10	73.68	46.05	94.41	94.41
K21+000	K22+000	93.46	95.52	90.52	92.98	93.01	74.41	46.50	93.80	93.80
K22+000	K23+000	94.97	95.04	91.38	93.93	93.45	74.76	46.73	94.36	94.36
K23+000	K24+000	95.67	95.73	91.04	86.85	91.21	72.97	45.60	94.12	94.12
K24+000	K25+000	93.53	96.10	90.89	90.55	92.51	74.01	46.26	93.86	93.86
K25+000	K26+000	91.96	93.91	90.62	89.16	91.23	72.98	45.62	92.26	92.26
K26+000	K27+000	90.56	94.63	89.82	95.47	93.31	74.65	46.65	92.57	92.57
K27+000	K28+000	99.35	95.14	90.55	90.26	91.98	73.59	45.99	95.44	95.44

续上表

起点桩号	终点桩号	PCI	RQI	RDI	SRI	平均值	0.8 平均值	0.5 平均值	PQI (地方标准)	PQI (现行标准)
K28 +000	K29 +000	100.00	94.31	90.37	93.97	92.88	74.31	46.44	95.68	95.68
K29 +000	K30 +000	93.35	95.00	89.16	85.57	89.91	71.93	44.96	92.60	92.60
K30 +000	K31 +000	95.70	94.47	91.17	85.92	90.52	72.42	45.26	93.55	93.55
K31 +000	K32 +000	94.37	94.71	90.84	84.75	90.10	72.08	45.05	93.01	93.01
K32 +000	K33 +000	91.77	95.06	90.04	76.48	87.19	69.75	43.60	91.30	91.30
K33 +000	K34 +000	94.53	94.91	91.25	89.42	91.86	73.49	45.93	93.68	93.68
K34 +000	K35 +000	95.29	94.83	89.99	83.35	89.39	71.51	44.70	93.12	93.12
K35 +000	K36 +000	95.44	93.99	88.14	76.73	86.29	69.03	43.14	91.89	91.89
K36 +000	K37 +000	94.47	95.15	90.61	90.30	92.02	73.62	46.01	93.75	93.75
K37 +000	K38 +000	88.84	93.47	90.68	81.23	88.46	70.77	44.23	90.21	90.21
K38 +000	K39 +000	94.38	94.37	89.28	91.74	91.80	73.44	45.90	93.35	93.35
K39 +000	K40 +000	91.07	93.80	89.45	90.54	91.26	73.01	45.63	91.87	91.87

(2)情况 2：0.8 ×(RQI + RDI + SRI)/3 ≤ PCI <(RQI + RDI + SRI)/3

情况 2 的路面性能明细及 PQI 计算结果见附表 2-2。

路面性能明细及 PQI 计算结果 附表 2-2

[0.8 ×(RQI + RDI + SRI)/3 ≤ PCI <(RQI + RDI + SRI)/3 情况]

起点桩号	终点桩号	PCI	RQI	RDI	SRI	平均值	0.8 平均值	0.5 平均值	PQI (内蒙古标准)	PQI (现行标准)
K1 +000	K2 +000	83.72	83.68	90.23	85.79	86.57	69.25	43.28	84.89	84.89
K2 +000	K3 +000	83.26	85.60	83.80	87.56	85.65	68.52	42.83	84.36	84.71
K3 +000	K4 +000	87.12	83.86	90.38	92.51	88.92	71.13	44.46	87.33	86.84
K4 +000	K5 +000	86.05	85.88	90.14	90.13	88.72	70.97	44.36	87.03	87.00
K5 +000	K6 +000	82.76	82.58	83.96	84.67	83.74	66.99	41.87	83.09	83.06
K6 +000	K7 +000	81.54	82.67	83.64	89.34	85.22	68.17	42.61	82.92	83.09
K7 +000	K8 +000	82.11	83.82	90.31	90.80	88.31	70.65	44.16	84.64	84.89
K8 +000	K9 +000	81.23	85.67	90.72	93.26	89.88	71.91	44.94	84.97	85.63
K9 +000	K10 +000	82.34	82.06	83.80	92.15	86.00	68.80	43.00	83.47	83.43
K10 +000	K11 +000	82.43	82.70	83.47	90.86	85.68	68.54	42.84	83.50	83.54
K11 +000	K12 +000	84.54	82.78	83.99	87.38	84.72	67.77	42.36	84.30	84.04
K12 +000	K13 +000	82.76	85.68	91.88	89.72	89.09	71.27	44.55	85.55	85.99
K13 +000	K14 +000	82.65	85.86	90.71	91.02	89.20	71.36	44.60	85.50	85.98
K14 +000	K15 +000	83.34	85.82	83.64	90.41	86.62	69.30	43.31	84.71	85.08
K15 +000	K16 +000	85.23	85.53	83.17	88.14	85.61	68.49	42.81	85.29	85.33
K16 +000	K17 +000	85.34	85.82	83.19	91.32	86.78	69.42	43.39	85.74	85.81

续上表

起点桩号	终点桩号	PCI	RQI	RDI	SRI	平均值	0.8 平均值	0.5 平均值	PQI（内蒙古标准）	PQI（现行标准）
K17 +000	K18 +000	84.43	85.36	91.60	89.81	88.92	71.14	44.46	86.28	86.42
K18 +000	K19 +000	86.43	83.88	83.74	91.84	86.49	69.19	43.24	85.93	85.55
K19 +000	K20 +000	80.54	85.78	91.34	88.74	88.62	70.90	44.31	84.29	85.08
K20 +000	K21 +000	80.21	85.60	90.31	90.59	88.83	71.07	44.42	84.11	84.92
K21 +000	K22 +000	81.23	85.56	90.32	82.98	86.29	69.03	43.14	83.85	84.50
K22 +000	K23 +000	82.34	85.07	91.38	93.93	90.13	72.10	45.06	85.54	85.95
K23 +000	K24 +000	79.54	85.73	91.04	86.85	87.87	70.30	43.94	83.54	84.47
K24 +000	K25 +000	80.43	86.10	90.83	90.55	89.16	71.33	44.58	84.42	85.27
K25 +000	K26 +000	80.58	83.81	90.62	89.16	87.86	70.29	43.93	83.75	84.24
K26 +000	K27 +000	80.11	82.63	83.82	85.47	83.97	67.18	41.99	81.83	82.21
K27 +000	K28 +000	79.54	85.17	90.33	90.26	88.59	70.87	44.29	83.64	84.48
K28 +000	K29 +000	80.43	82.31	90.37	93.97	88.88	71.11	44.44	83.75	84.03
K29 +000	K30 +000	77.49	85.00	83.16	85.57	84.58	67.66	42.29	81.03	82.15
K30 +000	K31 +000	78.54	82.77	91.17	85.92	86.62	69.30	43.31	82.23	82.86
K31 +000	K32 +000	77.59	82.71	90.84	84.75	86.10	68.88	43.05	81.57	82.34
K32 +000	K33 +000	76.77	85.06	90.04	76.48	83.86	67.09	41.93	80.80	82.05
K33 +000	K34 +000	87.12	81.81	91.23	89.42	87.49	69.99	43.74	86.64	85.84
K34 +000	K35 +000	79.87	84.83	83.99	83.35	84.06	67.25	42.03	82.08	82.82
K35 +000	K36 +000	79.21	83.88	88.14	76.73	82.92	66.33	41.46	81.47	82.17
K36 +000	K37 +000	80.43	85.15	90.61	90.30	88.69	70.95	44.34	84.12	84.83
K37 +000	K38 +000	76.54	83.77	90.68	81.23	85.23	68.18	42.61	80.94	82.02
K38 +000	K39 +000	75.32	87.37	83.28	91.74	87.46	69.97	43.73	81.17	82.98
K39 +000	K40 +000	77.43	83.80	83.43	90.54	85.92	68.74	42.96	81.23	82.19

（3）情况 3：$0.5\times(RQI+RDI+SRI)/3\leqslant PCI<0.8\times(RQI+RDI+SRI)/3$

情况 3 的路面性能明细及 PQI 计算结果见附表 2-3。

路面性能明细及 PQI 计算结果 附表 2-3

［$0.5\times(RQI+RDI+SRI)/3\leqslant PCI<0.8\times(RQI+RDI+SRI)/3$ 的情况］

起点桩号	终点桩号	PCI	RQI	RDI	SRI	平均值	0.8 平均值	0.5 平均值	PQI（内蒙古标准）	PQI（现行标准）
K1 +000	K2 +000	60.84	73.28	80.23	85.77	79.76	63.81	39.88	68.38	71.22
K2 +000	K3 +000	60.44	75.72	88.62	73.56	79.30	63.44	39.65	68.39	72.09
K3 +000	K4 +000	58.48	74.76	80.38	72.51	75.88	60.71	37.94	66.14	69.68
K4 +000	K5 +000	50.05	75.87	80.14	70.13	75.38	60.30	37.69	61.52	66.90
K5 +000	K6 +000	54.66	74.57	88.86	71.67	78.37	62.69	39.18	64.76	69.46

续上表

起点桩号	终点桩号	PCI	RQI	RDI	SRI	平均值	0.8 平均值	0.5 平均值	PQI（内蒙古标准）	PQI（现行标准）
K6 +000	K7 +000	60.54	74.67	88.64	87.34	83.55	66.84	41.78	69.56	73.09
K7 +000	K8 +000	56.44	73.74	80.31	80.8	78.28	62.63	39.14	65.59	69.38
K8 +000	K9 +000	60.83	75.27	80.82	73.26	76.45	61.16	38.23	67.68	70.85
K9 +000	K10 +000	59.34	74.02	88.23	72.15	78.13	62.51	39.07	67.18	70.83
K10 +000	K11 +000	60.43	74.34	88.48	70.86	77.89	62.31	38.95	67.76	71.24
K11 +000	K12 +000	60.54	74.47	88.88	87.38	83.58	66.86	41.79	69.54	73.05
K12 +000	K13 +000	58.66	75.27	81.88	87.72	81.62	65.30	40.81	68.04	71.69
K13 +000	K14 +000	60.65	75.76	80.81	71.02	75.86	60.69	37.93	67.48	70.76
K14 +000	K15 +000	58.34	75.74	88.64	70.41	78.26	62.61	39.13	66.93	71.05
K15 +000	K16 +000	49.83	75.53	88.18	88.14	83.95	67.16	41.98	63.92	69.69
K16 +000	K17 +000	48.34	75.87	88.18	71.32	78.46	62.77	39.23	61.50	67.63
K17 +000	K18 +000	60.43	75.32	81.26	87.81	81.46	65.17	40.73	68.97	72.25
K18 +000	K19 +000	56.43	73.78	88.84	71.84	78.15	62.52	39.08	65.55	69.77
K19 +000	K20 +000	60.54	75.47	81.54	88.74	81.92	65.53	40.96	69.19	72.48
K20 +000	K21 +000	50.84	75.22	80.51	70.57	75.43	60.35	37.72	61.88	67.02
K21 +000	K22 +000	54.83	75.52	80.52	72.78	76.27	61.02	38.14	64.37	68.75
K22 +000	K23 +000	58.34	75.04	81.38	73.73	76.72	61.37	38.36	66.36	70.02
K23 +000	K24 +000	59.54	75.73	81.04	86.85	81.21	64.97	40.60	68.47	71.97
K24 +000	K25 +000	60.43	76.1	80.88	70.55	75.84	60.67	37.92	67.40	70.78
K25 +000	K26 +000	60.58	73.71	80.62	87.16	80.50	64.40	40.25	68.52	71.50
K26 +000	K27 +000	60.44	74.63	88.82	75.47	79.64	63.71	39.82	68.33	71.88
K27 +000	K28 +000	59.54	75.14	80.55	70.26	75.32	60.25	37.66	66.61	70.00
K28 +000	K29 +000	60.43	74.31	80.38	73.77	76.15	60.92	38.08	67.23	70.31
K29 +000	K30 +000	56.49	74.29	88.16	85.57	82.67	66.14	41.34	67.02	71.27
K30 +000	K31 +000	58.54	74.47	81.18	85.72	80.46	64.37	40.23	67.50	71.03
K31 +000	K32 +000	56.59	74.71	80.84	84.75	80.10	64.08	40.05	66.36	70.29
K32 +000	K33 +000	56.66	75.06	80.04	76.48	77.19	61.75	38.60	65.58	69.51
K33 +000	K34 +000	56.48	74.71	81.25	87.42	81.13	64.90	40.56	66.61	70.58
K34 +000	K35 +000	65.86	74.83	88.88	83.35	82.35	65.88	41.18	72.15	74.65
K35 +000	K36 +000	55.84	73.77	88.14	76.73	79.55	63.64	39.77	65.64	69.95
K36 +000	K37 +000	50.43	75.15	80.61	70.43	75.40	60.32	37.70	61.63	66.85
K37 +000	K38 +000	56.54	73.47	80.68	81.23	78.46	62.77	39.23	65.66	69.40
K38 +000	K39 +000	60.38	74.37	88.28	71.74	78.13	62.50	39.07	67.80	71.30
K39 +000	K40 +000	58.43	73.38	88.45	70.54	77.46	61.97	38.73	66.38	70.12

(4)情况 4：PCI < 0.5 × (RQI + RDI + SRI)/3

情况 4 的路面性能明细及 PQI 计算结果见附表 2-4。

路面性能明细及 PQI 计算结果[PCI < 0.5 × (RQI + RDI + SRI)/3 的情况]　　附表 2-4

起点桩号	终点桩号	PCI	RQI	RDI	SRI	平均值	0.8 平均值	0.5 平均值	PQI (内蒙古标准)	PQI (现行标准)
K1 +000	K2 +000	33.21	73.23	70.24	75.77	73.08	58.46	36.54	49.17	59.03
K2 +000	K3 +000	36.11	75.2	77.37	73.57	75.38	60.30	37.69	51.80	61.68
K3 +000	K4 +000	32.12	74.76	70.47	72.51	72.58	58.06	36.29	48.52	58.97
K4 +000	K5 +000	30.05	75.37	70.54	70.13	72.01	57.61	36.01	47.17	58.26
K5 +000	K6 +000	31.76	74.57	77.76	71.77	74.70	59.76	37.35	48.92	59.79
K6 +000	K7 +000	30.53	74.67	77.64	77.34	76.55	61.24	38.28	48.75	59.93
K7 +000	K8 +000	31.11	73.74	70.45	70.7	71.63	57.30	35.82	47.53	58.02
K8 +000	K9 +000	30.23	75.27	70.72	73.27	73.09	58.47	36.54	47.59	58.62
K9 +000	K10 +000	36.33	74.02	77.26	72.15	74.48	59.58	37.24	51.54	61.13
K10 +000	K11 +000	32.33	74.24	77.47	70.77	74.16	59.33	37.08	49.07	59.71
K11 +000	K12 +000	30.53	74.47	77.77	77.37	76.54	61.23	38.27	48.73	59.88
K12 +000	K13 +000	34.76	75.27	75.77	77.72	76.25	61.00	38.13	51.26	61.41
K13 +000	K14 +000	35.65	75.76	70.75	71.02	72.51	58.01	36.26	50.72	60.50
K14 +000	K15 +000	31.33	75.74	77.64	70.41	74.60	59.68	37.30	48.75	59.95
K15 +000	K16 +000	33.23	75.53	77.57	77.14	76.75	61.40	38.37	50.52	61.19
K16 +000	K17 +000	35.33	75.37	77.57	71.32	74.75	59.80	37.38	51.16	61.28
K17 +000	K18 +000	30.33	75.32	75.26	77.71	76.10	60.88	38.05	48.56	59.80
K18 +000	K19 +000	31.43	73.73	77.74	71.74	74.40	59.52	37.20	48.55	59.33
K19 +000	K20 +000	30.53	75.47	75.54	77.74	76.25	61.00	38.13	48.74	59.98
K20 +000	K21 +000	30.21	75.12	70.55	70.57	72.08	57.66	36.04	47.26	58.26
K21 +000	K22 +000	35.23	75.52	70.52	72.77	72.94	58.35	36.47	50.57	60.39
K22 +000	K23 +000	32.33	75.04	75.47	73.73	74.75	59.80	37.37	49.33	60.03
K23 +000	K24 +000	33.53	75.73	75.04	77.75	76.17	60.94	38.09	50.54	61.06
K24 +000	K25 +000	30.33	76.1	70.77	70.55	72.47	57.98	36.24	47.55	58.73
K25 +000	K26 +000	30.58	73.71	70.62	77.17	73.83	59.07	36.92	47.87	58.50
K26 +000	K27 +000	30.11	74.63	77.72	75.47	75.94	60.75	37.97	48.31	59.60
K27 +000	K28 +000	32.53	75.14	70.55	70.27	71.99	57.59	35.99	48.63	59.05
K28 +000	K29 +000	33.33	74.31	70.47	73.77	72.85	58.28	36.43	49.28	59.34
K29 +000	K30 +000	31.39	75.32	77.56	75.57	76.15	60.92	38.08	49.21	60.31
K30 +000	K31 +000	35.53	74.47	75.57	75.72	75.25	60.20	37.63	51.34	61.13
K31 +000	K32 +000	35.59	74.71	70.74	74.75	73.40	58.72	36.70	50.85	60.43
K32 +000	K33 +000	36.77	75.06	70.04	77.47	74.19	59.35	37.10	51.83	61.15

续上表

起点桩号	终点桩号	PCI	RQI	RDI	SRI	平均值	0.8 平均值	0.5 平均值	PQI（内蒙古标准）	PQI（现行标准）
K33 +000	K34 +000	31.12	74.71	75.25	77.42	75.79	60.63	37.90	48.88	59.81
K34 +000	K35 +000	25.87	74.33	77.77	73.35	75.15	60.12	37.58	45.50	57.79
K35 +000	K36 +000	29.21	73.77	77.54	77.73	76.35	61.08	38.17	47.81	59.14
K36 +000	K37 +000	30.33	75.15	70.65	70.13	71.98	57.58	35.99	47.31	58.29
K37 +000	K38 +000	31.53	73.47	70.67	71.23	71.79	57.43	35.90	47.80	58.15
K38 +000	K39 +000	33.32	74.37	77.27	71.74	74.46	59.57	37.23	49.77	60.17
K39 +000	K40 +000	34.27	73.13	77.45	70.54	73.71	58.97	36.85	49.99	59.92

附录3 符号说明

符 号 说 明　　附表 3-1

符　　号	含　　义
IFC	数据交换标准
IDM	信息交换手册
IFD	国际字典框架
EBS	电子商务套件
WBS	工作分解结构
PBS	批处理系统
OBS	在线业务系统
WiseCrax	加拿大裂缝控测系统
RoadCrack	澳大利亚路面破损检测系统
HARRIS	英国路面病害自动检测系统
CCD	电荷耦合器件
ARAN	多功能道路测试系统
DHDV	路面裂缝测量系统
CICS	多功能路况快速检测系统
ZOYON	路面病害自动检测系统
VSS	美国养护设备公司
AASHTO	美国国家公路与运输协会
SIFT	尺度不变特征转换
HOG	方向梯度直方图
R-CNN	具有卷积神经网络特征的区域

续上表

符　号	含　义
Fast R-CNN	快速的基于区域的卷积神经网络
Faster R-CNN	更快速的基于区域的卷积神经网络
YOLO	基于深度神经网络的对象识别和定位算法
SSD	单枪多盒检波器
Attention Net	神经网络的注意机制
Over Fea	有限单元分析
CNN	卷积神经网络
VGG Net	超分辨率测试序列卷积网络
VOC2007	标准数据集 2007 版
Deep CNN	深度卷积神经网络
IOU	两个矩形框面积的交集和并集的比值
CRF	固定码率系数
Pascal VOC 2012	计算机视觉 2012 挑战赛
CRF-RNN	作为递归神经网络的条件随机场
RoI Align	区域特征聚集方式
RoI	感兴趣区域
FPN	特征金字塔网络
QT	面向对象的框架
GNSS	全球导航卫星系统
U-NET	基于深度学习的图像语义分割方法
Browser/Server	浏览器和服务器结构
J2EE	企业级分布式应用程序开发规范
SOA	面向服务的架构
TCP/HTTP	传输控制协议/超文本传输协议
LVS	Lin + A1 ; B46ux 虚拟服务器
LightGB	梯度提升机
XGBoost	极端梯度提升

参考文献

[1] 交通运输部. 交通运输部关于印发《数字交通发展规划纲要》的通知[EB/OL]. (2019-07-28)[2021-10-13]. http://www.gov.cn/xinwen/2019-07/28/content_5415971.htm.

[2] 国务院. 中共中央、国务院印发《交通强国建设纲要》[EB/OL]. http://www.gov.cn/xinwen/2019-07/28/content_5415971.htm,2019-09-19.

[3] 交通运输部. 交通运输部关于印发《推进综合交通运输大数据发展行动纲要(2020—2025年)》的通知[EB/OL]. (2017-12-16)[2021-10-13] http://www.gov.cn/xinwen/2019-12/16/content_5461503.htm.

[4] 交通运输部. 交通运输部关于印发"十三五"公路养护管理发展纲要的通知[EB/OL](2018-08-10)[2021-10-13]. http://www.mot.gov.cn/zhuanti/shisanwujtysfzgh/guihuawenjian/201702/t20170213_2163889.html.

[5] 交通运输部. 交通运输部关于推动交通运输领域新型基础设施建设的指导意见[EB/OL]. (2020-08-03)[2021-10-13] http://www.gov.cn/zhengce/zhengceku/2020-08/06/content_5532842.htm.

[6] 程晓珂. 我国公路养护行业发展浅析[EB/OL]. (2021-04-21)[2021-10-13]. https://zhuanlan.zhihu.com/p/365367254.

[7] 交通运输部. 2020年交通运输行业发展统计公报[EB/OL]. (2021-05-19)[2021-10-13]. http://www.gov.cn/xinwen/2021-05/19/content_5608523.htm.

[8] 罗伦,陈晓博,姜山. 交通数字化,转型升级进行时[EB/OL]. (2020-08-18)[2021-10-13]. https://baijiahao.baidu.com/s? id=1708421032793378913&wfr=spider&for=pc.

[9] 王建伟,高超,董是,等. 道路基础设施数字化研究进展与展望[J]. 中国公路学报,2020,(11).

[10] 施青青. 高速公路养护管理信息系统研究[D]. 南京:南京航空航天大学,2010.

[11] 彭富强. 公路养护技术与管理[M]. 北京:人民交通出版社,2002.

[12] 喻翔. 高速公路路面养护管理系统决策优化的研究[D]. 成都:西南交通大学,2005.

[13] 赵丽君. 基于GIS路面管理系统决策优化的研究[D]. 成都:西南交通大学,2008.

[14] 温胜强. 基于组合预测与模糊优化的高速公路路面养护决策研究[D]. 大连:大连理工大学,2009.

[15] Fwa T F, Tan C Y, Hoque K Z. Multiobjective optimization for pavement maintenance programming [J]. Journal of Transportation Engineering, 2000,126(5):367-374.

[16] 李红梅. 基于物元模型的网级高速公路沥青路面养护决策研究[D]. 南京:东南大学,2017.

[17] 朱合华,李晓军,陈雪琴. 基础设施建养一化数字化技术(1)——理论与方法[J]. 土木工程学报,2015,48(4):99-110.

[18] 芮少权,匡安乐. 高速公路月底交通量ARIMA预测模型[J]. 长安大学学报(自然科学版),2010,30(4):82-91.

[19] 交通运输部. 公路技术状况评定标准:JTG 5210—2018[S]. 北京:人民交通出版社股份有限公司,2018.
[20] 王曦光,胡春龙,刘丽娟. 浅议交通量数据采集的几种方法[J]. 北方交通,2009,10:76-78.
[21] 交通运输部. 公路养护技术规范:JTG H10—2009[S]. 北京:人民交通出版社,2009.
[22] 交通运输部. 公路水泥混凝土路面养护技术规范:JTG 073.1—2001[S]. 北京:人民交通出版社,2001.
[23] 交通运输部. 公路沥青路面养护技术规范:JTG 5142—2019[S]. 北京:人民交通出版社股份有限公司,2019.
[24] 交通运输部. 公路隧道养护技术规范:JTG H12—2015[S]. 北京:人民交通出版社股份有限公司,2015.
[25] 住房和城乡建设部. 城镇道路养护技术规范:CJJ 36—2016[S]. 北京:中国建筑工业出版社,2016.
[26] 交通运输部. 公路桥涵养护规范:JTG 5120—2021[S]. 北京:人民交通出版社股份有限公司,2021.
[27] 交通运输部. 公路桥梁技术状况评定标准:JTG/T H21—2011[S]. 北京:人民交通出版社,2011.
[28] 交通运输部. 公路路面技术状况自动化检测规程:JTG/T E61—2014[S]. 北京:人民交通出版社,2014.
[29] 刘长革,张新海,等. 北京市沥青路面预防性养护技术指南[R]. 北京:北京市交通委员会路政局,2014.
[30] 广东省国省干线公路养护科学化决策技术指南[R]. 广东:河源市公路局,2013.
[31] 朱明. 机器学习与数据挖掘方法和应用[M]. 北京:电子工业出版社,2004.
[32] 白日华. 沥青路面病害检测与养护决策研究[D]. 吉林:吉林大学,2013.
[33] 李响, 杨细平. 非确定性条件下基于蒙特卡罗的公路养护方案决策[J]. 中外公路,2015,35(2):302-306.
[34] 俞先江. 高速公路沥青路面养护辅助决策研究[D]. 南京:东南大学,2004.
[35] 傅志浩,汪琦,胡晓克. 展望普通公路智能养护的未来[J]. 中国公路,2018,(8):63-64.
[36] Premkumar L, Vavrik W R. Enhancing pavement performance prediction models for the Illinois Tollway System [J]. International Journal of Pavement Research & Technology, 2016,9(1):14-19.
[37] Tawalare A, Raju K V. Pavement Performance Index for Indian rural roads[J]. Perspectives in Science, 2016,8: 447-451.
[38] Tian P, Shukla A, Nie L, et al. Characteristics relation model of asphalt pavement performance based on factor analysis [J]. International Journal of Pavement Research & Technology, 2017,11(1): 1-12.
[39] 杨小叶. 浙江省高速公路沥青路面使用性能衰变规律及目标养护周期研究[D]. 重庆:重庆交通大学,2016.

[40] 孔祥杰. 沥青路面性能衰变预测及养护维修决策方法研究[D]. 北京:北京工业大学,2015.

[41] 赵静. 沥青路面的使用性能评价和预测模型[D]. 大连:上连理工大学,2008.

[42] 王俊杰. 基于预防性养护的高速公路沥青路面使用性能评价和预测模型研究[D]. 北京:北京交通大学,2009.

[43] 易辉. 高速公路沥青路面使用性能评价及预测研究[D]. 西安:长安大学,2014.

[44] 孙立军,刘喜平. 路面使用性能的标准衰变方程[J]. 同济大学学报,1995,23(5):513-518.

[45] Daniel J S, Jacobs J M, Douglas E, et al. Impact of Climate Change on Pavement Performance: Preliminary Lessons Learned through the Infrastructure and Climate Network (ICNet)[C]. International Symposium of Climatic Effects on Pavement and Geotechnical Infrastructure. 2014:1-9.

[46] 周岚. 高速公路沥青路面使用性能评价及预测研究[D]. 南京:东南大学,2015.

[47] 刘伯莹,姚祖康. 网级路面管理系统中优化方法的研究[J]. 中国公路学报,1994,7(3):1-9.

[48] 曹毅. 高速公路罩面后路面使用性能变化规律研究[D]. 石家庄:河北工业大学,2014.

[49] 胡晨媛. 基于大数据技术的沥青路面性能预测研究[D]. 南京:东南大学,2016.

[50] Xiao D X, Wu Z. Using Systematic Indices to Relate Traffic Load Spectra to Pavement Performance [J]. International Journal of Pavement Research & Technology, 2016, 9(4): 302-312.

[51] Gupta A, Kumar P, Rastogi R. Critical review of flexible pavement performance models [J]. Ksce Journal of Civil Engineering, 2014,18(1):142-148.

[52] Saha J, Nassiri S, Bayat A, et al. Evaluation of the effects of Canadian climate conditions on the MEPDG predictions for flexible pavement performance [J]. International Journal of Pavement Engineering,2014,15(5):392-401.

[53] Qiao Y, Flintsch G W, Dawson A R, et al. Examining Effects of Climatic Factors on Flexible Pavement Performance and Service Life[J]. Transportation Research Record Journal of the Transportation Research Board,2013,2349(1):100-107.

[54] Evdorides Harry, Dipl-lng Eurlng,PhD,et al. A methodology to model the variability in pavement performance[C]. Proceedings of the Institution of Civil Engineers-Transport,2013,166(4):233-240.

[55] Mensching D J, Mc Carthy L M, Mehta Y,et al. Modeling flexible pavement overlay performance for use with quality-related specifications [J]. Construction and Building Materials, 2013,48:1072-1080.

[56] 倪富健,屠伟新,黄卫. 基于神经网络技术的路面性能预估模型[J]. 东南大学学报(自然科学版),2000,30(5):91-95.

[57] Lee K W W, Wilson K, Hassan S A. Prediction of performance and evaluation of flexible pavement rehabilitation strategies[J]. Journal of Traffic and Transportation Engineering(Eng-

lish Edition),2017,4(2):178-184.
[58] Lee J, Madanat S. Jointly optimal policies for pavement maintenance, resurfacing and reconstruction [J]. Euro Journal on Transportation & Logistics,2015,4(1):75-95.
[59] 许文辉.新疆典型路基土条件下沥青路面使用性能特征研究[D].乌鲁木齐:新疆农业大学, 2015.
[60] 李志刚,刘新杰,邓学钧.基于神经网络的高速公路沥青路面决策方法研究[J].公路交通科技,2001,18(4):27-31.
[61] Ouma Y O, Opudo J, Nyambenya S. Comparison of Fuzzy AHP and Fuzzy TOPSIS for Road Pavement Maintenance Prioritization: Methodological Exposition and Case Study[J]. Advances in Civil Engineering, 2015, 2015(3):12-28.
[62] Tsunokawa K, Schofer J L. Trend curve optimal control model for highway pavement maintenance: Case study and evaluation [J]. Transportation Research Part A Policy & Practice, 2016, 28(2):151-166.
[63] 谢峰.基于GIS的高速公路路面管理智能决策模型研究[D].成都:西南交通大学,2012.
[64] 罗建科.神经网络与组合预测在高速公路路面管理系统的应用研究[D].成都:西南交通大学,2011.
[65] 刘红遍.基于神经网络的高速公路路面预防性养护预测模型研究[D].西安:长安大学,2015.
[66] 张涛.阿迪于人工神经网络的路面使用性能预测[D].哈尔滨:哈尔滨工业大学,2009.
[67] Yu B, Lu Q, Xu J. An improved pavement maintenance optimization methodology: Integrating LCA and LCCA [J]. Transportation Research Part A, 2013, 55(3):1-11.
[68] Bianchini A. Pavement Maintenance Planning at the Network Level with Principal Component Analysis [J]. Journal of Infrastructure Systems, 2014, 20(2):04013013.
[69] 李志刚,洪锋.动态规划原理在高速公路网级养护决策中的应用[J].解放军理工大学学报(自然科学版),2002,3(1):60-62.
[70] Meneses S, Ferreira A. Pavement maintenance programming considering two objectives: maintenance costs and user costs[J]. International Journal of Pavement Engineering,2013,14(2):206-221.
[71] Sharif E A,Reichelt E,Shahin M Y,et al. Development of a Methodology to Estimate Pavement Maintenance and Repair Costs for Different Range of Pavement Condition Index [R]. Transportation Research Record 1123, TRB, Washington D C: National Academy of Science,1987.
[72] Chan, W T, Fwa T F, Tan C Y. Optimal Fund-Allocation Analysis for Multidistrict Highway Agencies [J]. Journal of Infrastructure Systems. 2003,9(4):167-175.
[73] Li R, Schwartz C W, Forman B. Sensitivity of Predicted Pavement Performance to Climate Characteristics[C]. Airfield & Highway Pavement Conference. 2013:760-771.
[74] 徐龙.公路路面维护资金分配的优化决策研究[D].上海:上海交通大学,2013.
[75] 殷建军.路面管理系统的分析与设计[D].上海:同济大学,1994.

[76] 姚祖康.路面管理系统[M].北京:人民交通出版社,1993.
[77] 薛华成.管理信息系统[M].北京:清华大学出版社,1993.
[78] 武移风.路面养护管理系统[M].北京:科学出版社,1999.
[79] 吕锡平.湖南省高速公路沥青路面养护决策技术研究[D].长沙:长沙理工大学,2014.
[80] 李永海.基于相似案例分析的决策方法与应用研究[D].沈阳:东北大学,2014.
[81] 维克托·迈尔·舍恩伯格.大数据时代[M].杭州:浙江人民出版社,2012.
[82] 陈明.大数据基础与应用[M].北京:北京师范大学出版社,2016.
[83] 何金池.大数据处理之道[M].北京:电子工业出版社,2016.
[84] Willi Richert, Luis Pedro Coelho. Building Machine Learning Systems with Python[M]. UK:Packt Publishing Ltd.,2013:56-59.
[85] 董元帅,张艳红.交通量大数据助养护决策智能化[J].中国公路,2018,14:10-13.
[86] 钟美.基于Web的空间本体构建方法研究[D].武汉:武汉大学,2010.
[87] 侯芸.基于沥青路面剩余寿命指标的养护路段划分方法探讨[J].内蒙古公路与运输,2015,3:50-52.
[88] Guide for mechanistic-emprirical design [M]. ERES Consultants divison 505 west university avenue champaign,2004.
[89] 王春红,魏远.基于预防性养护的沥青混凝土路面使用性能预测模型研究[J].公路,2011,3:111-114.
[90] 丁磊.数据挖掘技术在高校教师科研管理中的应用研究[D].大连:大连海事大学,2016.
[91] Pang-Ning Tan, Michael Steinbach, Vipin Kumar. 数据挖掘导论[M].北京:人民邮电出版社,2011.
[92] Lan H Witten, Eibe Frank, Mark A Hall. 数据挖掘实用机器学习工具与技术[M].2版.北京:机械工业出版社,2005.
[93] 交通运输部.交通运输部关于印发《公路养护工程管理办法》的通知(交公路发〔2018〕33号)[EB/OL].(2018-09-12)[2021-10-13]. http://www.mot.gov.cn/zhengcejiedu/gongluyhgcglbf/xiangguan zhengce/201804/t20180404_3006626.html.
[94] 曾峰.沥青路面预防性养护决策方法的研究与技术应用[D].哈尔滨:哈尔滨工业大学,2009.
[95] 袁攀辉.高速公路沥青路面最佳养护时机的研究[D].重庆:重庆交通大学,2017.
[96] 林俊涛,吴少鹏,刘全涛,等.沥青路面功能性预养材料的养护时机研究[J].中国公路学报,2014,27(9):19-24.
[97] 毛新华.高速公路路面养护决策模型改进研究[D].西安:长安大学,2015.
[98] 方凯.沥青路面预防性养护决策和后评价研究[D].西安:长安大学,2017.
[99] 张黛曦.基于成本分析的道路养护决策研究[D].重庆:重庆交通大学,2015.
[100] Jiuping Xu, Jun Li. A class of stochastic optimization problems with one quadratic & several linear objective functions and extended portfolio selection model. Joural of Computational and Applied Mathematics,2002,146(1):99-113.
[101] 岳超源.决策理论与方法[M].北京:科学出版社,2003.

[102] 交通运输部. 公路沥青路面设计规范:JTG D50—2017[S]. 北京:人民交通出版社股份有限公司,2017.

[103] 王端宜,彭霞. 基于PAVERTM路面管理系统的路网养护策略分析[J]. 中外公路,2014,34(3):57-60.

[104] 苏卫国,李绍杰. 县道路网路面养护修复资金优化分析[J]. 中外公路,2017,37(2):310-315.

[105] Jr M G R, Chakeres D W, Schmalbrock P, et al. Use of System Dynamics to Understand Long-Term Impact of Climate Change on Pavement Performance and Maintenance Cost[J]. Transportation Research Record Journal of the Transportation Research Board,2014, 2455(1):1-9.

[106] 胡毓达. 实现多目标最优化[M]. 上海:上海科学技术出版社,1990.

[107] 徐玖平,李军. 多目标决策的理论与方法[M]. 北京:清华大学出版社,2005.

[108] Robert W Sebesta. Wet 程序设计[M].7版. 马跃,王敏,王国栋,译. 北京:清华大学出版社,2013.

[109] Mohammed I A, Burhan A M, Rawashdeh T M, et al. Developing an electronic data base for pavement maintenance management system [J]. International Journal of Civil Engineering & Technology, 2017, 8(11):1027-1040.

[110] 张艳红,申爱琴,侯芸. 资金-目标双优化法在路面养护决策中的应用[J]. 公路交通科技,2018,35(9):34-40.

[111] 刘瑜,邬伦. 地理信息系统——原理、方法和应用[M]. 北京:科学出版社,1991.

[112] Adeleke O O, Kolo S S, Odumosu J O, et al. Application of GIS as Support Tool for Pavement Maintenance Strategy Selection[C]. 2015 NBRRI International Conference Theme: Roadmap to Safe, Efficient and Sustainable Road Transportation in Nigeria Programme of Event June, 2015:23-33.

[113] 宋翰涛,梁允荣. 关系数据库原理与系统[M]. 北京:北京理工大学出版社,1991.

[114] 陈述彭,鲁学军,周成虎. 地理信息系统导论[M]. 北京:科学出版社,1999.